序

一个人的语文素养根基在于阅读，儿时阅读兴趣的激发和习惯的养成至关重要。孩子是天生的学习者。脑科学研究成果表明，幼儿正处于语言学习的敏感期，充分利用汉字图形表意的优势，在儿童生活和游戏过程中，开展“随风潜入夜”式的认读活动，既能激发孩子的阅读兴趣，又有利于培养孩子的阅读习惯。

为此，我们曾组织几十所幼儿园和小学，以“科学认读”为课题进行早期阅读的实验研究。十数年的坚持，改变了我们汉字难学的认知，其实汉字存有认读和书写的相位差，可先认读不书写，或者后书写。阅读的入门并不难。据此，我们在幼儿园开展科学认读汉字词的活动，这激发了孩子们认读汉字词的热情。做得好的幼儿园，大班的孩子普遍可以认读近千个汉字。有些小学主动对接幼儿园继续实验，到二年级学年末，学生认读可超两千字，从而实现自主阅读。这项研究结题时，教育部原副总督学郭振有说，此项研究小切口、意义大。

结题之后，由于环境的影响，继续参与研究的很少。但是徐天中校长凭借他丰富的教育经历和学识，充分认定这项研究的价值，抓住小切口，依靠教育集团的优势，设计出小幼衔接的大文章，坚持做了十多年。他主持开展的江苏省教育科学“十二五”规划重点课题“儿童语言发展小幼衔接的实验研究”，抓住儿童口头语言发展的关键期，在不增加儿童学习负担的前提下，建立了一套

符合儿童身心发展特征、小幼间无缝对接的科学认读目标、内容、方法、评价体系，让3—6岁语言教学与小学语文教学在展示自身特色基础上实现无缝衔接，建立小幼衔接语言教学共同体，开发儿童语言思维等潜能，促进儿童全面可持续发展，为终身学习打下坚实的基础。

徐天中校长从“字”“人”“环境”这三个方面着手研究，创造性地在3—6岁阶段科学认读研究中提出了“生活认读”“环境认读”“游戏认读”“三步认读”四种模块的学习方式，在这些学习方式的互通与互补过程中，6岁幼儿轻松而高效地达到1000多个常见字的认读目标。正是通过抓住关键期，从3岁开始的有效语言教育，幼儿从3岁就逐步开始了自主阅读绘本、报纸、书册，到6岁积累了近10万字的阅读量。这充分开发了幼儿的学习潜能，促进了其形象思维、逻辑思维等的快速发展。3—6岁的早期认读和早期阅读成果，让幼儿进入小学一二年级后语文学习优势明显，轻松完成2500个常用字的学习，课外阅读量超100万字，这也很好地推进和提高了学生学习其他学科的兴趣、速度和质量，从而进一步全面提升了学生的综合素养。

徐天中校长领衔的这项课题成果丰硕，课题组编撰了《小幼衔接语言发展之科学认读》《小幼衔接语言发展之绘本阅读》《小幼衔接语言发展之口语讲述》等共计18册的系列丛书，制作了与之配套的电子课件、挂图卡片、音频视频、游戏盒子等学习辅助材料。这些课题研究成果集聚了严谨规范的教学流程、系统高效的教学方式、生动有趣的教学材料、多元灵活的教学评价，具有极大的实操性和可推广性。我希望这项课题研究能长期进行下去，它的探索和深化必将对基础教育体系改革产生重大意义！

周德藩

（原江苏省教委副主任）

儿童语言发展
小幼衔接的实验研究丛书

口语讲述

4—5岁

徐天中 总主编
本书编委会 编

浙江工商大学出版社
ZHEJIANG GONGSHANG UNIVERSITY PRESS
·杭州·

图书在版编目(CIP)数据

儿童语言发展小幼衔接的实验研究丛书. 4—5岁 5 口语讲述 / 徐天中总主编;本书编委会编. -- 杭州:浙江工商大学出版社,2024. 10. -- ISBN 978-7-5178-6122-5

Ⅰ. G613.2

中国国家版本馆CIP数据核字第2024SM7245号

儿童语言发展小幼衔接的实验研究丛书

口语讲述(4—5岁)

KOUYU JIANGSHU (4—5 SUI)

徐天中 总主编　本书编委会 编

策划编辑 周敏燕
责任编辑 周敏燕
责任校对 夏　佳
封面设计 蔡思婕
责任印制 祝希茜
出版发行 浙江工商大学出版社
(杭州市教工路198号　邮政编码310012)
(E-mail:zjgsupress@163.com)
(网址:http://www.zjgsupress.com)
电话:0571-88904980,88831806(传真)
排　　版 杭州朝曦图文设计有限公司
印　　刷 杭州捷派印务有限公司
开　　本 787mm×1092mm　1/16
总 印 张 58
总 字 数 769千
版 印 次 2024年10月第1版　2024年10月第1次印刷
书　　号 ISBN 978-7-5178-6122-5
总 定 价 200.00元(共六册)

“儿童语言发展小幼衔接的实验研究丛书”编委会

顾　　问：周德藩

总 主 编：徐天中

副总主编：赵　洪　丰新娜

编　　委：（按姓氏笔画排序）

丁文群　王　莉　王　静　过　坚　朱月龙

屈雅琴　钱春玲　钱晶莹

本书编委会

主　　编：钱晶莹

编　　委：（按姓氏笔画排序）

沈建芳　翁娟芳　潘　宏

目 录

4—5岁(上)

4—5岁(下)

4—5岁（上）

一 口语讲述活动设计

1 动物本领大

教学目标

1. 熟悉常见动物的特征和本领，能用自己的语言进行描述。

2. 能根据提示卡讲述“动物园里有……，它会……，它的本领真大！”的句式。

3. 丰富词汇：爬树、开屏等。

教学准备

课件、句式提示卡

教学过程

一、情境导入（2分钟）

师：小朋友，你们去过动物园吗？你们见过哪些动物？它们有什么本领呢？

师：今天动物园的几个小动物来到了幼儿园，我们一起看看它们是谁。

二、学习句式（8分钟）

1. 出示猴子图片。

师：它是谁呀？（猴子）【出示提示卡“？”】

师：猴子有什么本领？【出示提示卡“大拇指”】

——教师引导幼儿根据提示卡讲述“动物园里有猴子，它会爬树，它的本领真大！”的句式。

2. 出示孔雀图片。

师：这是谁呀？（孔雀）【出示提示卡“？”】

师：谁来说一说孔雀有什么本领？【出示提示卡“大拇指”】

——教师引导幼儿一起讲述“动物园里有孔雀，它会开屏，它的本领真大！”的句式。

3. 出示大象和变色龙图片。

——教师引导幼儿根据句式提示卡依次描述大象和变色龙。

三、巩固句式（5分钟）

1. 教师引导幼儿用完整的语句“动物园里有……，它会……，它的本领真大！”进行讲述。

2. 教师组织幼儿以小组、男女、个别的形式进行巩固练习。

四、扩展练习（5分钟）

1. 师：除了动物园里的动物，大自然中还有许多小动物。我们一起来看一看有哪些小动物。

——教师出示图片：青蛙、啄木鸟、蜜蜂、蜘蛛。

2. 师：谁来说一说它们有什么本领？

——教师引导幼儿用“大自然里有……，它会……，它的本领真大！”的句式进行讲述。

五、活动延伸

将动物图片投放进口语讲述区域，鼓励幼儿自主讲述。

2 秋 天

教学目标

1. 熟悉秋天公园里常见的一些景色,用连贯的语言进行讲述。

2. 能根据提示卡讲述“秋姑娘来啦,……,秋天真美呀!”的句式。

3. 丰富词汇:枫叶、菊花、成熟等。

教学准备

课件、句式提示卡

教学过程

一、情境导入(2分钟)

师:小朋友,你们知道现在是什么季节吗?秋天的公园里有哪些美景呢?

——教师引导幼儿结合生活经验进行讲述。

师:今天老师带你们一起去逛公园吧,看看公园里的景色有哪些变化。

——教师引导幼儿观察和讲述。

二、学习句式(8分钟)

1. 出示枫叶图片。

师:这是什么呀?(枫叶)【出示提示卡“?”】

师:秋天的枫叶是什么颜色的?(变红了)【出示提示卡“眼睛对话框”】

——教师引导幼儿根据提示卡讲述“秋姑娘来啦,枫叶(变红了),秋天真美呀!”的句式。

2. 出示菊花图片。

师:这是什么呢?(菊花)【出示提示卡“?”】

师:你们觉得菊花的花瓣和之前有什么不同?现在的花瓣怎么样了?(盛开了)【出示提示卡“眼睛对话框”】

——教师引导幼儿一起练习“秋姑娘来啦,菊花(盛开了),秋天真美呀!”的句式。

3. 出示果子图片。

师:这是什么呢?(果子)【出示提示卡“?”】

师:秋天的果子可以品尝了,是什么样的状态?(成熟了)【出示提示卡“眼睛对话框”】

——教师引导幼儿一起练习“秋姑娘来啦,果子(成熟了),秋天真美呀!”的句式。

三、巩固句式(5分钟)

1. 教师引导幼儿用“秋姑娘来啦,……,秋天真美呀!”的句式进行讲述。

2. 教师组织幼儿以小组、男女、个别的形式进行巩固练习。

四、扩展练习(5分钟)

1. 师:秋天公园的景色实在太美了,大家看一看公园里还有哪些美景。

——教师引导幼儿观察桂花、银杏叶、柿子。

2. 师:请大家一起来看看,到了秋天,它们发生了哪些变化呢?

——教师引导幼儿用“秋姑娘来啦,……,秋天真美呀!”的句式进行讲述。

五、活动延伸

将秋天的美景图片投放进口语讲述区域,鼓励幼儿自主讲述。

3 我爱运动

教学目标

1. 引导幼儿学会自主观察,能把自己的想法大胆地表达出来。

2. 能根据提示卡讲述句式“操场上真热闹,小朋友有的在……,有的在……,还有的在……”。

3.丰富词汇:跑步、跳绳、拔河等。

教学准备

课件、句式提示卡

教学过程

一、以图片导入(3分钟)

师:这是什么地方?(操场)你们看,操场上的小朋友都在做什么?(运动)

师:你们最喜欢什么运动?

二、学习句式(10分钟)

1. 出示跑步、踢球、踢毽子图片。

师:操场上真热闹呀,小朋友都在做什么?【出示提示卡“?”】

——教师引导幼儿说出画面上的跑步、踢球、踢毽子。

——教师引导幼儿说出“操场上真热闹,小朋友有的在跑步,有的在踢球,还有的在踢毽子”句式。

2. 出示跳绳、拔河、跳远图片。

师:看一看,这里的小朋友在做什么?【出示提示卡“?”】

——教师引导幼儿说出画面上的跳绳、拔河、跳远。

——教师引导幼儿说出“操场上真热闹,小朋友有的在跳绳,有的在拔河,还有的在跳远”句式。

3. 出示拍球、打乒乓球、跳高图片。

师:看一看,那里的小朋友在做什么?【出示提示卡“?”】

——教师引导幼儿说出画面上的拍球、打乒乓球、跳高。

——教师引导幼儿说出“操场上真热闹,小朋友有的在拍球,有的在打乒乓球,还有的在跳高”句式。

三、巩固句式(3分钟)

1. 教师引导幼儿用完整的语句“操场上真热闹,小朋友有的在……,有的在……,还有的在……”进行讲述。

2. 教师组织幼儿以小组、男女、个别的形式进行巩固练习。

四、扩展练习(4分钟)

1.教师出示体育馆活动场景图,引导幼儿讨论场馆里的运动项目。

2.教师引导幼儿用完整的语句“体育馆里真热闹,小朋友有的在……,有的在……,还有的在……”进行讲述。

五、延伸活动

在班级主题墙中展示一些运动项目图片,供幼儿了解及讲述不同的运动项目。

4 团团圆圆过新年

教学目标

1. 引导幼儿学会观察，能大胆地运用较完整的句子表达句式。

2. 能根据提示卡讲述句式"过新年啦！我和……一起……，真开心"。

3. 丰富词汇：元宵、烟火、舞龙舞狮等。

教学准备

课件、句式提示卡、新年音乐

教学过程

一、音乐导入（2分钟）

1. 师：你们听到这首歌曲后感觉怎么样？什么节日要到了？（新年）

2. 师：让我们一起来看看过新年都会有哪些有趣的事情吧。

二、学习句式（12分钟）

1. 出示元宵图片。

师：过新年了，你会和谁在一起？【出示提示卡"笑脸"】

师：你和爸爸妈妈在一起做什么？（吃元宵）【出示提示卡"？"】

师：过新年啦！你和爸爸妈妈一起吃热腾腾的元宵，心情怎么样呀？

——教师出示句式"过新年啦！我和……一起……，真开心"。教师引导幼儿根据句式完整地说一说。

2. 出示烟花图片。

师：你看到了什么？（烟花）

师：你在哪里看过或放过烟花？烟花是什么样子的？【出示提示卡“？”】

师：你和谁一起看烟花的？【出示提示卡“笑脸”】

——教师出示句式“过新年啦！我和……一起……，真开心”。教师引导幼儿根据句式完整地说一说。

3. 出示贴春联图片。

师：看一看，过新年啦，我们还会做什么呢？（贴春联）【出示提示卡“？”】

师：你和谁一起做的？心情怎么样？【出示提示卡“笑脸”】

——教师出示句式“过新年啦！我和……一起……，真开心”。教师引导幼儿根据句式完整地说一说。

三、巩固句式（3分钟）

1. 教师引导幼儿用完整的语句“过新年啦！我和……一起……，真开心”进行讲述。

2. 教师组织幼儿以小组、男女、个别的形式进行巩固练习。

四、扩展练习（3分钟）

师：过新年了，你一定有许多和家人一起做的有趣的事情，请你和旁边的小伙伴一起说一说你和谁一起做了什么有趣的事情。

——教师引导幼儿用完整的语句“过新年啦！我和……一起……，真开心”和同伴进行讲述。

五、活动延伸

将新年图片投放进口语讲述区域，鼓励幼儿自主讲述。

4—5岁（上）

二 口语讲述环境设计

1 动物本领大

设计意图

幼儿天生对动物充满喜欢和好奇。在口语讲述操作材料环境中，引导幼儿归纳已知的动物本领，用合适的词语来表述。借助图片、句式的提示卡等可替换的材料指导幼儿进行句式练习，可以游戏化、生活化地提升幼儿的口语表达能力，让幼儿体验口语讲述的乐趣。

材料准备

图片、背景板、句式提示卡

参考照片

2 秋天

设计意图

在秋天的主题环境中投放句式提示卡、有代表性的秋景图片，让幼儿在图片观察中学会用合适的语言描述秋景，掌握不同的词汇来填充句式。同时，让幼儿通过对秋天的讲述活动将自己对秋天的感受大胆地表达出来，并乐于与同伴分享、交流。

材料准备

图片、背景板、句式提示卡

参考照片

3 我爱运动

设计意图

生命在于运动，幼儿每天都会进行各种各样的运动。结合幼儿的生活经验创设与“我爱运动”主题相应的口语讲述环境，让幼儿通过各种体育运动的图片，了解不同的运动项目。同时借助图片、句式提示卡等替换材料，在游戏操作中让幼儿更好地学习、掌握不同的讲述句式，提升幼儿的口语表达能力。

材料准备

图片、背景板、句式提示卡

参考照片

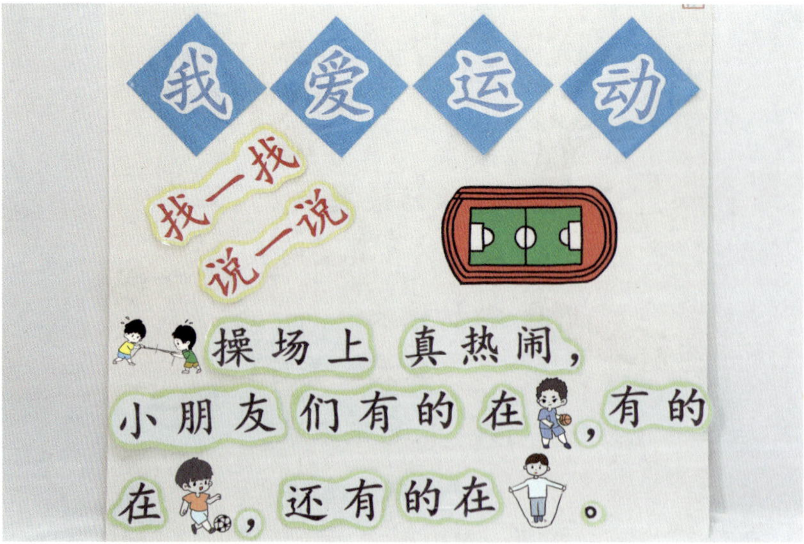

4 团团圆圆过新年

设计意图

新年是幼儿一年中最欢乐的节日之一。此次口语讲述活动从结合主题课程内容的复述，逐步提升到语句创编，目的是以激发幼儿在新年对亲人的情感为切入点，引导幼儿了解新年可以和谁一起过，可以吃什么食物、做什么活动，给幼儿创造口语表达的素材，从而提升幼儿的口语水平。

材料准备

图片、背景板、句式提示卡

参考照片

4—5岁（上）

三

亲子讲述活动设计

1 九月逻辑表达：值日生

表达准备及要求

1. 引导幼儿回忆做值日生时需要做的事情，并让幼儿谈一谈自己的感受。
2. 引导幼儿根据所画思维导图讲述自己的值日生工作。
3. 讲述时普通话标准，声音洪亮，吐字正确、清楚，语气得当，节奏自然。

逻辑要点

1. 你知道什么是值日生吗？
2. 值日生应该做什么？应该注意什么？
3. 你喜欢做值日生吗？为什么？

逻辑表达

表达记录表

幼儿绘画

2 十月逻辑表达：美丽的秋天

表达准备及要求

1. 家长带领幼儿去户外寻找秋天。
2. 引导幼儿说一说找到的秋天，并让幼儿尝试用思维导图画一画。
3. 讲述时普通话标准，声音洪亮，吐字正确、清楚，语气得当，节奏自然。

逻辑要点

1. 一年有几个季节？现在是什么季节？
2. 你知道哪些蔬菜、水果是在秋天成熟的？哪些花朵是在秋天盛开的？
3. 你喜欢秋天吗？为什么？

逻辑表达

表达记录表

幼儿绘画

3 十一月逻辑表达：感谢您

表达准备及要求

1. 家长与幼儿一起了解感恩节的由来。
2. 引导幼儿说一说自己最想感谢的人，尝试用思维导图画一画。
3. 讲述时普通话标准，声音洪亮，吐字正确、清楚，语气得当，节奏自然。

逻辑要点

1. 你知道什么是感恩吗？感恩节在十一月的哪一天？
2. 生活中，我们应该感谢哪些人？
3. 你最想感谢的是谁？你会用什么方式感谢他们？

逻辑表达

表达记录表

幼儿绘画

4 十二月逻辑表达：过新年

表达准备及要求

1. 家长和幼儿一起了解新年的来历，收集过新年需要准备的物品。
2. 引导幼儿说一说过新年的习俗，并让幼儿尝试用思维导图画一画。
3. 讲述时普通话标准，声音洪亮，吐字正确、清楚，语气得当，节奏自然。

逻辑要点

1. 你知道新年的来历吗？
2. 过新年你会和家人一起做哪些事情？有哪些习俗？
3. 拜年的时候可以说些什么好听的话？你喜欢过年吗？

逻辑表达

表达记录表

幼儿绘画

4—5岁（上）

四 字宝宝图文讲述

1 九月字宝宝图文讲述：秋游

祖国妈妈的生日快到了，我和爸爸妈妈决定去秋游。

我们划船穿过桥洞，看见小鱼在水里游。

我们来到了树林里，看见树叶飘落了下来，蝴蝶和蜜蜂在飞舞，蚯蚓钻入洞里。

时间过得真快，天黑了，月亮出来了，弯弯的月儿两头尖，像一把镰刀。

2 十月字宝宝图文讲述：秋天的果实

金秋十月，我和阿姨去果园采果子，果园里彩旗飘飘，高高的果树上结满了果实。

阿姨让我说一说果园里有几种果树。我思考后伸出食指边数边说："一二三四五六七八九。有柿子树、石榴树、桃子树、栗子树、梨树……"

3 十一月字宝宝图文讲述：快乐游玩

我和爸爸妈妈开车去远游，一路上，爸爸教我如何分清东南西北。

我们停车后步行到乡间小路上，眼前的风景像一幅画，画里有莲花、假山和白鹅。

爸爸指着路边的树问我："你知道这些是什么树吗？"我得意洋洋地说："这些是松树、无花果树、梅花树。"

爸爸惊讶地说："你真的太厉害了！"

4 十二月字宝宝图文讲述：冬天来了

冬天来了，天空中飘起了雪花，雪越下越大。

冬天的江、河、湖、海里的水都结成了冰，冰块厚厚的、亮闪闪的。

冬天的森林里，工人们围着很长的毛线围巾在搬运着木材。大松树旁有一只圆滚滚的猫头鹰在睡觉，它的嘴角流下了口水，它应该是在睡梦中品尝着冬日的美食吧。

4—5岁（下）

一 口语讲述活动设计

1 春天里

教学目标

1. 能按一定顺序仔细观察，并能用相应的句式描述画面。

2. 能根据提示卡讲述句式“春天来了，我看到……在……（地点）……（做什么）”。

3. 丰富词汇：五颜六色、翩翩起舞、蹦蹦跳跳等。

教学准备

课件、句式提示卡

教学过程

一、导入（1分钟）

师：小朋友，你们知道现在是什么季节吗？（春天）

二、学习句式（10分钟）

1. 出示蝴蝶图片。

师：你在哪里看到了蝴蝶？（天空中）

师：这是一只什么样的蝴蝶？

——教师引导幼儿运用形容词“美丽的”“五颜六色的”。

师：它们在干什么呀？

——教师引导幼儿说“飞来飞去”“翩翩起舞”“你追我赶”。

——教师引导幼儿一起讲述“春天来了，我看到美丽的蝴蝶在天空中飞来飞去”的句式。

2. 出示鸭子图片。

师：小鸭子在哪里？（小河里）

师：它们是一群什么样的小鸭子呢？

——教师引导幼儿运用形容词“可爱的”“黄色的”“快乐的”。

师：它们在干什么呀？

——教师引导幼儿说“学游泳”“玩水”“捉鱼虾”。

——教师引导幼儿一起讲述“春天来了，我看到可爱的小鸭子在小河里学游泳”的句式。

3. 出示燕子图片。

——教师引导幼儿根据提示卡讲述句式“春天来了，我看到……在……（地点）……（做什么）”。教师适当提示。

三、巩固句式（5分钟）

1. 教师引导幼儿用完整的语句“春天来了，我看到……在……（地点）……（做什么）”进行讲述。

2. 教师组织幼儿以小组、男女、个别的形式进行巩固练习。

四、扩展练习（4分钟）

师：在春天里，你还会遇到哪些小动物呢？

——教师引导幼儿用完整的语句“春天来了，我看到……在……（地点）……（做什么）”进行讲述。

五、活动延伸

将春天图片投放进口语讲述区域，鼓励幼儿自主讲述。

2 动物造房子

教学目标

1. 引导幼儿自主观察，把自己的想法大胆地表达出来。

2. 能根据提示卡讲述句式“春天来了，……在……造了一间……房子”。

3. 丰富词汇：屋檐、蚂蚁、乌鸦。

教学准备

课件、句式提示卡

教学过程

一、情境导入(2分钟)

师：春天到了，小动物们醒来了。瞧！都有哪些动物朋友呢？

——教师出示动物字卡介绍动物朋友。

二、学习句式(10分钟)

1. 出示燕子图片，引导幼儿观察。

师：春天到了，小燕子从南方飞来了，听说它造了一间小房子，我们一起看看。【出示提示卡“**”】

师：房子造在哪里？(屋檐下)【出示提示卡“房子”】

师：房子是用什么造出来的？(泥巴)【出示提示卡“？”】

——教师引导幼儿按照提示卡顺序讲述：春天来了，小燕子在屋檐下造了一间泥巴房子。

2. 出示松鼠图片，引导幼儿观察。

师：春天来了，又来了一只小动物，它是谁？（松鼠）【出示提示卡“**”】

师：它的房子造在哪里？（大树上）【出示提示卡“房子”】

师：房子是用什么造出来的？（树洞）【出示提示卡“？”】

——教师引导幼儿按照提示卡顺序讲述：春天来了，松鼠在大树上造了一间树洞房子。

三、巩固句式（4分钟）

1. 教师引导幼儿用完整的语句“春天来了，……在……造了一间……房子”进行讲述。

2. 教师组织幼儿以小组、男女、个别的形式进行巩固练习。

四、扩展练习（4分钟）

1. 师：小动物们的本领真大，造的房子各种各样的。我们一起看看还有哪些动物会造房子。

——教师出示蚂蚁图片，引导幼儿观察。

2. 教师引导幼儿用完整的语句“春天来了，……在……造了一间……房子”进行讲述。

五、活动延伸

将动物图片和对应的房子图片投放进口语讲述区域，引导幼儿学说句式。

3 逛菜场

教学目标

1. 能仔细观察图片内容,感受菜场的热闹氛围。

2. 能根据提示卡完整地讲述句式“今天我去逛菜场。菜场里有……的……,有……的……,还有……的……。菜场里热闹极了!”。

3. 丰富词汇:绿油油、红彤彤、圆溜溜等。

教学准备

课件、句式提示卡

教学过程

一、谈话导入(2分钟)

师:你和谁一起逛过菜场?在菜场里,你看到了什么?

——教师引导幼儿回忆菜场里的常见蔬果。

二、学习句式(10分钟)

1. 出示青菜图片。

师:看一看,菜场里有什么?(青菜)【出示提示卡“?”】

师:青菜是什么颜色?(绿油油)【出示提示卡“绿色”】

——教师引导幼儿学说“今天我去逛菜场。菜场里有绿油油的青菜,菜场里热闹极了!”。

2. 出示西红柿图片。

师:菜场里还有什么?(西红柿)【出示提示卡"?"】

师:西红柿是什么颜色?(红彤彤)【出示提示卡"红色"】

——教师引导幼儿学说"今天我去逛菜场。菜场里有红彤彤的西红柿,菜场里热闹极了!"。

3. 出示鸡蛋图片。

师:菜场里还有什么?(鸡蛋)【出示提示卡"?"】

师:鸡蛋是什么样子的?(圆溜溜)【出示提示卡"圆形"】

——教师引导幼儿学说"今天我去逛菜场。菜场里有圆溜溜的鸡蛋,菜场里热闹极了!"。

4. 组图进行讲述。

师:我们在菜场里买了好多菜,你能尝试用这句话完整地说一说吗?

——教师引导幼儿学说"今天我去逛菜场。菜场里有绿油油的青菜,有红彤彤的西红柿,还有圆溜溜的鸡蛋。菜场里热闹极了!"。

三、巩固句式(5分钟)

1. 教师引导幼儿用完整的语句"今天我去逛菜场。菜场里有……的……,有……的……,还有……的……。菜场里热闹极了!"进行讲述。

2. 教师组织幼儿以小组、男女、个别的形式进行巩固练习。

四、扩展练习(3分钟)

师:菜场里的菜真多呀,请你选择三种菜来组成一句好听的话!

——教师引导幼儿用完整的语句"今天我去逛菜场。菜场里有……的……,有……的……,还有……的……。菜场里热闹极了!"进行讲述。

五、活动延伸

在班级创设菜场的游戏场景,引导幼儿运用句式进行表达。

4 山羊开店

教学目标

1. 熟悉常见水果的外形特征，能用自己的语言进行描述。

2. 能根据提示卡讲述“山羊爷爷的商店里有……，它是……的、……的、……的”句式。

3. 丰富词汇：圆滚滚、毛茸茸、滑溜溜等。

教学准备

课件、句式提示卡

教学过程

一、情境导入（2分钟）

师：小朋友，听说山羊爷爷开店啦，让我们一起去看一看店里都有什么吧。

二、学习句式（8分钟）

1. 出示西瓜。

师：大家来看，这是什么水果呀？（西瓜）【出示提示卡“？”】

师：西瓜是什么颜色的？（绿绿的）【出示提示卡“调色板”】

师：摸上去是什么感觉？（滑滑的）【出示提示卡“小手”】

师：看上去是什么形状的？（圆滚滚）【出示提示卡“眼睛”】

——教师引导幼儿根据提示卡讲述“山羊爷爷的商店里有西瓜，它是绿绿的、滑滑的、圆滚滚的”句式。

2. 出示桃子图片。

师:小朋友,我们来看一下,这是什么水果?(桃子)【出示提示卡“?”】

师:那桃子是什么颜色的呢?(粉粉的)【出示提示卡“调色板”】

师:摸上去是什么感觉呢?(毛茸茸的)【出示提示卡“小手”】

师:看上去是什么形状的?(圆溜溜)【出示提示卡“眼睛”】

——教师引导幼儿根据提示卡讲述“山羊爷爷的商店里有桃子,它是粉粉的、毛茸茸的、圆溜溜的”句式。

3. 出示哈密瓜、葡萄图片。

——教师引导幼儿根据句式提示卡依次描述哈密瓜、葡萄。

三、巩固句式(5分钟)

1. 教师引导幼儿用完整的语句“山羊爷爷的商店里有……,它是……的、……的、……的”进行讲述。

2. 教师组织幼儿以小组、男女、个别的形式进行巩固练习。

四、扩展练习(5分钟)

1. 师:山羊爷爷店里的水果又好又新鲜,大家赶紧来看一看店里还有哪些水果。

——教师出示图片:香蕉、圣女果。

2. 教师引导幼儿用完整的语句“山羊爷爷的商店里有……,它是……的、……的、……的”进行讲述。

五、活动延伸

在班级中设计并进行水果店的角色游戏,引导幼儿在买水果的过程中自主讲述。

4—5岁（下）

二

口语讲述环境设计

1 春天里

设计意图

结合春天具有代表性的小动物以及春日景色设计制作成“春天里”的口语讲述环境。借助提示卡，幼儿在玩一玩、讲一讲的过程中感知春天美丽的风景，会用完整的话语进行表达。同时，在与同伴一起交流的过程中提高语言表达、人际交往等各方面的能力。

材料准备

图片、背景板、句式提示卡

参考照片

2 动物造房子

设计意图

小动物是幼儿比较喜欢讨论的一个话题，结合话题讲述“动物造房子”，将动物图片、地点图片等材料投放进环境中，创设相应的口语讲述背景。引导幼儿在操作材料的过程中学习句式，从简单的语言结构到相对复杂的句式，逐步提高幼儿语言表述的难度。

材料准备

图片、背景板、句式提示卡

参考照片

3 逛菜场

设计意图

结合幼儿的生活经验，在口语讲述环境中创设“逛菜场”的游戏情景。引导幼儿通过提示板的布置进行句式填空，在图片操作过程中进行口语讲述的练习。帮助幼儿从短句到长句，从简单词汇到形容词增加讲述内容，大幅度提高幼儿的口语表达能力。

材料准备

图片、背景板、句式提示卡

参考照片

4 山羊开店

设计意图

水果店是幼儿生活中比较常见的场所，将小动物开水果店这个生活化的角色游戏融入讲述活动中，创设“山羊开店”的口语讲述情境。引导幼儿根据提示操作卡及水果图片，在操作的过程中巩固句式练习，熟练使用多个形容词来描述水果。

材料准备

图片、背景板、句式提示卡

参考照片

4—5岁（下）

三 亲子讲述活动设计

1 三月逻辑表达：玩具总动员

表达准备及要求

1. 引导幼儿回忆自己有哪些玩具，最喜欢的是哪一个。
2. 引导幼儿根据自己所画的思维导图，讲述玩具“陪”自己做过的事情。
3. 讲述时普通话标准，声音洪亮，吐字正确、清楚，语气得当，节奏自然。

逻辑要点

1. 你有哪些玩具？你最喜欢哪个玩具？
2. 为什么最喜欢这个玩具？它可以“陪”你做哪些事情？
3. 你还想拥有什么玩具？

逻辑表达

表达记录表

幼儿绘画

2 四月逻辑表达：一同去郊游

表达准备及要求

1. 家长带领幼儿去户外郊游。
2. 引导幼儿说一说郊游时看到了什么，用简单的思维导图画一画。
3. 讲述时普通话标准，声音洪亮，吐字正确、清楚，语气得当，节奏自然。

逻辑要点

1. 爸爸妈妈带你去过哪里郊游？
2. 你知道郊游的时候可以带哪些物品？
3. 郊游时你看到了什么？喜欢郊游吗？

逻辑表达

表达记录表

幼儿绘画

3 五月逻辑表达：好朋友

表达准备及要求

1. 幼儿知道自己的好朋友是谁，能说出好朋友的一些特点。

2. 引导幼儿说一说和好朋友在一起会做什么，并用简单的思维导图画一画。

3. 讲述时普通话标准，声音洪亮，吐字正确、清楚，语气得当，节奏自然。

逻辑要点

1. 你知道什么是好朋友吗？你有好朋友吗？

2. 你的好朋友有什么特点？和他/她在一起你们会做什么？

3. 怎样才能交到更多好朋友？

逻辑表达

表达记录表

幼儿绘画

4 六月逻辑表达：我们的节日

表达准备及要求

1. 家长和幼儿一起了解儿童节的来历，收集过儿童节需要准备的物品。
2. 引导幼儿说一说怎样过自己的节日，并用简单的思维导图画一画。
3. 讲述时普通话标准，声音洪亮，吐字正确、清楚，语气得当，节奏自然。

逻辑要点

1. 你知道儿童节的来历吗？
2. 儿童节的时候，你是怎么庆祝的？你会准备哪些物品？
3. 你喜欢过儿童节吗？为什么？

逻辑表达

表达记录表

幼儿绘画

4—5岁（下）

四

字宝宝图文讲述

1 三月字宝宝图文讲述：我和妈妈

辛苦忙碌的妈妈下班回到家，我马上帮妈妈倒了一杯水，妈妈喝着水说："你会倒水啦，真棒！"

第二天，我穿了一件漂亮的短袖衬衣出门。今天的天气真好，天上到处飘着彩云。妈妈说："你看天上的云像什么？"我说："像小鸟扇着翅膀，在比谁飞得更高；像小鱼摇摇尾巴在游泳，还追着小虾跑；像小蜗牛听见声音害怕地躲进小屋子里，怎样都不敢再出来。"妈妈笑着说："你说得真好！"

2 四月字宝宝图文讲述：彩云变戏法

夏天的傍晚，天空中飘浮的彩云千变万化，有的像草地上的蒲公英，有的像老爷爷种的麦苗，有的像神奇的号兵。还有一些形态奇异的彩云，似乎可以看作香甜的瓜果，让人垂涎欲滴。

彩云如梦似幻，在天空描绘出一幅美丽的图景。又如诗人写下的诗句，令人陶醉其中。好奇的孩子们驻足欣赏着眼前的奇景，尽管大人们不停地催促，他们还是哭闹着不肯离去，眼泪就像开了闸的水，哗哗往下流，口中喊着："明日，我还要来看彩云变戏法！"

3 五月字宝宝图文讲述：想做航天员

哈哈是个漂亮的小姑娘，她最想做航天员。

爸爸说："那可怪难的哦，首先你要有强壮的身体，不能戴眼镜，不能有胖肚皮，转很多圈脑袋也不晕，两条腿要有力气。"

哈哈眨着乌黑的眼睛说："我要用本子记下来！"说完，她脱掉外套，开始走、跑、跳……

哈哈就这样照着爸爸说的运动起来了。虽然有些累，但是她依旧很努力，她一边运动一边想着："以后不管遇到多少困难，只要不放弃，终有一天我会坐上航天飞机，成为航天员的！"

4 六月字宝宝图文讲述：小猪放风筝

清晨，凉风轻轻吹过，铃铛左右摇摆了起来，发出“叮当”的声音。小猪问妈妈：“这是哪里的声音啊？”妈妈说：“这是昨天妈妈和你一起做的铃铛，风正用小小的力气吹着它呢！”妈妈又说：“太阳出来了，现在的风很温暖，山上已经不再寒冷。你刷牙、洗脸、吃好早饭后就和小伙伴去放风筝吧。不过你们别离得太远，妈妈做好事情就会来找你们的。”

小猪和小伙伴一起来到山上，小猪的风筝第一个成功地飞上了天。大家来向小猪请教，小猪说：“在风来的时候，把风筝线团松开，风筝才能直直地飞上天。”

后记

苏州市实验小学教育集团各民办校(园)在徐天中校长的带领下,自2011年起,以"语言发展"为研究点开展"儿童语言发展小幼衔接的实验研究"。该课题研究的申报单位为苏州明珠学校。课题组由苏州明珠学校、苏州明珠幼儿园等四家单位组成,苏州明珠幼儿园主要承担完成了课题中3—6岁年龄段的实验研究。

徐天中校长是教育部首届骨干校长高级研修班成员,全国29位校长带头人之一,中国教育学会全国实验学校教育科学研究专业委员会副理事长,中国教育学会小学教育专业委员会副会长,全国骨干校长工作研究会副理事长,苏州市专家咨询团成员,教育部小学校长培训中心(北京师范大学校长培训学院)兼职教授,苏州大学兼职教授、硕士生导师,苏州市实验小学校教育集团原总校长。

徐天中校长创造性地提出了"生活认读""环境认读""游戏认读""三步认读"四种模块的学习方式。四模块的学习,遵循了儿童的生理和心理发展规律,符合汉字、汉语文化的学习特征,将符号辨识和内容体验有机统一。四模块的学习,建立了小幼衔接语言教学共同体,儿童在活生生的多元动态环境中实现高效地识字、快速地阅读、流利地表达,从而充分开发儿童语言、思维等潜能,促进儿童全面可持续发展,为终身学习打下坚实的基础。

本丛书由徐天中校长担任编委会总主编,他对本丛书的指导思想、框架结

构、内容审定、文字撰写等方面做出了具体指导和详细安排。赵洪、丰新娜、丁文群、王莉、王静、过坚、朱月龙、屈雅琴、钱春玲、钱晶莹参与了本丛书各书册的编写与审校工作。谈莉莉、葛建平、宋怡、周莉、周璇、戴莉萍、沈琴、周玉婷、陆丽亚、范兰珍、顾敏娴、吴国英、程浏、杨斐、张雯婷、沈建芳、翁娟芳、潘宏参与了课题的教学研究工作。课题组全体成员在推进课题研究的过程中,展现了对孩子的认真观察、对教法的认真琢磨、对经验的认真提炼。本丛书中的每一篇活动设计、每一件游戏材料、每一个指导要求,都凝聚着教师们对于课题研究的独特观点。

课题研究开展期间,课题组得到了幼儿科学认读发起人,原江苏省教育委员会副主任、江苏省教育学会原会长周德藩先生,苏州大学朱月龙教授,以及北京师范大学、中国教育科学研究院、江苏省教育科学研究院等单位有关专家的指导。他们为课题研究提供了科学认读的成果借鉴、为课题推进提供了广阔的研究思路,也在丛书编写过程中提供了许多建设性的修改意见,我们在此表示衷心的感谢!

本丛书在编写过程中得到了很多专家、学者、老师的支持和帮助,在此向各位表示诚挚的谢意!

由于编者水平和时间的限制,丛书在理论的探索和实践的操作上还有提升的空间,不足之处敬请专家和读者不吝赐教!

编　者

2023年8月

儿童语言发展
小幼衔接的实验研究丛书

绘本阅读

4—5岁

徐天中 总主编
本书编委会 编

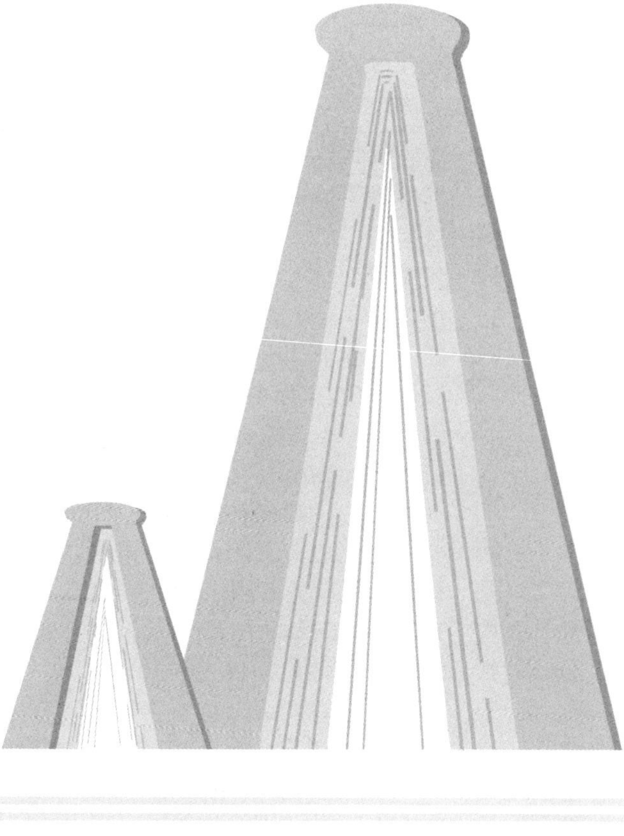

浙江工商大学出版社
ZHEJIANG GONGSHANG UNIVERSITY PRESS
·杭州·

图书在版编目(CIP)数据

儿童语言发展小幼衔接的实验研究丛书．4—5岁 6
绘本阅读 / 徐天中总主编；本书编委会编．-- 杭州：
浙江工商大学出版社，2024．10．-- ISBN 978-7-5178
-6122-5

Ⅰ．G613.2

中国国家版本馆CIP数据核字第2024TH8479号

儿童语言发展小幼衔接的实验研究丛书
绘本阅读(4—5岁)
HUIBEN YUEDU (4—5 SUI)
徐天中 总主编 本书编委会 编

策划编辑 周敏燕
责任编辑 周敏燕
责任校对 夏 佳
封面设计 蔡思婕
责任印制 祝希茜
出版发行 浙江工商大学出版社
(杭州市教工路198号 邮政编码310012)
(E-mail:zjgsupress@163.com)
(网址:http://www.zjgsupress.com)
电话:0571-88904980,88831806(传真)
排 版 杭州朝曦图文设计有限公司
印 刷 杭州捷派印务有限公司
开 本 787mm×1092mm 1/16
总 印 张 58
总 字 数 769千
版 印 次 2024年10月第1版 2024年10月第1次印刷
书 号 ISBN 978-7-5178-6122-5
总 定 价 200.00元(共六册)

“儿童语言发展小幼衔接的实验研究丛书”编委会

本书编委会

序

一个人的语文素养根基在于阅读，儿时阅读兴趣的激发和习惯的养成至关重要。孩子是天生的学习者。脑科学研究成果表明，幼儿正处于语言学习的敏感期，充分利用汉字图形表意的优势，在儿童生活和游戏过程中，开展“随风潜入夜”式的认读活动，既能激发孩子的阅读兴趣，又有利于培养孩子的阅读习惯。

为此，我们曾组织几十所幼儿园和小学，以“科学认读”为课题进行早期阅读的实验研究。十数年的坚持，改变了我们汉字难学的认知，其实汉字存有认读和书写的相位差，可先认读不书写，或者后书写。阅读的入门并不难。据此，我们在幼儿园开展科学认读汉字词的活动，这激发了孩子们认读汉字词的热情。做得好的幼儿园，大班的孩子普遍可以认读近千个汉字。有些小学主动对接幼儿园继续实验，到二年级学年末，学生认读可超两千字，从而实现自主阅读。这项研究结题时，教育部原副总督学郭振有说，此项研究小切口、意义大。

结题之后，由于环境的影响，继续参与研究的很少。但是徐天中校长凭借他丰富的教育经历和学识，充分认定这项研究的价值，抓住小切口，依靠教育集团的优势，设计出小幼衔接的大文章，坚持做了十多年。他主持开展的江苏省教育科学“十二五”规划重点课题“儿童语言发展小幼衔接的实验研究”，抓住儿童口头语言发展的关键期，在不增加儿童学习负担的前提下，建立了一套

符合儿童身心发展特征、小幼间无缝对接的科学认读目标、内容、方法、评价体系，让3—6岁语言教学与小学语文教学在展示自身特色基础上实现无缝衔接，建立小幼衔接语言教学共同体，开发儿童语言思维等潜能，促进儿童全面可持续发展，为终身学习打下坚实的基础。

徐天中校长从“字”“人”“环境”这三个方面着手研究，创造性地在3—6岁阶段科学认读研究中提出了“生活认读”“环境认读”“游戏认读”“三步认读”四种模块的学习方式，在这些学习方式的互通与互补过程中，6岁幼儿轻松而高效地达到1000多个常见字的认读目标。正是通过抓住关键期，从3岁开始的有效语言教育，幼儿从3岁就逐步开始了自主阅读绘本、报纸、书册，到6岁积累了近10万字的阅读量。这充分开发了幼儿的学习潜能，促进了其形象思维、逻辑思维等的快速发展。3—6岁的早期认读和早期阅读成果，让幼儿进入小学一二年级后语文学习优势明显，轻松完成2500个常用字的学习，课外阅读量超100万字，这也很好地推进和提高了学生学习其他学科的兴趣、速度和质量，从而进一步全面提升了学生的综合素养。

徐天中校长领衔的这项课题成果丰硕，课题组编撰了《小幼衔接语言发展之科学认读》《小幼衔接语言发展之绘本阅读》《小幼衔接语言发展之口语讲述》等共计18册的系列丛书，制作了与之配套的电子课件、挂图卡片、音频视频、游戏盒子等学习辅助材料。这些课题研究成果集聚了严谨规范的教学流程、系统高效的教学方式、生动有趣的教学材料、多元灵活的教学评价，具有极大的实操性和可推广性。我希望这项课题研究能长期进行下去，它的探索和深化必将对基础教育体系改革产生重大意义！

周德藩

（原江苏省教委副主任）

目 录

4—5岁(上)

一、故事阅读活动教案

二、故事阅读环境设计

三、故事阅读亲子指导

4—5岁(下)

一、故事阅读活动教案

二、故事阅读环境设计

4—5岁（上）

一 故事阅读活动教案

1 老鼠摘果子

活动目标

1.理解故事内容,根据不同动物摘果子的动作进行故事模仿表演。

2.学会使用句式“……来了,用……动作摘得果子”。

3.通过故事表演,体验朋友之间相互帮助与合作的情感。

活动准备

课件、动物卡片、句卡

活动过程

一、趣味导入(2分钟)

师:果树上长了好多果子, 树上的果子又红又大。有一天,小老鼠来到果树下,小老鼠看到树上红红的果子,会怎么想呢?

——出示小老鼠的图片。引导幼儿大胆讲述自己的猜想。

二、阅读绘本(5分钟)

1.整体阅读

师:图片中的小动物也来摘果子了,它是怎么摘的?

——出示PPT,教师讲述绘本。

2.分页阅读

师：看！小老鼠和谁在一起？它们在干什么？

——引导幼儿仔细观察图片，进一步理解故事内容。

三、讲述巩固(7分钟)

师：故事中有哪些小动物来摘果子？我们用好听的句子一起来说一说。

——逐一出示图片，引导幼儿用句式"……来了，用……动作摘得果子"进行讲述。

师：看！又有什么小动物来摘果子了？我们应该怎么说呢？

——出示更多小动物的图片，引导幼儿进行动作模仿并用句式"……来了，用……动作摘得果子"回答。

四、经验拓展(6分钟)

师：你想和小动物们一起摘果子吗？我们应该怎么做？怎么说？

——引导幼儿边模拟摘果子的动作边用句式讲述自己的动作。

2 落叶跳舞

活动目标

1.通过欣赏图文并茂的散文,观察树叶的形态,理解绘本的故事内容。

2.学会说句式"奇妙的落叶会变魔术,有的变成……,有的变成……,还有的变成……"。

活动准备

课件、句卡、树叶贴画

活动过程

一、趣味导入(2分钟)

师:看,这些是什么?落叶的形状各不相同,有趣极了。这些落叶还会变魔术。

——出示各种形状的实物落叶,激发出幼儿的阅读兴趣。

二、阅读绘本(5分钟)

1.整体阅读

——出示PPT,教师讲述绘本。

2.分页阅读

师:它们是谁?它们有什么本领?

——引导幼儿仔细观察图片，进一步理解故事内容。

三、讲述巩固（7分钟）

师：奇妙的落叶会变魔术，它们都变成了什么？

——出示句式“奇妙的落叶会变魔术，有的变成……（小娃娃），有的变成……（小刺猬），还有的变成……（小狐狸）”。

师：让我们一起用刚才学习的句式说一说。

——引导幼儿集体讲述。

四、经验拓展（6分钟）

师：小朋友们，你们想用小树叶变魔法吗？请说一说你们小组的树叶变出了什么。

——以小组为单位创作树叶贴画，请幼儿用句式“奇妙的落叶会变魔术，有的变成……（小娃娃），有的变成……（小刺猬），还有的变成……（小狐狸）”进行讲述。

师：奇妙的落叶会变魔术，你们觉得它们还能变成什么？让我们去外面找一找奇妙的落叶吧！

3 蚂蚁和西瓜

活动目标

1.欣赏绘本,观察蚂蚁们搬运西瓜的图片,理解故事内容。

2.学会用句式“蚂蚁们搬西瓜,它们有的拿……,有的拿……”讲述小蚂蚁们搬西瓜的情景。

3.懂得团结在一起力量才会最大。

活动准备

课件、图片

活动过程

一、趣味导入(2分钟)

师:在动物王国里,你们觉得谁的力气最大?听完下面的故事,你就会知道谁才是力气最大的。

——激发幼儿阅读兴趣。

二、阅读绘本(5分钟)

1.整体阅读

师:这么好吃的西瓜,蚂蚁们想把它搬回家去。你们觉得它们可以搬回去吗?

师:蚂蚁想了一个什么办法?

——出示PPT,教师讲述绘本。

2.分页阅读

师:它们有没有搬动西瓜?为什么?

——引导幼儿仔细观察图片,进一步理解故事内容。

三、讲述巩固(7分钟)

师:蚂蚁们搬不动整个大西瓜,于是想出了一个好办法,你们看,它们想出了什么好办法?

——学习用句式"蚂蚁们搬西瓜,它们有的拿……,有的拿……"进行讲述。

师:你能学一学这句完整的、好听的话吗?

——个别幼儿示范,运用句式进行讲述。

四、经验拓展(6分钟)

师:集体比一个人更有力量。小朋友,你知道生活中还有哪些事情是一个人无法完成,需要大家齐心协力才能完成的吗?你们是怎么分工合作的?

——引导幼儿用句式"他们有的拿……,有的拿……"进行回答。

4 散步

活动目标

1.欣赏绘本,能区分动物不同的叫声,并分辨动物不同的特征。

2.学会用句式"……(动物)……叫,……跟着……在散步"。

3.体验故事的幽默和有趣,对阅读故事产生浓厚的兴趣。

活动准备

课件、青蛙头饰、小狗头饰、小鸭头饰、小熊头饰、书本

活动过程

一、趣味导入(2分钟)

师:今天,我们的老朋友小熊又来啦!今天小熊在干什么呀?原来今天的天气不好,下雨了,小熊趴在窗前,很想出去散步。

——通过谈话引出绘本故事。

二、阅读绘本(5分钟)

1.整体阅读

师:小熊听到各种叫声,都有哪些小动物来了呢?

——出示PPT,教师讲述绘本。

2.分页阅读

师:小熊遇到了哪些小动物?小熊为它们做了哪些事呢?

——引导幼儿仔细观察图片,进一步理解故事内容。

三、讲述巩固(7分钟)

师:小熊听到了哪些动物的叫声?都有谁跟着它散步?

——引导幼儿用句式“……(动物)……叫,……跟着……在散步”进行讲述。

师:散步的队伍越来越长,看!还有哪些小动物也加入了?

——引导幼儿观察图片,并用句式“……(动物)……叫,……跟着……在散步”进行讲述。

四、经验拓展(6分钟)

师:我们在生活中也会经常排队,哪些时候需要排队呀?

——引导幼儿说一说生活中排队的情形。

师:我们排队的时候要一个跟着一个,这样子队伍才会更整齐!

5 收起来

活动目标

1.欣赏绘本,在阅读和操作中学习整理玩具。

2.学会用句式“我喜欢的玩具是……,因为它……,我会……”讲述自己喜欢的玩具。

3.懂得爱惜玩具,体验整理玩具的乐趣。

活动准备

课件、小熊玩具

活动过程

一、趣味导入(2分钟)

师:今天,我们的老朋友小熊又来啦!今天小熊在干什么呀?原来在玩玩具,我们一起看看之后发生了什么事情。

——引起幼儿兴趣,幼儿观察图片进行讲述。

二、阅读绘本(5分钟)

1.集体阅读

师:小熊要去干什么?这时候发生了什么?

——出示PPT,教师讲述绘本。

2.分页阅读

师:玩具们为什么哭呢?小熊听到玩具们哭了会怎么做?为什么要这么做?

——引导幼儿仔细观察图片,进一步理解故事内容。

三、讲述巩固(7分钟)

师:小熊有很多玩具,它是怎么介绍自己的玩具的?

——引导幼儿观察图片,学习用句式"我喜欢的玩具是……,因为它……,我会……"进行回答。

四、经验拓展(6分钟)

师:你最喜欢的玩具是什么?你在家是自己收拾玩具吗?你是怎么做的?

——鼓励幼儿大胆讲述自己的生活经验,学习用句式"我喜欢的玩具是……,因为它……,我会……"进行回答。

师:原来大家和小熊一样,都会整理,很能干!玩好玩具后,记得要自己整理哦。

6 谁藏起来了

活动目标

1.根据动物的局部特征，观察图片的前后变化，在猜与说中，发展观察能力和记忆能力。

2.尝试用“……（谁）……（怎么样）”或者“……（谁）和……（谁）……（怎么样）”的句式回答问题。

3.愿意大胆表达自己的理解，提高口语表达的能力。

活动准备

绘本、课件

活动过程

一、趣味导入（2分钟）

师：今天我们玩什么呢？和谁一起玩呢？

——出示小动物的图片和字卡，复习小动物的字词。

二、阅读绘本（5分钟）

1.集体阅读

师：猜猜看，哪些小动物藏起来了？你从哪里发现的？

——出示PPT，教师讲述绘本。

2. 分页阅读

师：哪些小动物藏起来了？我们一起来找找吧！

——引导幼儿仔细观察图片，进一步理解故事内容。

三、讲述巩固（7分钟）

师：刚才是一只小动物藏了起来，难不倒你们。现在看一看，有几只小动物藏起来了呢？

师：看，你又找到了谁？图片上的小动物怎么了？你发现了什么？接下来，小动物们又怎么了？

——请幼儿用“……（谁）……（怎么样）”的句式表达。

师：最后，我们要找谁呢？为什么要找老虎？原来是让我们找哪几只动物转过身来，请你们做一做转过身的动作。

——请幼儿用“……（谁）、……（谁）和……（谁）……（怎么样）”的句式表达。

四、经验拓展（6分钟）

师：小朋友，今天玩的游戏好玩吗？你们想玩捉迷藏的游戏吗？

——个别幼儿玩游戏，教师引导其余幼儿边找边用句式“……（谁）、……（谁）和……（谁）……（怎么样）”表达。

7 我会穿短裤啦

活动目标

1.乐于和老师一起仔细观察绘本 PPT,并尝试用语言大胆表达自己对画面的想法。

2.尝试从故事中重复的对话中,体会角色的心理感受和心理变化的过程。

3.学习句式“快看,快看,我会……、……”。

活动准备

课件、句卡、和幼儿讨论过“我长大后会做些什么”的话题

活动过程

一、趣味导入(2分钟)

师:看,是什么动物来了呀?它为什么这么开心呢?

——引导幼儿观察、回答。

二、阅读绘本(5分钟)

1.整体阅读

师:小兔子和小象会不会自己穿裤子呀?

——出示PPT,教师讲述绘本。

2.分页阅读

师:小兔子和小象是怎么穿裤子的呢?

——引导幼儿仔细观察图片,进一步理解故事内容。

三、讲述巩固(7分钟)

师:原来它们都是小班的小动物,一开始什么都不会,后来慢慢地很多事情都会自己做啦。它们都学会了哪些本领?

——引导幼儿讲述句式“快看,快看,我会……、……”。

四、经验拓展(6分钟)

师:小朋友们,你们也长大了。升入中班了,你们都学会了自己做哪些事情呢?快让我们看一看吧!

——引导幼儿用句式“快看,快看,我会……、……”表达自己的想法。

师:老师这里有一些特别的东西,你会用吗?

——出示一些道具,请幼儿一边表演,一边用句式讲述。

师:原来小朋友们和小动物们一样厉害,越来越棒!希望你们会做的事情越来越多!

8 午饭

活动目标

1.通过欣赏绘本,学习句式“……,让我看看你的饭盒,好吗?”“……的饭看起来很好吃!”

2.理解故事内容,能在集体面前大胆地表达。

3.愿意与同伴交流,体验与同伴互动的快乐。

活动准备

课件、句卡

活动过程

一、趣味导入(2分钟)

——播放午餐时的音乐

师:午饭时间到啦! 小朋友们,你们都准备好了吗? 小熊和小老鼠准备开饭了哦!

二、阅读绘本(5分钟)

1.整体阅读

师:午饭时间到了,动物幼儿园里,哪些小动物开饭了呢?

——出示PPT,教师讲述绘本。

2.分页阅读

师:这些小动物分别喜欢吃什么?

——引导幼儿仔细观察图片,进一步理解故事内容。

三、讲述巩固(7分钟)

师:小老鼠的饭盒里装了什么呢?我们可以怎么问?

——出示并学说句式"小老鼠,让我看看你的饭盒,好吗?""小老鼠的饭看起来很好吃!"

师:小兔子的饭盒里装了什么呢?谁想看?

——出示并学说句式"小兔子,让我看看你的饭盒,好吗?""小兔子的饭看起来很好吃!"

——依次邀请数名幼儿来问小猫咪和小河马。引导幼儿用同样的句式"……,让我看看你的饭盒,好吗?""……的饭看起来很好吃!"回答。

四、经验拓展(6分钟)

师:小动物们在吃午饭啦!小朋友们,你们的午饭是什么呢?

——出示几份食物图片,引导幼儿用句式"……,让我看看你的饭盒,好吗?"提问,用句式"……的饭看起来很好吃!"回答。

9 洗 澡

活动目标

1.学会观察和了解故事的内容,理解与洗澡相关的故事情节。

2.学说句式"擦香皂,搓泡泡,……,泡泡泡"。

3.体验合作的乐趣,愿意表演绘本中洗澡的动作,感受洗澡的快乐。

活动准备

课件、句卡

活动过程

一、趣味导入(2分钟)

师:今天,老师带来了一段音乐,让我们一起来听听他们在干什么。

——引导幼儿自由讲述。

二、阅读绘本(5分钟)

1.整体阅读

师:原来他们在洗澡啊! 今天,有一些小动物也想洗澡,我们一起来看一下有哪些小动物。

——出示PPT,教师讲述绘本。

2.分页阅读

师:看！小动物们都是怎么洗澡的呢?

——引导幼儿仔细观察图片,进一步理解故事内容。

三、讲述巩固(7分钟)

师:你们看！小动物们在洗身体的哪个部位？它们是怎么洗的呢?

——引导幼儿边看图片边观察,带领幼儿学说“擦香皂,搓泡泡,……,泡泡泡”。

四、经验拓展(6分钟)

师:小朋友想不想洗个澡呀？还有什么部位需要洗呢?

——引导幼儿说出可以洗手臂、腿、脖子、肩膀……并用句式“擦香皂,搓泡泡,……,泡泡泡”进行讲述。

师:现在小朋友会洗澡了吗？我们要做一个讲卫生、能干的好孩子。

10 小手和小脚

活动目标

1.通过欣赏绘本,理解故事基本内容。

2.学习用句式“小手会……,小脚会……”讲述画面内容。

3.通过游戏,感受绘本的童趣。

活动准备

课件、句卡

活动过程

一、趣味导入(2分钟)

师:小朋友,今天老师带来了一首好听的歌曲,请大家听一听。

——播放歌曲《我有一双灵巧的手》。

师:小朋友,刚才大家听到的歌曲唱的是什么内容?谁能告诉我,你的小手都有哪些本领?那你们的小脚又有哪些本领呢?

——引导个别幼儿讲述,集体学做动作。

二、阅读绘本(5分钟)

1.整体阅读

师:今天,我们一起来看一本有趣的绘本,它的名字叫《小手和小脚》。

——出示PPT,教师讲述绘本。

2.分页阅读

师:看!小手和小脚遇到了什么困难?小手怎么想的?小脚又是怎么想的?

——引导幼儿仔细观察图片,进一步理解故事内容。

三、讲述巩固(7分钟)

师:图片中的小手和小脚在做什么?请你来说一说。

——逐页出示绘本图片,引导幼儿用句式"小手会……,小脚会……"进行讲述。

师:小手和小脚最后是怎么解决困难的呢?

——学习用句式"小手会……,小脚会……"进行讲述。

四、经验拓展(6分钟)

师:小朋友们,你们的小手和小脚还会做什么呢?

——引导幼儿迁移生活经验,并用句式"小手会……,小脚会……"进行讲述。

4—5岁（上）

二

故事阅读环境设计

1 老鼠摘果子

设计意图

结合4—5岁幼儿的年龄特点，为幼儿提供适宜的阅读场景，将绘本《老鼠摘果子》与环境创设有机整合，激发幼儿对故事内容的喜爱，引导幼儿在阅读中迁移有效经验，提高幼儿的语言表达水平，使幼儿爱上阅读，在阅读中得到发展。

材料准备

摘果子背景图、KT板、各色彩纸、记号笔、玩具飞机等

指导意见

1. 制作指导

以摘果子为故事背景，用飞机匹配字词。一架架小飞机载着同类型词语。

2. 阅读指导

幼儿操作时，先尝试看图讲述故事情节。理解故事内容，猜测后续情节。学一学故事中不同动物的动作，并用表示动作的词语进行表达，同时将动作与动词进行匹配。教师鼓励幼儿学习故事中的句式，表达画面内容，尝试用简单的语言较为清晰地讲述故事。

3. 创编指导

幼儿操作时，选择小飞机图片插入云朵背景中，将文字补充完整，并尝试讲述。也可操作玩具小飞机在“摘果子”背景下与同伴进行互动，合作创编，丰富故事情节。

2 散步

设计意图

结合4—5岁幼儿的年龄特点，为幼儿提供适宜的阅读场景，将绘本《散步》与环境创设有机整合，激发幼儿对绘本内容的喜爱，引导幼儿在阅读中迁移有效经验，提高幼儿的语言表达水平，使幼儿爱上阅读，在阅读中得到发展。

材料准备

小熊家背景图、KT板、各色彩纸、记号笔、小雨滴等

指导意见

1.制作指导

以小熊家为背景，以雨天散步为故事情境，用小雨滴匹配字词。

2.阅读指导

幼儿操作时，先尝试看图讲述故事情节。理解故事内容，猜测后续情节。学一学故事中不同动物的叫声，学习将故事中不同声音的字词与小动物配对。教师鼓励幼儿学习故事中的句式，表达画面内容，尝试用简单的语言较为清晰地讲述故事。

3.创编指导

幼儿操作时，选择与情境相符的小雨滴图片将故事补充完整，并尝试讲述。也可自由绘制其他小动物，创编绘本内容。可操作小雨点在“小熊家”背景下与同伴进行互动，合作创编，丰富故事情节。

3 谁藏起来了

设计意图

结合4—5岁幼儿的年龄特点，为幼儿提供捉迷藏的阅读场景，将绘本《谁藏起来了》与环境创设有机整合，激发幼儿阅读绘本的兴趣，引导幼儿在阅读中迁移有效经验，提高幼儿的语言表达水平，使幼儿爱上阅读，在阅读中得到发展。

材料准备

捉迷藏背景图、KT板、各色彩纸、记号笔、小动物背影等

指导意见

1.制作指导

以捉迷藏为故事背景，用动物的背影匹配字词。不同的动物背影分别对应着墙面上不同的内容。

2.阅读指导

幼儿操作时，先尝试看图讲述故事情节。理解故事，猜测情节。猜测哪些动物玩了捉迷藏，学习用绘本中的句式进行表达。教师鼓励幼儿多观察画面内容，主动表达玩捉迷藏的是哪些动物，尝试用简单的语言较为清晰地讲述绘本中的故事。

3.创编指导

幼儿通过创编"请动物坐在座位上"的情境，巩固动物名称及对应的汉字，尝试用问答句式进行完整的讲述。也可操作动物的背影，在"捉迷藏"背景下与同伴进行互动，合作创编，丰富故事情节。

4 午饭

设计意图

结合4—5岁幼儿的年龄特点，为幼儿提供“吃午餐”的生活场景，将绘本《午饭》与环境创设有机整合，激发幼儿阅读绘本的兴趣，引导幼儿在阅读中迁移有效经验，提高幼儿的语言表达水平，使幼儿爱上阅读，在阅读中得到发展。

材料准备

午餐桌面背景图、KT板、各色彩纸、记号笔、食物图片等

指导意见

1.制作指导

以午餐桌面为故事背景，用云朵匹配字词。一朵朵云朵载着食物类词语。

2.阅读指导

幼儿操作时，先尝试看图讲述故事情节，理解故事，说一说午餐桌面上有什么食物，学习句式“小老鼠，让我看看你的饭盒，好吗？小老鼠的饭看起来很好吃，给你吃……”。教师鼓励幼儿用完整的句式进行表达，尝试用简单的语言较为清晰地讲述绘本中的故事。

3.创编指导

幼儿创编时，将云朵插入背景中，将文字补充完整。巩固食物名称及对应的汉字，尝试用问答句式进行完整的讲述。也可操作实物图片，在“午餐桌面”背景下与同伴进行互动，合作创编，丰富故事情节。

4—5岁（上）

三

故事阅读亲子指导

1 彩虹色的花

内容简介

一朵生长在荒原上的彩虹色的花，它有着丰富的色彩和独特的形状。这朵花善良、热情，喜欢帮助别人。故事中，它遇到了许多动物，包括蚂蚁、蜥蜴、鸟、老鼠和蛇。这些动物有不同的特点和需求，彩虹色的花帮助了它们，它不惜牺牲自己的花瓣，给予它们温暖和希望。

分页式阅读指导

第一页，封面上有什么？有几种颜色的花瓣？

第二页，谁出来了？彩虹色的花对太阳公公说了自己的什么愿望？

第三页，谁从彩虹色的花身边走过？小蚂蚁有什么愿望？

第四页，小蚂蚁它是怎么做的？小蚂蚁顺利地渡过了小水洼，它心里会怎么想？

第五页，又过了几天，谁从彩虹色的花身边走过呢？蜥蜴有什么愿望？

第六页，蜥蜴摘了一片什么颜色的花？蜥蜴把它当作了什么？蜥蜴开心吗？你是怎样看出蜥蜴很开心的？蜥蜴应该对花儿说什么？

第七页，当然，除了蚂蚁和蜥蜴，还有一些小动物也遇到了麻烦，这次是谁？它遇到了什么麻烦？

第八页，小老鼠摘了一片什么颜色的花？它把它当作了什么？小老鼠开心吗？小老鼠应该对花儿说什么？

第九页，小鸟遇到了什么麻烦呢？

第十页，小鸟摘了一片什么颜色的花瓣？它把它当作了什么？它开心吗？小鸟应该对花儿说什么？

第十一页，有一天，乌云遮住了天空，小刺猬遇到了什么麻烦？

第十二页，小刺猬摘了一片什么颜色的花瓣？它把它当作了什么？它开心吗？小刺猬应该对花儿说什么？

第十三页，大风吹来了，发生了什么事情？最后一片花瓣被风给吹跑了。

第十四页，你们还觉得它漂亮吗？为什么不美啊？那它的花瓣到哪里去了？它为什么要把花瓣给这些小动物呢？

第十五页，大雪覆盖了所有东西，彩虹色的花不见了……

第十六页，从雪中伸出了一道彩虹色的光芒，把天空照亮了，小动物们都想起了彩虹色的花曾经给予它们的帮助。

第十七页，漫长的冬天过去了，春天又来了，太阳公公又高兴地看到了彩虹色的花。它会对彩虹色的花说什么呢？

拓展式阅读指导

1.家长引导回忆故事里都出现了哪些小动物，彩虹色的花又是怎么帮助它们的。进而，鼓励幼儿复述绘本内容。

2.家长可以准备一些小动物的头饰，让小朋友在家里和爸爸妈妈一起表演故事《彩虹色的花》。

2 獾的美餐

内容简介

《獾的美餐》是一本深受孩子们喜爱的绘本，它讲述了一只聪明、勇敢的獾寻找美餐的经历。在这个过程中，獾遇到了许多困难和挑战，但是它凭借智慧和勇气，与其他小动物相互合作，最终找到了美味的食物。通过阅读绘本，可以感受其中的诙谐与幽默，并明白：一切失去时，我们才懂得曾经拥有的珍贵！

分页式阅读指导

第一页，封面上有什么？它们是谁？猜猜会发生什么有趣的故事。

第二页，观察獾的表情，它开心吗？猜猜獾为什么不开心。

第三页，獾在做什么？它要去干什么？

第四页，獾看到了谁？它想做什么？

第五页，獾在干什么？鼹鼠被抓住了吗？

第六页，獾又看到了谁？它会怎么想？

第七页，獾抓住老鼠了吗？

第八页，老鼠逃到了哪里？獾又看见了谁？它想怎么做？

第九页，獾怎么了？

第十页，你觉得接下来会发生什么事？獾能吃到自己想要的美餐吗？

第十一页，马会将獾踢到哪里？

第十二页，猜猜这是哪里。

第十三页,最后发生了什么事?谁吃掉了獾洞里的食物?

第十四页,这个故事告诉我们什么?

拓展式阅读指导

1.家长可以鼓励幼儿自己讲述绘本,也可以进行亲子进行角色扮演,在表演绘本故事的过程中,引导幼儿体会绘本中的诙谐与幽默,增强阅读绘本的趣味。

2.家长和幼儿一起以小动物为对象,讲述发生在小动物身上的有趣故事。

3 逃家小兔

内容简介

《逃家小兔》是一本温暖有爱的绘本，讲述了一只小兔子和它的妈妈在森林里过着快乐的生活，但小兔子总觉得生活中少了些什么，于是它决定离家出走的故事。在旅途中，它遇到了许多危险和挑战，但它始终没有放弃。每当遇到困难时，它都会想起妈妈的话，坚持不懈地克服困难。最终，它在妈妈的帮助下找到了自己想要的东西。

分页式阅读指导

第一页，封面上有什么？这是一个关于兔妈妈和兔宝宝的故事，它们在干什么呢？

第二页，兔妈妈和兔宝宝在做什么呢？为什么要跑呢？

第三页，小兔子到哪里去了？兔妈妈在做什么？

第四页，小兔子和兔妈妈在哪里？兔妈妈在做什么呢？

第五页，小兔子在干什么？兔妈妈拿着帽子、背着背包，准备做什么？

第六页，兔妈妈找到小兔子了吗？小兔子在哪里？

第七页，小兔子到哪里去了？兔妈妈在做什么？

第八页，兔妈妈找到小兔子了吗？在哪里？

第九页，小兔子变成了什么？你们觉得它可能要做什么？

第十页，小兔子变成了小鸟，兔妈妈变成了什么？为什么兔妈妈要变成树呢？

第十一页,小兔子在哪里？兔妈妈在干什么？它们要去哪里？

第十二页,小兔子变成了什么？兔妈妈又变成了什么？

第十三页,小兔子去哪里了？兔妈妈要做什么？

第十四页,小兔子现在在做什么？兔妈妈手上有什么？

第十五页,小兔子又在做什么？兔妈妈会怎么做？

第十六页,小兔子和兔妈妈在哪里？你猜它们在干什么？

第十七页,小兔子回到了哪里？兔妈妈又在哪里呢？

第十八页,兔妈妈和小兔子住在哪里了？它们在吃什么？小兔子还会离开妈妈吗？

拓展式阅读指导

1.家长鼓励幼儿自己讲述绘本,根据故事情节做出相应动作。

2.亲子一起扮演故事中的兔妈妈和兔宝宝,亲子共同表演故事。

3.家长可以与孩子一起续编故事,并自制精彩绘本。

4 想吃苹果的鼠小弟

内容简介

《想吃苹果的鼠小弟》是一本生动有趣的绘本，它讲述了鼠小弟渴望吃到树上的苹果，却摘不到的故事。后来，鼠小弟遇到了各种动物朋友，它们各自用不同的方式摘取了苹果。最后，鼠小弟通过自己的努力和智慧，成功地摘到了苹果，实现了自己的愿望。绘本在描述鼠小弟和其他动物间的互动中，既传递了友情、互助和坚持的道理，也告诉我们要懂得感恩和分享，更突出了要相信自己、努力追求梦想并学会与他人合作的主题。

分页式阅读指导

第一页，你看见封面上有什么？你觉得小老鼠在想什么？小老鼠和苹果树之间会发生什么样的故事呢？

第二页，原来，小老鼠叫鼠小弟，它想吃苹果，可是它拿不到。这时，一只小鸟飞来了。小鸟拿到苹果了吗？

第三页，鼠小弟在想：要是我有翅膀……

师：如果你是鼠小弟，你有翅膀，你会怎么做？

——引导幼儿学一学小鸟飞。

第四页，又来了一只猴子，猴子爬上树，也拿到了苹果。

第五页，鼠小弟在想：要是我会爬树……

师：如果你是鼠小弟，你会爬树，你会怎么做？

第六页，大象也来了，它用什么拿到了苹果？

第七页，鼠小弟在想：要是我也有长长的鼻子……

师：如果我有长鼻子，我可以怎么做？

——引导幼儿说一说。

第八页，长颈鹿来了，它用……的……拿到了苹果。（“如果我有……，我可以……”请幼儿说一说）

第九页，谁来了？它的本领是什么？（“如果我有……，我可以……”请幼儿说一说）

第十页，犀牛的本领真的大，它的力气也非常大。鼠小弟是怎么想的呢？（“如果我有……，我可以……”请幼儿说一说）

第十一页，海狮来了，它关心地问鼠小弟怎么了，鼠小弟问海狮：“你会飞吗？你会爬树吗？你有长长的鼻子和脖子吗？你跳得高吗？你的力气很大吗？”

第十二页，海狮说：“我有个大本领……”原来，海狮的本领是把鼠小弟顶上去，这样鼠小弟就可以拿到苹果啦！

拓展式阅读指导

1.家长鼓励幼儿自己讲述绘本内容，按照观察到的小鸟、猴子、大象、长颈鹿、袋鼠和犀牛得到苹果的方法，让孩子们了解动物的特长，并引导孩子们用句式“如果我有……，我可以……”说一说绘本的内容。

2.家长可以准备故事中的动物手指玩偶，让孩子根据故事内容，边玩边讲故事。

4—5岁（下）

一

故事阅读活动教案

1 动物绝对不应该穿衣服

活动目标

1. 通过猜想，能用自己的语言表达对动物穿衣服的看法。

2. 学说句式“……不适合……，因为会……”。

3. 仔细观察画面，领会其中的滑稽与幽默。

活动准备

绘本、课件

活动过程

一、趣味导入(2分钟)

师：小朋友们，你们看，老师穿了什么样的衣服？

——幼儿交流，学会用完整的句子讲述：老师今天穿了一件……

师：刚才我们每个人都介绍了不同的衣服，那我们为什么要穿衣服呢？你穿了什么样的衣服呢？

——鼓励幼儿大胆讲述。

二、阅读绘本(5分钟)

1. 整体阅读

师：你们看，今天这些小动物不约而同地都穿上了衣服，我们一起欣赏一下它们各自穿了什么样的衣服。

——出示PPT,教师讲述绘本。

2.分页阅读

师:小动物们适合穿衣服吗?

——引导幼儿仔细观察图片,进一步理解故事内容。

三、讲述巩固(7分钟)

师:豪猪适合穿衣服吗?它不适合穿衣服,因为它会刺破衣服。

——教师示范正确的句式"……不适合……,因为会……"。

师:接下来哪些动物来了?它们适合穿衣服吗?为什么?

——引导幼儿根据故事画面,说一说蛇、绵羊、公鸡、袋鼠、长颈鹿、麋鹿是否适合穿图中的衣服,并用句式"……不适合……,因为会……"进行讲述。

四、经验拓展(6分钟)

师:除了故事里的动物,还有哪些动物也不适合穿衣服呢?

——引导幼儿大胆想象,并用句式进行回答。

2 鳄鱼怕怕，牙医怕怕

活动目标

1.能理解故事中重复的对话，知道鳄鱼和牙医害怕的原因。

2.学说句式“我真的不想……，但我……。这是一件……，但是……”。

3.乐意与老师一起阅读绘本，能用自己的语言大胆讲述画面内容。

活动准备

绘本、课件

活动过程

一、趣味导入(2分钟)

——出示鳄鱼图片，引出故事。

师：小朋友，今天老师带了位特别的客人来，看，它是谁？原来是一条鳄鱼。

——出示图片，让幼儿仔细观察。

师：可是，你看它是什么表情呢？它为什么会伤心呢？对啊，小鳄鱼牙疼了，该怎么办呢？

二、阅读绘本(5分钟)

1.整体阅读

师：今天老师带了本关于鳄鱼的书，书的名字叫作《鳄鱼怕怕，牙医怕怕》。

——出示PPT,教师讲述绘本。

2.分页阅读

师:鳄鱼怕什么？牙医又怕什么呢？

——引导幼儿仔细观察图片,进一步理解故事内容。

三、讲述巩固(7分钟)

师:鳄鱼和牙医说的话有什么特点？

——引导幼儿发现故事中重复的对话。

师:他们都重复说了什么？

——学说句式“我真的不想……,但我……。这是一件……,但是……”。

四、经验拓展(6分钟)

师:牙医的技术非常好,又来了一些看牙的动物。这些动物来看牙,牙医害怕吗？动物害怕吗？

——引导幼儿仔细观察图片,并用句式“我真的不想……,但我……。这是一件……,但是……”进行回答。

3 还有谁要上车

活动目标

1. 理解故事内容，学说句式“能不能等一等，我的朋友……也要上车。”

2. 尝试分角色表演故事内容，体会朋友之间要相互关心的道理。

活动准备

课件、故事角色头饰

活动过程

一、趣味导入（2分钟）

师：嘟嘟嘟，嘀嘀嘀！汽车开来了。瞧！开来了一辆什么车？

——激发幼儿阅读兴趣。

二、阅读绘本（5分钟）

1. 整体阅读

师：今天小司机要带动物们乘公交车去旅游，小司机看看钟，开车的时间到咯。咦！小动物们呢？

——出示PPT，教师讲述绘本。

2. 分页阅读

师：为什么小动物们要让小司机等一等，不要开车？

——引导幼儿仔细观察图片,进一步理解故事内容。

三、讲述巩固(7分钟)

师:故事里的小动物们迟到了,它们的朋友是怎么跟小司机说的?

——引导幼儿学说句式“能不能等一等?我的朋友……也要上车”。

师:看,谁来了?它跟小司机说什么?

——引导幼儿边模仿动物的动作边说句式“能不能等一等?我的朋友……也要上车”。

四、经验拓展(6分钟)

师:你坐过公交车吗?如果腿脚不方便的老爷爷老奶奶想乘坐公交车,你会对司机说什么?

——引导幼儿边表演,边说句式“能不能等一等?我的朋友……也要上车”。

师:请你戴好小动物头饰。现在你是什么动物?我们一起来学一学小动物坐公交车。

师:当故事讲到上车的时候,“兔子们”就上来,学说它的话。

师:小司机准备好了,我们一起去旅游吧。

4 和妈妈上市场

活动目标

1.理解绘本内容,能说出买到了什么菜。

2.认识词语“螃蟹、苹果、枣子、面包、鸡蛋、鸭子”。

3.学说句式“我和妈妈买了很多东西,有……、……和……”。

活动准备

绘本、课件

活动过程

一、趣味导入(2分钟)

师:小丁丁和他的妈妈骑车上市场买菜,他们会买什么?

二、阅读绘本(5分钟)

1.整体阅读

师:市场里有些什么摊位?分别卖什么?

——出示PPT,教师讲述绘本,复习“青菜、萝卜、笋、肉、鱼”。

2.分页阅读

师:你们看,它是谁?你们认识吗?

——引导幼儿仔细观察图片,进一步理解故事内容,认识字词“螃蟹、苹果、枣子、面包、鸡蛋、鸭子”。

三、讲述巩固(7分钟)

师:小丁丁和他的妈妈在菜场里,一共买了多少东西?

——学习用句式“我和妈妈买了很多东西,有……、……和……”来表达,教师根据幼儿的答案把商品图片逐一贴在白板上,幼儿尝试用句式说“有青菜、萝卜和鱼”。

师:回到家了,爸爸问:“你们买了什么东西呀?”请小朋友来帮助小丁丁回答这个问题吧。

——引导幼儿讲述句式“我和妈妈买了很多东西,有……、……和……”。

四、经验拓展(6分钟)

师:你们会和妈妈一起出去买东西吗?你们都会买什么呢?

——引导幼儿回忆自己的生活经验,用句式回答。

——教师逐一出示动物园、植物园、玩具店等场景,引导幼儿仔细观察,讲述句式“我和爸爸妈妈看到了很多东西,有……、……和……”。

5 奇奇和皮皮

活动目标

1.与老师一起阅读绘本,能用自己的语言大胆讲述画面内容。

2.学说句式“……时你对奇奇说……;奇奇对皮皮说……”。

3.喜欢听故事并能感受亲情的温暖。

活动准备

绘本、课件

活动过程

一、趣味导入(2分钟)

师:今天来了一位叫奇奇的小客人,它有一个宠物宝贝小狗,名字叫皮皮。你知道小狗有什么本领吗?

——出示奇奇和皮皮,激发幼儿的阅读兴趣。

二、阅读绘本(5分钟)

1.整体阅读

师:为什么奇奇对皮皮说的话和爸爸妈妈对他说的话一样呢?

——出示PPT,教师讲述绘本。

2.分页阅读

师:你看见什么了?猜一猜奇奇和皮皮会怎么办。

——引导幼儿仔细观察图片,进一步理解故事内容。

三、讲述巩固(7分钟)

师:我们一起来演一演这个故事吧。

——引导幼儿分角色表演故事,学说句式“……时你对奇奇说……;奇奇对皮皮说……”。

四、经验拓展(6分钟)

师:假如你在游泳,你会对奇奇说什么?奇奇又会对皮皮说什么?

——引导幼儿讲述句式“游泳时你对奇奇说……;奇奇对皮皮说……”。

师:除了游泳时,还可以在什么时候对奇奇说什么话呢?奇奇会对皮皮说什么呢?

——鼓励幼儿想象更多的情景,比如在娃娃家、在建筑工地等,并用句式进行讲述。

师:小朋友,你们觉得奇奇为什么会走丢?我们出门的时候应该怎么做呢?

6 谁来陪我洗澡

活动目标

1.借助故事情境,引发快乐想象。

2.学用句式“如果……,我希望……”表述自己的想法。

3.感受绘本故事的趣味性。

活动准备

画有浴缸的海报、动物贴纸、课件

活动过程

一、趣味导入(2分钟)

师:你们喜欢洗澡吗?平时都是谁帮你们洗澡的呢?你们在洗澡的时候经历过有趣的事情吗?

——引导幼儿说说自己洗澡时的趣事。

二、阅读绘本(5分钟)

1.整体阅读

师:这里有一本有趣的绘本,里面藏着什么故事呢?

——出示PPT,教师讲述绘本。

2.分页阅读

师:泡泡变成了什么东西呀?小琪还会请什么动物来陪她洗澡呢?

——引导幼儿仔细观察图片,进一步理解故事内容。

三、讲述巩固(7分钟)

师:故事中泡泡变成了什么?小琪有什么想法?

——引导幼儿观察图片,学习用句式"如果……,我希望……"讲述。

四、经验拓展(6分钟)

师:哇,这么多动物都来陪我们小朋友洗澡,看看都有谁啊。

——展示画有浴缸的海报,给每组发适量的动物贴纸,请幼儿找出自己所希望的陪自己洗澡的动物,并自己动手贴到浴缸四周,一起完成"谁来陪我洗澡"的海报。

师:谁来说一说你希望谁来陪你洗澡?

——根据海报,请幼儿用句式"如果……,我希望……"讲述。

师:洗澡真开心,大家都变得香香的。你们都是讲卫生的好孩子。

7 贪吃的变色龙

活动目标

1.乐意倾听故事,理解故事中变色龙变色的过程。

2.能够表述句式“贪吃的变色龙吃了……,……就变成……色了”。

3.感受绘本故事的趣味性。

活动准备

课件、变色龙教具、图片

活动过程

一、趣味导入(2分钟)

师:今天老师要给大家介绍一位会变魔术的朋友,它叫“变色龙”。

——丰富变色龙的特点:身体能够变色。激发出幼儿的阅读兴趣。

二、阅读绘本(5分钟)

1.整体阅读

师:这是一只变色龙,它有一个特别大的本领,就是身体能变成各种颜色。

——出示PPT,教师讲述绘本。

2.分页阅读

师:变色龙是怎么变颜色的呢?

——引导幼儿仔细观察图片,进一步理解故事内容。

三、讲述巩固(7分钟)

师:你还记得故事里它首先吃了一辆什么吗?它是什么颜色的?它吃下红色的小汽车后,身体发生了什么变化?

——引导幼儿观察图片,并用句式"贪吃的变色龙吃了……,……就变成……色了"讲述。

四、经验拓展(6分钟)

师:这是一只贪吃的变色龙,吃了这么多东西,可它还是觉得饿。你们愿意喂东西给它吃吗?

——出示生活中的其他东西,引导幼儿用句式"贪吃的变色龙吃了……,……就变成……色了"讲述。

8 我爸爸

活动目标

1.能捕捉图片所提供的线索,尝试用较完整的语言讲述自己的理解。

2.学会绘本中的句式“爸爸像……一样……”。

3.联系自己的生活,产生想了解自己父亲的积极意愿。

活动准备

课件、前期调查过爸爸的相关信息

活动过程

一、趣味导入(2分钟)

——从说一说自己的爸爸导入,鼓励幼儿大胆介绍。

二、阅读绘本(5分钟)

1.整体阅读

师:这个爸爸长什么样子?

——出示PPT,教师讲述绘本。

2.分页阅读

师:皮特的爸爸都有哪些爱好和本领呢?

——引导幼儿仔细观察图片,进一步理解故事内容。

三、讲述巩固(7分钟)

师:这是什么动物?能代表爸爸的什么本领?鱼代表爸爸的什么本领呢?(游泳,像鱼一样游得快)

——引导幼儿学说句式“爸爸像……一样……”。

四、经验拓展(6分钟)

师:请你来说一说你的爸爸吧。

——学习用句式“爸爸像……一样……”来讲述自己的爸爸。

师:我们的爸爸各不相同,但他们都很爱自己的孩子。

9 我变小了

活动目标

1.理解故事内容,感受故事诙谐、充满童趣的意境。

2.学习句式"有一天,我梦见我变小了……真好!"

3.大胆想象"我"变小后可能发生的事情,进行故事创编。

活动准备

绘本、课件

活动过程

一、趣味导入(2分钟)

师:有一天,我做了一个梦。梦里的我和现实的我有什么不一样?有一天,我梦见我变小了。

——引导幼儿发挥想象,导入绘本。

二、阅读绘本(5分钟)

1.整体阅读

师:瞧,我和爸爸经历了什么有趣的事?我在哪呢?

——出示PPT,教师讲述绘本。

2.分页阅读

师:有一天,我梦见我变小了,请你们猜一猜我和妈妈发生了什么事。妈妈给了我什么呀?这根棒棒糖怎么样?拿到棒棒糖后我怎么了?你能把妈妈和我的故事完整地说一说吗?你们有没有发现这两段话有内容重复的地方?哪些内容是重复的?

——引导幼儿仔细观察图片,进一步理解故事内容。

三、讲述巩固(7分钟)

师:在梦里,我还经历了什么有趣的事情呢?请你自己选一幅图,用跟刚才一样的话来说一说。

——引导幼儿根据图片,学习用句式"有一天,我梦见我变小了……真好!"进行讲述。

师:原来我在梦里经历了这么多有趣的事情,请你们和我一起来说一说。

——复述故事内容,巩固句式"有一天,我梦见我变小了……真好!"

四、经验拓展(6分钟)

师:你在梦里还和谁经历过什么样的故事呢?请你也用刚才的话来说一说,好吗?

——引导幼儿大胆想象,用句式"有一天,我梦见我变小了……真好!"进行故事创编。

10 小乌龟上幼儿园

活动目标

1.能够理解故事内容。并会用连贯的语言进行复述。

2.学习句式“……走过来,咦,这是什么东西呢?……”。

3.根据句式仿编故事,提升口语表达的能力。

活动准备

绘本《小乌龟上幼儿园》的课件、图片、句卡

活动过程

一、趣味导入(2分钟)

师:小动物们都去上幼儿园了,看,都有哪些动物?

——引导幼儿大胆讲述,激发幼儿的阅读兴趣。

二、阅读绘本(5分钟)

1.整体阅读

师:小乌龟去上幼儿园都遇到了哪些小伙伴?

——出示PPT,教师讲述绘本。

2.分页阅读

师:小乌龟和小动物们一起经历了什么有趣的事?

——引导幼儿仔细观察图片，进一步理解故事内容。

三、讲述巩固（7分钟）

师：故事里，每个小动物都走过来说了一句什么话？

——帮助幼儿学说句式“……走过来，咦，这是什么东西呢？……”。

师：让我们一起来扮演这些小动物吧！

——引导幼儿分角色表演故事，巩固句式“……走过来，咦，这是什么东西呢？……”。

四、经验拓展（6分钟）

师：幼儿园里除了有小青蛙、小鸭子、小鸡，还有哪些小动物呢？

师：如果它们看到把头和手脚缩进壳里的小乌龟，它们会说什么呢？会在乌龟壳上干什么？

——引导幼儿大胆想象，用句式“……走过来，咦，这是什么东西呢？……”进行故事创编。

11 小猪的妈妈不在家

活动目标

1.理解故事内容,能用完整的句式描述画面内容。

2.学习句式"……在……,它玩得很开心""小猪……,……妈妈……"。

3.通过故事情境,体验朋友之间美好的友谊。

活动准备

绘本、课件

活动过程

一、趣味导入(2分钟)

师:猪妈妈手上拿的是什么?它像要去干吗?

——引出绘本故事。

二、阅读绘本(5分钟)

1.整体阅读

师:猪妈妈出远门了,小猪开心吗?哪些动物来到了小猪的家里呀?

——出示PPT,教师讲述绘本。

2.分页阅读

师:小猪和朋友们一起做了什么呀?

——引导幼儿仔细观察图片,进一步理解故事内容。

三、讲述巩固(7分钟)

师:小猪和朋友们玩了起来,看,它们在玩什么呀? 玩得开心吗?

——观察图片,学说句式"……在……它玩得很开心"。

师:小猪在干什么呢? 为什么? 是谁在帮它? 怎么帮它的?

——学说句式"小猪……,……妈妈……"。

师:小猪玩得出汗了,大象妈妈在帮小猪洗澡,把它洗得干干净净的;小猪肚子饿了,牛妈妈在喂小猪喝牛奶,让它吃得饱饱的;小猪觉得困了,袋鼠妈妈把它放在自己的育儿袋里,鸟妈妈来给小猪唱摇篮曲。

四、经验拓展(6分钟)

师:小猪被许多动物妈妈照顾得很好。森林里还有许多动物妈妈,它们会怎么照顾小猪呢?

——引导幼儿大胆想象,用句式"小猪……,……妈妈……"创编故事。

12 最漂亮的房子

活动目标

1.通过欣赏故事,了解黄莺、松鼠、熊、狮子、田鼠等动物的生活习性,明白住着舒服的房子才是最漂亮的房子。

2.学习句式“我觉得(认为)……的房子应该盖在……”。

3.感受阅读的乐趣。

活动准备

绘本、课件

活动过程

一、趣味导入(2分钟)

师:你认识这些小动物吗?它们叫什么?

——引导幼儿大胆说一说自己对小动物的认识。

二、阅读绘本(5分钟)

1.整体阅读

师:这些小动物都需要家,它们的家应该盖在哪里?谁的房子是最漂亮的?

——出示PPT,教师讲述绘本。

2.分页阅读

师:小动物们认为最漂亮的房子应该盖在哪里?

——引导幼儿仔细观察图片,进一步理解故事内容。

三、讲述巩固(7分钟)

师:小动物们的想法一样吗?它们都是怎么认为的?

——引导幼儿根据图片,学习用句式“我觉得(认为)……的房子应该盖在……”讲述每个动物的想法。

师:王小小听了动物的话,他会把房子盖在哪里呢?

——引导幼儿用完整的句式“我觉得(认为)……的房子应该盖在……”进行讲述。

四、经验拓展(6分钟)

师:如果你是设计师,你愿意给哪个小动物设计房子呢?

——鼓励幼儿迁移生活经验,运用句式“我觉得(认为)……的房子应该盖在……”进行讲述。

4—5岁（下）

二

故事阅读环境设计

1 变色龙

设计意图

结合4—5岁幼儿的年龄特点，为幼儿提供合适的阅读场景，将绘本《变色龙》与环境创设有机整合，激发幼儿阅读绘本的兴趣，引导幼儿在阅读中迁移有效经验，提高幼儿的语言表达水平，使幼儿爱上阅读，在阅读中得到发展。

材料准备

变色龙背景图、KT板、各色彩纸、记号笔、小飞机等

指导意见

1.制作指导

以变色龙为背景，以变色龙的身体为故事情节(配有文字)，天空中的云朵载着同类型词语。

2.阅读指导

幼儿操作时，首先尝试看图理解故事情节。接着学习用绘本中的句式“他吃了……(身体部位名称)，变成了云朵”进行讲述。最后，教师鼓励幼儿多观察画面内容，根据变色龙吃的物品和它的颜色，自主用句式将进行讲述。

3.创编指导

幼儿操作时，选择云朵图片，插入变色龙的背景中，将文字补充完整，并尝试讲述。也可操作小飞机在“变色龙”背景下与同伴进行互动，合作创编，丰富故事情节。

2 动物绝对不应该穿衣服

设计意图

结合4—5岁幼儿的年龄特点,为幼儿提供适合的阅读场景,将绘本《动物绝对不应该穿衣服》与环境创设有机整合,激发幼儿阅读绘本的兴趣,引导幼儿在阅读中迁移有效经验,提高幼儿的语言表达水平,使幼儿爱上阅读,在阅读中得到发展。

材料准备

森林背景图、KT板、各色彩纸、记号笔、玩具小鸟等

指导意见

1. 制作指导

以森林为背景,以大树的枝干为故事情节(配有文字),小鸟们叼着同类型字词。

2. 阅读指导

幼儿操作时,首先尝试看图理解故事情节。接着学习用绘本中的句式“……不适合……,因为会……”进行讲述。最后,教师鼓励幼儿多观察画面内容,尝试用句式自主讲述动物不应该穿衣服的原因。

3. 创编指导

幼儿操作时,选择小鸟图片,插入云朵背景中,将文字补充完整,并尝试讲述。也可操作玩具小鸟在“森林”背景下与同伴进行互动,合作创编,丰富故事情节。

3 还有谁要上车

设计意图

结合4—5岁幼儿的年龄特点，为幼儿提供合适的阅读场景，将绘本《还有谁要上车》与环境创设有机整合，激发幼儿阅读绘本的兴趣，引导幼儿在阅读中迁移有效经验，提高幼儿的语言表达水平，使幼儿爱上阅读，在阅读中得到发展。

材料准备

公交车背景图、KT板、各色彩纸、记号笔、玩具小动物等

指导意见

1.制作指导

以公交车为背景图，以小动物图片与座位作为匹配字词，回忆故事内容。

2.阅读指导

幼儿操作时，首先尝试看图理解故事情节。接着学习用绘本中的句式“能不能等一等，我的朋友……也要上车”进行讲述。最后，教师鼓励幼儿多观察画面内容，自主用句式讲述“谁想上车”。

3.创编指导

创编过程中，幼儿根据故事内容替换动物名称，学习句型并完整讲述。也可操作动物在“公交车”背景下与同伴进行互动，合作创编，丰富故事情节。

4 我爸爸

设计意图

结合4—5岁幼儿的年龄特点，为幼儿提供合适的阅读场景，将绘本《我爸爸》与环境创设有机整合，激发幼儿阅读绘本的兴趣，引导幼儿在阅读中迁移有效经验，提高幼儿的语言表达水平，使幼儿爱上阅读，在阅读中得到发展。

材料准备

家中客厅背景图、KT板、各色彩纸、记号笔、爸爸的画像等

指导意见

1. 制作指导

以家中客厅为故事背景，将重点的句型装饰其中。以沙发为空白处，沙发载着同类型字词。

2. 阅读指导

幼儿操作时，首先尝试看图理解故事情节。接着学习用绘本中的句式“我爸爸像……一样……”进行讲述。最后，教师鼓励幼儿多观察画面内容，自主用句式描述“我爸爸”的不同状态，讲述绘本画面上的故事。

3. 创编指导

幼儿操作时，在沙发的图片上贴上创意画，把沙发图片插入客厅的背景中，将句子补充完整，并尝试讲述故事情节。也可操作爸爸的画像在“家中客厅”背景下与同伴进行互动，合作创编，丰富故事情节。

4—5岁（下）

三

故事阅读亲子指导

1 花格子大象艾玛

内容简介

《花格子大象艾玛》是一本色彩鲜艳、富有想象力的绘本，它讲述了一只花格子大象艾玛和它的朋友们在森林中冒险的故事。这个故事以幽默风趣的方式，表达了友情、勇气和自我认同的重要性。故事中，艾玛遇到了许多有趣的动物，包括忧郁的猫头鹰、爱美的狐狸、勇敢的猴子和善良的袋鼠。它们各自有着不同的特点和问题，但在艾玛的帮助下，它们都找到了自己的价值和快乐。故事的主题包括了友情、勇气和自我认同。艾玛与其他动物之间的互动展示了真正的友谊是如何建立的，同时也鼓励我们要勇敢面对困难。故事也强调了每个人独特的个性和价值，教会我们要尊重和接纳他人的不同。

分页式阅读指导

第一页，你知道封面上是谁吗？你知道大象艾玛身上都有什么颜色吗？让我们一起听听艾玛的故事吧！

第二页，这群大象有的胖，有的瘦，但是它们全是同一种颜色的。只有艾玛跟别的大象不一样，它很特别。

——理解“与众不同”。

第三页，艾玛是大家的开心果，你知道什么是开心果吗？你的家里谁是开心果？

——理解“开心果”。

第四页，有一天晚上，艾玛翻来覆去地睡不着，你知道艾玛因为什么睡不着吗？

——请幼儿说一说。

第五页，艾玛穿过森林，一路上遇到了好多别的动物，艾玛的心情是怎样的呢？

——引导幼儿理解艾玛的心情。

第六页，走了大半天，艾玛终于找到了它要找的东西。你能从图片中知道艾玛找到了什么吗？它是怎么做的呢？

——发挥幼儿的想象力。

第七页，你能从图片中猜到艾玛想干什么吗？艾玛会变成什么样呢？

——请幼儿说一说。

第八页，在回来的路上，大家都没认出它。为什么艾玛在回来时就变得高兴了呢？

——请幼儿说说艾玛的心情变化。

第九页，艾玛回到象群，大家都静悄悄地站着，它钻到它们当中，谁也没注意到它。

——请幼儿说说艾玛的心情。

第十页，看，发生了什么？

——请幼儿说一说。

第十一页，所有大象看到艾玛后都大吃一惊，蹦得老高，艾玛哈哈大笑起来。它们为什么笑呢？

——请幼儿说一说。

第十二页，天上的雨云变成雨落了下来，落到了艾玛身上，它的花格子又露了出来，艾玛变回了原来的样子，你认为大家还喜欢它吗？

——请幼儿说一说。

第十三页，它们把每年的这一天定为艾玛化妆节。你要是碰到一只普通颜色的大象，那它准是艾玛。

——让幼儿认识到自己跟别人不一样的地方就是自己最特别的地方。我们大家都有自己最特别的地方,因为世界上只有一个特别的、与众不同的自己。

拓展式阅读指导

1.家长鼓励幼儿自己讲述绘本内容,按照要求说一说。

2.家长可以准备一些画纸，让小朋友动手画一画花格子大象艾玛,画一画自己特别的地方,制作一本属于自己的绘本。

2 今天运气怎么这么好

内容简介

《今天运气怎么这么好》是一本由日本著名绘本作家宫西达也创作的幽默诙谐的绘本。作者运用独特的画风和充满幽默感的文字,将主人公乌鲁和它的朋友们共同冒险的故事展现得淋漓尽致。乌鲁和它的朋友们之间的有趣互动为我们带来了轻松愉快的阅读体验。作者通过简单易懂的故事情节,向我们传递了好运的真谛。无论你是大人还是孩子,都能在这个幽默诙谐的故事中找到乐趣和启发。

分页式阅读指导

第一页,封面上画的是什么地方?有哪些动物呢?有多少只小猪?你觉得小猪会经历什么事情?

第二页,什么动物出现啦?小猪们在干什么?你觉得大灰狼乌鲁想要干什么?

第三页,大灰狼乌鲁怎么走开啦?它会去干什么呢?

第四页,大灰狼乌鲁去哪里了?它会和朋友哇呜说什么呢?哇呜听了会做什么?

第五页,哇呜之前去了哪里?做了什么好吃的?它对乌鲁说了什么?

第六页,两只大灰狼在干什么?它们的心情怎么样?它们可能会说些什么呢?

第七页,乌鲁手上拿的是什么呀?它的心情怎么样?它忘记了什么事情吗?

第八页,乌鲁又到了哪里?它会先说什么呢?接着会发生什么?

第九页,咕鲁鲁手上拿的是什么?你觉得它们会说什么?

第十页,请你来学学两只大灰狼是怎么说话的。

——尝试扮演角色,表现出神态和语气。

第十一页,乌鲁的心情怎么样?你从哪里看出来的?它忘记了什么事情吗?

第十二页,你猜这次乌鲁有没有告诉它的好朋友小猪的事情。

第十三页,贝罗在森林中找到了什么?它会对乌鲁说什么呢?

第十四页,它们一边吃,一边在说什么呢?请你来学一学吧!

第十五页,临走的时候,贝罗会和乌鲁说什么?乌鲁为什么那么开心?

第十六页,乌鲁的晚餐有什么?是哪里来的?它的心情怎么样?

第十七页,它的表情为什么这样?它想起了什么事情?

第十八页,结果怎么样了?如果你是乌鲁,你的心情怎么样?

拓展式阅读指导

1.家长引导幼儿根据画面揣摩角色的心理,以恰当的语气和表情来表演绘本角色。

2.家长可与幼儿交流发生在自己身上的幸运的事情。告诉幼儿如果遇到不开心的事情,有哪些处理情绪的好方法。

3 跑跑镇

内容简介

《跑跑镇》是一本创意游戏书，故事发生在一个充满活力的小镇，名为“跑跑镇”。镇上住着一群快乐、善良的动物居民，它们有一个共同的爱好——奔跑。两个不相关的居民快跑、碰撞在一起后，会变成“新”的居民。孩子可以从两个不同的居民身上观察趣味的元素，进而联想两个居民碰撞后可能产生的新变化。整本书充满了创意和趣味，让我们跟着哒哒哒的脚步声，一起享受猜测的游戏乐趣吧！

分页式阅读指导

第一页，你看到了什么动物？它们在干什么？小猫和小鹰跑跑跑，发生了什么事情？

什么会变成猫头鹰呢？

——引导幼儿观察猫头鹰身上小猫和小鹰的特征。

第二页，什么动物来了？它们跑的时候发生了什么事？为什么会变成熊猫呢？

——了解颜色的变化。

第三页，仙人球和小鱼撞在一起，变成了什么？河豚的什么地方像鱼，什么地方像仙人球？

第四页，公主跟海豚撞在一起会变成什么呢？

——先引导幼儿猜测，再揭晓答案。

第五页,红宝石,哒哒哒,苹果,哒哒哒,咣！它们变成了什么?

第六页,馒头,哒哒哒,肉丸,哒哒哒,咣！它们变成了什么?

——注意内外结合。

第七页,荷叶,哒哒哒,拐杖,哒哒哒,咣！它们变成了什么?

——引导幼儿学习复述短句。

第八页,……,哒哒哒,……,哒哒哒,咣！它们变成了什么?

——引导幼儿学习复述短句。

第九贞,……,哒哒哒,……,哒哒哒,咣！它们变成了什么?

——引导幼儿学习复述短句。

第十页,房子,哒哒哒,轮子,哒哒哒,咣！它们变成了什么?你觉得它们撞在一起还能变成什么?

——引导幼儿从房子和轮子的特征进行想象。

第十一页,你能试着把这两样东西撞在一起的故事说一说吗?

——引导幼儿完整地说出句子。

第十二页,黄色和蓝色撞在一起会变成什么呢?为什么?

——幼儿猜测并说出猜测理由。

第十三页,爸爸,哒哒哒,妈妈,哒哒哒,咣！发生了什么?

拓展式阅读指导

1.家长准备一些绘本中的图片,鼓励幼儿根据图片自己讲述绘本内容,让幼儿在“玩游戏”的过程中复述短句“……,哒哒哒,……,哒哒哒,咣！它们变成了什么?”。

2.家长可以引导幼儿创编故事,并把创编的内容制作成一本新的《跑跑镇》。

4 生气汤

内容简介

《生气汤》以生动幽默的方式，展示了霍斯通过煮汤释放情绪的过程。这种有趣的方式可以帮助孩子们更好地理解和控制自己的情绪，让他们在面对挫折时更加自信和乐观。同时，故事也强调了家庭成员之间相互理解和支持的重要性。在这个故事中，霍斯在妈妈的帮助下学会了煮“生气汤”来释放自己的愤怒和不满。这种有趣的方式让他感到心情愉悦，也帮助他控制住了情绪。故事以霍斯和妈妈一起享受烹饪的过程结束，他们相视而笑，紧张的心情最终平复。

分页式阅读指导

第一页，仔细观察封面，你看到了什么？看到这个漂亮的封面，你想知道什么？

第二页，霍斯今天有一箩筐不如意的事。猜猜霍斯发生了什么不如意的事。

第三页，他想不出第三题的答案。

第四页，琳达给他一封情书。

第五页，同学带来的一头名叫露露的牛，表演的时候踩了他一脚。这头奶牛做了什么事惹得霍斯不高兴了？

第六页，珍珠阿姨开车横冲直撞，一路吱吱嘎嘎，差点儿轧死三只贵宾狗。霍斯是不是很不开心？如果你坐在车里，你会有什么感受？你会怎么做呢？

第七页，霍斯气得想打人！他用力踩了一朵花。霍斯气得想干吗？还做了什么？

第八页，妈妈对他说：“嗨！”霍斯发出“嘶”的声音。霍斯发出了什么声音？

第九页，妈妈问他：“今天好不好啊？”霍斯吼了一声。霍斯面对妈妈的疑问做出了什么反应？

第十页，妈妈说：“你有没有谢谢珍珠阿姨呀？”霍斯咚的一声趴在地上。妈妈在问他有没有说谢谢时，霍斯做出了什么反应？他为什么会有这些反应？你觉得霍斯是一个什么样的孩子？

第十一页，“我们来煮汤吧！”妈妈说。我们一起去看看妈妈为什么要煮汤。

第十二页，霍斯一动也不动。他正生气呢！才不想煮什么鬼汤。

第十三页，妈妈把锅子装满水，放到炉子上。妈妈是怎样煮汤的？用了哪些材料和方法？

第十四页，水热了，她撒进一些盐。妈妈放了哪些材料？

第十五页，她深深吸了一口气，对着锅子尖叫。妈妈做了什么事情？

第十六页，“该你啦！”她说。于是，霍斯爬上凳子，也对着锅子尖叫。

第十七页，妈妈叫得更大声了。

第十八页，霍斯吼了好几声，还对着锅子龇牙咧嘴。

第十九页，水开了。

第二十页，妈妈对着锅子吐舌头。

第二十一页，霍斯也吐舌头，吐了二十下。为什么霍斯吐了二十下，而妈妈只吐了一下？

第二十二页，他拿起汤勺乒乒乓乓地敲锅子。霍斯做了什么事情来表达生气？

第二十三页，他喷出最大一口火龙气。

第二十四页，他笑了。煮完汤后，霍斯脸上露出了什么表情？

第二十五页，妈妈也笑了。

第二十六页，霍斯问：“我们到底在煮什么汤啊？”

第二十七页,“生气汤。”妈妈回答。

第二十八页,他们就这样肩并肩站在一起,搅散了一天的不如意。汤做完了,霍斯还会生气吗?妈妈是怎样的妈妈?

拓展式阅读指导

1.家长尝试和幼儿一起完成角色扮演的游戏,模仿书中主人公的动作及表情,一起来煮一煮生气汤。

2.在孩子不如意时,家长可以引导孩子模仿书中的情节,学会用正确的方法来排解心中不愉快的情绪,比如唱唱歌,跳跳舞或者出去走一走。

后记

苏州市实验小学教育集团各民办校(园)在徐天中校长的带领下,自2011年起,以“语言发展”为研究点开展“儿童语言发展小幼衔接的实验研究”。该课题研究的申报单位为苏州明珠学校。课题组由苏州明珠学校、苏州明珠幼儿园等四家单位组成,苏州明珠幼儿园主要承担完成了课题中3—6岁年龄段的实验研究。

徐天中校长是教育部首届骨干校长高级研修班成员,全国29位校长带头人之一,中国教育学会全国实验学校教育科学研究专业委员会副理事长,中国教育学会小学教育专业委员会副会长,全国骨干校长工作研究会副理事长,苏州市专家咨询团成员,教育部小学校长培训中心(北京师范大学校长培训学院)兼职教授,苏州大学兼职教授、硕士生导师,苏州市实验小学校教育集团原总校长。

徐天中校长创造性地提出了“生活认读”“环境认读”“游戏认读”“三步认读”四种模块的学习方式。四模块的学习,遵循了儿童的生理和心理发展规律,符合汉字、汉语文化的学习特征,将符号辨识和内容体验有机统一。四模块的学习,建立了小幼衔接语言教学共同体,儿童在活生生的多元动态环境中实现高效地识字、快速地阅读、流利地表达,从而充分开发儿童语言、思维等潜能,促进儿童全面可持续发展,为终身学习打下坚实的基础。

本丛书由徐天中校长担任编委会总主编,他对本丛书的指导思想、框架结

构、内容审定、文字撰写等方面做出了具体指导和详细安排。赵洪、丰新娜、丁文群、王莉、王静、过坚、朱月龙、屈雅琴、钱春玲、钱晶莹参与了本丛书各书册的编写与审校工作。谈莉莉、葛建平、宋怡、周莉、周璇、戴莉萍、沈琴、周玉婷、陆丽亚、范兰珍、顾敏娴、吴国英、程浏、杨斐、张雯婷、沈建芳、翁娟芳、潘宏参与了课题的教学研究工作。课题组全体成员在推进课题研究的过程中,展现了对孩子的认真观察、对教法的认真琢磨、对经验的认真提炼。本丛书中的每一篇活动设计、每一件游戏材料、每一个指导要求,都凝聚着教师们对于课题研究的独特观点。

课题研究开展期间,课题组得到了幼儿科学认读发起人,原江苏省教育委员会副主任、江苏省教育学会原会长周德藩先生,苏州大学朱月龙教授,以及北京师范大学、中国教育科学研究院、江苏省教育科学研究院等单位有关专家的指导。他们为课题研究提供了科学认读的成果借鉴、为课题推进提供了广阔的研究思路,也在丛书编写过程中提供了许多建设性的修改意见,我们在此表示衷心的感谢!

本丛书在编写过程中得到了很多专家、学者、老师的支持和帮助,在此向各位表示诚挚的谢意!

由于编者水平和时间的限制,丛书在理论的探索和实践的操作上还有提升的空间,不足之处敬请专家和读者不吝赐教!

编　者

2023年8月

儿童语言发展

小幼衔接的实验研究丛书

生活认读

4—5岁

徐天中 总主编

本书编委会 编

浙江工商大学出版社

ZHEJIANG GONGSHANG UNIVERSITY PRESS

·杭州·

图书在版编目(CIP)数据

儿童语言发展小幼衔接的实验研究丛书. 4—5岁 1 生活认读 / 徐天中总主编;本书编委会编. -- 杭州:浙江工商大学出版社,2024. 10. -- ISBN 978-7-5178-6122-5

Ⅰ. G613.2

中国国家版本馆CIP数据核字第20243LY553号

儿童语言发展小幼衔接的实验研究丛书
生活认读(4—5岁)

SHENGHUO RENDU (4—5 SUI)

徐天中 总主编 本书编委会 编

策划编辑 周敏燕
责任编辑 周敏燕
责任校对 夏 佳
封面设计 蔡思婕
责任印制 祝希茜
出版发行 浙江工商大学出版社
(杭州市教工路198号 邮政编码310012)
(E-mail:zjgsupress@163.com)
(网址:http://www.zjgsupress.com)
电话:0571-88904980,88831806(传真)
排 版 杭州朝曦图文设计有限公司
印 刷 杭州捷派印务有限公司
开 本 787mm×1092mm 1/16
总 印 张 58
总 字 数 769千
版 印 次 2024年10月第1版 2024年10月第1次印刷
书 号 ISBN 978-7-5178-6122-5
总 定 价 200.00元(共六册)

“儿童语言发展小幼衔接的实验研究丛书”编委会

顾　　问:周德藩

总 主 编:徐天中

副总主编:赵　洪　丰新娜

编　　委:(按姓氏笔画排序)

丁文群　王　莉　王　静　过　坚　朱月龙

屈雅琴　钱春玲　钱晶莹

本书编委会

主　　编:王　莉

编　　委:(按姓氏笔画排序)

吴国英　范兰珍　顾敏娴

序

一个人的语文素养根基在于阅读，儿时阅读兴趣的激发和习惯的养成至关重要。孩子是天生的学习者。脑科学研究成果表明，幼儿正处于语言学习的敏感期，充分利用汉字图形表意的优势，在儿童生活和游戏过程中，开展“随风潜入夜”式的认读活动，既能激发孩子的阅读兴趣，又有利于培养孩子的阅读习惯。

为此，我们曾组织几十所幼儿园和小学，以“科学认读”为课题进行早期阅读的实验研究。十数年的坚持，改变了我们汉字难学的认知，其实汉字存有认读和书写的相位差，可先认读不书写，或者后书写。阅读的入门并不难。据此，我们在幼儿园开展科学认读汉字词的活动，这激发了孩子们认读汉字词的热情。做得好的幼儿园，大班的孩子普遍可以认读近千个汉字。有些小学主动对接幼儿园继续实验，到二年级学年末，学生认读可超两千字，从而实现自主阅读。这项研究结题时，教育部原副总督学郭振有说，此项研究小切口、意义大。

结题之后，由于环境的影响，继续参与研究的很少。但是徐天中校长凭借他丰富的教育经历和学识，充分认定这项研究的价值，抓住小切口，依靠教育集团的优势，设计出小幼衔接的大文章，坚持做了十多年。他主持开展的江苏省教育科学“十二五”规划重点课题“儿童语言发展小幼衔接的实验研究”，抓住儿童口头语言发展的关键期，在不增加儿童学习负担的前提下，建立了一套

符合儿童身心发展特征、小幼间无缝对接的科学认读目标、内容、方法、评价体系,让3—6岁语言教学与小学语文教学在展示自身特色基础上实现无缝衔接,建立小幼衔接语言教学共同体,开发儿童语言思维等潜能,促进儿童全面可持续发展,为终身学习打下坚实的基础。

徐天中校长从“字”“人”“环境”这三个方面着手研究,创造性地在3—6岁阶段科学认读研究中提出了“生活认读”“环境认读”“游戏认读”“三步认读”四种模块的学习方式,在这些学习方式的互通与互补过程中,6岁幼儿轻松而高效地达到1000多个常见字的认读目标。正是通过抓住关键期,从3岁开始的有效语言教育,幼儿从3岁就逐步开始了自主阅读绘本、报纸、书册,到6岁积累了近10万字的阅读量。这充分开发了幼儿的学习潜能,促进了其形象思维、逻辑思维等的快速发展。3—6岁的早期认读和早期阅读成果,让幼儿进入小学一二年级后语文学习优势明显,轻松完成2500个常用字的学习,课外阅读量超100万字,这也很好地推进和提高了学生学习其他学科的兴趣、速度和质量,从而进一步全面提升了学生的综合素养。

徐天中校长领衔的这项课题成果丰硕,课题组编撰了《小幼衔接语言发展之科学认读》《小幼衔接语言发展之绘本阅读》《小幼衔接语言发展之口语讲述》等共计18册的系列丛书,制作了与之配套的电子课件、挂图卡片、音频视频、游戏盒子等学习辅助材料。这些课题研究成果集聚了严谨规范的教学流程、系统高效的教学方式、生动有趣的教学材料、多元灵活的教学评价,具有极大的实操性和可推广性。我希望这项课题研究能长期进行下去,它的探索和深化必将对基础教育体系改革产生重大意义!

周德藩

(原江苏省教委副主任)

目 录

4—5岁(上)

一、生活认读校园版

二、生活认读家庭版

4—5岁(下)

一、生活认读校园版

二、生活认读家庭版

4—5岁（上）

一

生活认读校园版

1 秋天的悄悄话

生活环节

散步活动

设计意图

散步活动氛围轻松自然，散步的过程既利于食物的消化，还可以帮助幼儿熟悉幼儿园环境。秋天来啦，幼儿园树上的叶子纷纷飘落下来。教师带领幼儿边散步边观察落叶、捡拾落叶，通过认识落叶名称，了解落叶特征，感受秋天的美好。

认识与树木相关的字词。

材料准备

树木挂牌

活动过程

一、谈话活动

师：秋天来啦，你们知道景色有哪些变化吗？

二、散步寻找落叶

1. 在散步的途中，寻找校园里的落叶

师：小朋友，幼儿园里有好多落叶，我们一起来收集落叶吧。

——幼儿自由拾捡落叶。

2. 认读树木挂牌，发现落叶的名称

师：你们捡到的落叶一样吗？你们知道它们的名字吗？

——引导幼儿认读树木挂牌，了解落叶的名称。

3. 回教室，和落叶做游戏

师：幼儿园的落叶真多呀，它们的形状、颜色各不相同，我们带回教室继续探索落叶的秘密吧。

2 秋的来信

生活环节

邮局游戏

设计意图

角色游戏是幼儿园游戏活动的一种形式，能培养幼儿的语言表达能力、社会交往能力和解决问题的能力。秋天来了，天气变冷了，有一些怕冷的动物会想办法让自己暖和起来。在“邮局游戏”中，让幼儿通过给小动物写信的方式了解更多的保暖办法，从而激发幼儿运用文字的兴趣。

认识与秋天相关的字词。

材料准备

邮局场景、游戏材料

活动过程

一、提问导入

1.说说秋天的变化

师：小朋友，你们知道现在是什么季节吗？秋天来了，天气有什么变化？

2.讨论保暖好办法

师：小朋友，你们怕冷吗？我们怎样让自己暖和起来呢？

师：小动物怕冷吗？它们有什么办法让自己暖和起来呢？

二、邮局写信活动

师：我们给小动物们写一封“秋的来信”，用图画或文字告诉它们如何做好过冬的准备。

三、信件分享会

师：邮箱里有很多小朋友写的信，谁愿意来读一读？

——教师引导幼儿阅读并理解信件，分享各自的想法。

3 笑眯眯

生活环节

谈话活动

设计意图

谈话活动氛围轻松自然，便于幼儿之间进行交流互动。在集体生活中，幼儿之间偶尔会发生矛盾，以情绪管理为主题开展谈话活动，有助于幼儿正确认识自己的情绪，学会用微笑来解决问题。

认识与表情相关的字词。

材料准备

表情图文字卡

活动过程

一、事件回顾

教师情景描述幼儿间发生的小矛盾。

二、讨论如何解决矛盾

师：小朋友，乱发脾气能解决问题吗？

师：如果是你，你会怎么做？

——教师与幼儿谈论，总结用好情绪来解决问题。

三、分享好情绪

师：你知道的好情绪有哪些？请你来说一说，试着做一做。

——教师出示表情图文字卡，引导全体幼儿一起学一学。

四、教师总结

师：每个人都有很多不同的情绪，当出现问题时，我们不要被坏情绪所控制，要学会想办法或者寻求他人帮助。

4 捉迷藏

生活环节

户外活动

设计意图

户外活动场地宽广，便于幼儿进行跑、跳、投掷、攀爬等全身性活动。教师引导幼儿在轻松愉悦的环境中，玩字词捉迷藏游戏，找一找、念一念，在玩中学、学中玩。

认识与秋天相关的字词。

材料准备

字卡

活动过程

一、回忆玩法，引起兴趣

师：小朋友，你们玩过捉迷藏吗？谁来说说捉迷藏的游戏规则？

——师幼共同回忆游戏规则。

二、玩捉迷藏游戏

1.介绍新规则

师：今天，我们和字卡玩捉迷藏，字卡藏在秋天的各个角落里，我们一起找一找。

2.幼儿游戏

师：游戏开始了，看谁找得多。

3.说说自己找到的字词

师：你们都找到藏起来的字宝宝了吗？你找到了谁？大声念出来。

三、游戏结束

师：原来捉迷藏还可以有很多玩法，下次我们再来玩吧。

5 谜语歌

生活环节

谈话活动

设计意图

谈话活动氛围轻松自然，便于幼儿之间进行交流互动。随着认读能力的提升，幼儿逐渐喜欢猜谜语的游戏。在谈话活动中，教师引导幼儿一起来猜简单、生动的谜语，以互动的方式增加学习的趣味性。

认识与时钟相关的字词。

材料准备

“时钟”字卡

活动过程

一、聊一聊什么是谜语

师：小朋友，你们猜过谜语吗？你们知道谜语是什么吗？

师：谜语就是不直接告诉你那是什么东西，让我们一起根据儿歌来猜答案。

二、聊一聊我知道的谜语

师：你会哪些谜语？谁来说一说？

三、你说我猜

1. 一名幼儿说谜语，其他幼儿猜谜语

2. 教师说谜语，幼儿猜

师：弟弟长，哥哥短，两人赛跑大家看，弟弟跑了十二圈，哥哥一圈才跑完。

师：小朋友，请你想一想、猜一猜。猜出的小朋友可以到老师耳边讲一讲。

——出示“时钟”字卡，揭示谜底。

6 小船儿

生活环节

谈话活动

设计意图

谈话活动氛围轻松自然，便于幼儿之间进行交流互动。幼儿对动画片《海底小纵队》中的潜艇非常感兴趣，教师引导幼儿以“船”为主题展开讨论，互相分享坐船的快乐体验。

认识与船相关的字词。

材料准备

字卡

活动过程

一、我知道的交通工具

师：小朋友，你知道哪些交通工具？

师：你乘坐过这些交通工具吗？请你说说自己的乘坐经历。

二、交通工具大分类

师：小朋友，你讲了这么多交通工具，它们行驶的地方一样吗？

——教师引导幼儿进行分类。如：陆地交通工具、水上交通工具、空中交通工具。

师：水上交通工具有哪些？

——教师出示字卡，幼儿认读与船相关的字词。

三、交流坐船的感受

师：你坐过船吗？请你来介绍一下坐船的感受。

师：坐船要注意什么？怎样坐船才是正确的呢？

7 做个好宝宝

生活环节

角色游戏

设计意图

角色游戏是幼儿园游戏活动的一种形式，能培养幼儿的语言表达能力、社会交往能力和解决问题的能力。娃娃家是幼儿最喜欢的游戏活动，“宝宝”是娃娃家的主角，教师引导幼儿在照顾“宝宝”的游戏中学习同伴间的互动交往，并对娃娃家中家具的字词有一定了解。

认识与家具相关的字词。

活动过程

一、分配角色

师：娃娃家游戏开始了，今天你想做娃娃家里的谁？

二、围绕“娃娃家”开展游戏

师：“爸爸”，你准备怎么照顾“宝宝”？

师：“妈妈”，你准备怎么照顾“宝宝”？

——教师引导娃娃家里的人物讲述自己的游戏计划，使幼儿对自己所扮演的家庭成员有一定的认识。

师：“宝宝”饿了，我们可以喂他吃什么？

——引导幼儿学习抱娃娃的方法及如何给娃娃喂饭等。

师：娃娃家里有什么？

——让幼儿自由说一说自己认识的物品和使用方法并示范，认读家具的字词。

三、回顾心情

师：今天，你在游戏中遇到了哪些开心的事情？请你来分享自己的故事。

师：游戏中你遇到了什么困难？请你来说一说。

8 爱国旗

生活环节

谈话活动

设计意图

谈话活动氛围轻松自然,便于幼儿之间进行交流互动。师幼围绕“国旗”展开讨论,教师请幼儿感受升旗仪式,找一找中国的国旗在什么地方,和同伴进行交流。

认识与国旗相关的字词。

材料准备

各国国旗的照片、PPT

活动过程

一、中国国旗

1.国旗在哪里

师:小朋友,你们见过中国国旗吗?在哪里见过?

2.国旗是什么样的

师:看看图片,谁来说一说国旗上有什么?表示什么意思?

3.观看升旗仪式

二、各国国旗

师:小朋友,你们还认识哪个国家的国旗?

三、游戏:找国旗

——教师鼓励幼儿将自己找的“国旗”图片与大家一起分享,念一念、说一说这是哪国的国旗。

9 数小猪

生活环节

专室活动

设计意图

专室活动为幼儿提供专门的室场、专业的工具和材料，支持幼儿的探索和创作。教师引导幼儿在饲养园给小动物编号，幼儿通过自制动物挂牌游戏，对数字汉字产生兴趣。

认识与数字相关的字词。

材料准备

自制挂牌工具

活动过程

一、参观饲养园

师：小朋友，今天，我们要去饲养园照顾小动物。

师：饲养园里都有哪些小动物？我们可以怎么照顾它们？

二、数数小动物

师：饲养园里有好多小兔，我们一起数数有几只？

三、我给动物做挂牌

师：小兔蹦蹦跳跳真可爱，让人数来数去数不清。我们给每个小动物做个挂牌，标个号。

师：你们准备怎么做挂牌？商量一下，去试试吧。

——教师引导幼儿自选材料制作挂牌，并标上“一、二、三……”。

四、给动物挂牌

师：给每个小动物都挂牌，这样我们就能数清楚了。

10 逛集市

生活环节

角色游戏

设计意图

角色游戏是幼儿园游戏活动的一种形式，能培养幼儿的语言表达能力、社会交往能力和解决问题的能力。集市场景中，幼儿能接触到各种水果，既能发展交往能力，又能潜移默化地习得字词。

认识与水果相关的字词。

活动过程

一、熟悉集市场景

师：今天，水果集市开张了，我们一起去逛逛吧。

师：集市里都有什么水果？

师：遇到不认识的水果，可以读一读水果牌，了解它的名字。

二、分配角色

师：集市里需要工作人员，谁想做？你准备做些什么？

三、幼儿游戏

师：在游戏的时候，顾客和服务员要使用礼貌用语，服务员要根据顾客的要求包装好正确数量的水果。

——幼儿游戏，教师巡回指导。

四、回顾总结

师：今天的游戏，你玩得开心吗？谁来分享你的故事？

11 小猫钓鱼

生活环节

阅读活动

设计意图

阅读活动是幼儿自主活动的环节之一，让幼儿在轻松自由的氛围中观察图片、阅读文字、理解情节，既能培养幼儿自主阅读的能力，又有助于幼儿独立地思考。《小猫钓鱼》的故事情节简单，适合低年龄幼儿自主阅读，幼儿能从故事中领会做事要一心一意的道理。

认识与绘本故事相关的字词。

材料准备

阅读区投放绘本《小猫钓鱼》

活动过程

一、自主阅读

师：小朋友，阅读区有很多新书，你们去选一本看看吧。遇到不认识的字可以问老师。

二、阅读分享

师：你阅读了哪本书？你看懂了吗？谁愿意来分享？

——请幼儿来讲一讲《小猫钓鱼》的故事。

三、集体阅读

师：《小猫钓鱼》的故事真有趣，小猫在钓鱼的过程中分别遇到了哪些小动物？它是怎么做的？

师：最后小猫有没有钓到鱼？为什么？

师：这个故事告诉我们什么道理？

12 一起来数数

生活环节

排队活动

设计意图

排队是幼儿园一日生活中最常见的一个环节。在排队的过程中通过报数,教师可以快速掌握幼儿人数。趣味报数既能帮助教师整队,又能帮助幼儿在游戏中提高认读字词的兴趣。

认识与性别、组别相关的字词。

活动过程

一、练习排队

师:户外游戏时间到了,我们排队出发。

——教师发出口令,幼儿排队。

二、常规报数

师:接下来,我们从第一个小朋友开始报数,一个接一个,看看一共有多少个小朋友。

——教师引导幼儿报数,根据报数了解幼儿人数。

三、花样排队

师:除了这样排队,我们还可以怎样排队?

——引导幼儿按多种方法排队,如按男女生排、按组别排等。

四、趣味报数

师:变换了排队形式,接下来,我们来玩一个举牌报数的游戏。如:老师举男生的牌子,男生队就开始报数;老师举女生的牌子,女生队就开始报数。比一比男生多还是女生多。

13 咏 鹅

生活环节

专室活动

设计意图

专室活动为幼儿提供专门的室场、专业的工具和材料，支持幼儿的探索和创作。饲养园里饲养着各种小动物，教师引导幼儿在看一看小动物，喂一喂小动物的过程中，找一找动物介绍牌上的字宝宝动物名称等，让幼儿在玩中复习、巩固字词。

认识与动物相关的字词。

活动过程

一、谈话导入

师：小朋友，今天天气真好，我们一起去幼儿园的饲养园吧。

二、参观饲养园

师：饲养园到了，你们看看有哪些小动物。

师：我们可以看一下动物介绍牌，上面的字宝宝你们认识吗？

三、引导幼儿喂小鹅

师：谁来找找“鹅”在哪里？我们一起伸出手指指一指、读一读吧。

师：让我们一起喂小鹅吧。

师：有一首关于鹅的古诗，你们会念吗？请会念的小朋友念给大家听一听。

师：我们一起念给小鹅听吧。

四、结束语

师：今天的小动物们好开心，不仅都吃得饱饱的，而且还听到了小朋友送给它们的古诗。

师：小动物说：“谢谢大家哦，欢迎你们下次再来！”

14 江南

生活环节

散步活动

设计意图

散步活动氛围轻松自然，散步的过程既利于食物的消化，还可以帮助幼儿熟悉幼儿园环境。在每个班级门口的自然角中，我们不仅可以观赏到各种花卉植物，还能通过植物插牌卡片上的字词，知道植物的名称。饭后散步，教师带领小朋友一同观赏各班级的自然角，既能让身体有效地放松，又能增加幼儿见识，扩大幼儿的视野。

认识与花卉相关的字词。

活动过程

一、幼儿园里参观

师：小朋友，跟随老师一起去散步吧。

二、观察自然角

师：自然角里的植物真多呀！你认识哪些植物？它们长得什么样？它们是什么颜色的？它们有什么作用？

——引导幼儿用完整的语句讲述自己的发现。

师：你见过这种花吗？你知道它的名字吗？我们可以读一读植物挂牌。

师：你想了解这些不知名的花吗？我们用手机拍下来，回教室一起查阅资料吧。

三、散步结束，回教室

教师与幼儿一同查阅资料，分享花卉的介绍，了解它们的生长环境和作用特点等。

15 梅花

生活环节

散步活动

设计意图

散步活动氛围轻松自然，散步的过程既利于食物的消化，又可以帮助幼儿熟悉幼儿园的环境。教师在晴朗的天气里带领幼儿到户外散步，校园里郁郁葱葱、品种繁多的植物能够帮助幼儿获得新的知识，满足孩子强烈的探知欲望。

认识与植物相关的字词。

材料准备

制作植物挂牌的手工材料

活动过程

一、谈话引起幼儿参观的兴趣

师：幼儿园里飘来阵阵花香，原来是梅花盛开了，我们一起去寻找梅花吧。

二、寻找梅花

师：你找到梅花了吗？你在哪里找到的？

师：你找到的梅花是什么颜色的？花瓣有什么特点？

——引导幼儿用完整的语句讲述。

师：原来梅花还有不一样的颜色，真是太美了。

三、设计梅花挂牌

师：梅花是幼儿园美丽的风景线，我们要保护它。请你们给梅花树做一个挂牌，告诉其他小朋友梅花的名字和它的特点与作用。

——幼儿回班级制作梅花挂牌。

四、给梅花树挂牌

16 画

生活环节

专室活动

设计意图

专室活动为幼儿提供专门的室场、专业的工具和材料，支持幼儿的探索和创作。美劳室悬挂着很多世界名画，为幼儿提供了艺术鉴赏的氛围。教师引导幼儿在美劳室一边欣赏美术作品，一边创作，有利于培养幼儿的艺术素养。

认识与名画相关的字词。

活动过程

一、讨论引起幼儿兴趣

师：今天，我们要去美劳室活动了，你们准备做什么？

二、参观美劳室

师：美劳室到了，墙上有很多世界名画，谁来说一说？

——引导幼儿认读名画作品，教师讲解，帮助幼儿鉴赏。

三、自由创作

师：美来源于生活，美基于创作和表达，请你们选择自己喜欢的工具和材料，自己创作作品吧。

——教师巡视指导，鼓励幼儿大胆创作。

四、介绍我的作品

师：你做了什么？请你来分享自己的创作。

——教师引导幼儿用完整的语句介绍自己的作品。

师：你最喜欢哪一幅作品？为什么？

——教师引导幼儿向同伴学习，发现同伴作品的闪光点。

17 山行

生活环节

谈话活动

设计意图

谈话活动氛围轻松自然,便于幼儿之间进行交流互动。现代家庭都注重到大自然中培养幼儿的品质和能力,因此幼儿对爬山积累了一定经验,可以和教师交流、讨论有关话题,教师要引导幼儿大胆表达。

认识与山名相关的字词。

材料准备

PPT

活动过程

一、以古诗引出话题

师:你们学过《山行》吗?一起来念一念吧。

师:作者看到山里的风景会创作诗歌。你喜欢爬山吗?

二、交流爬山的趣事

师:今天,我们就来聊一聊关于爬山的那些事。

师:你和谁一起爬过山?

师:爬山时发生了什么有趣的事?

师:你觉得爬山这件事难吗?为什么?

三、藏在城市里的山

师:小朋友都觉得爬山虽然很辛苦,但是爬山能锻炼我们的身体,而且让我们感到非常开心。我们要多爬山,多到大自然中去运动。

师:你知道我们的城市里藏着哪些山吗?你能说出它们的名字吗?

——教师出示PPT,与幼儿一同认读各座山的名字。

18 散步

生活环节

散步活动

设计意图

散步活动氛围轻松自然,散步的过程既利于食物的消化,又能帮助幼儿熟悉幼儿园的环境。随着年龄的增长,幼儿对自己生活的周围产生了浓厚的兴趣。在散步活动中观察周边环境,有助于激发幼儿对生活场景和学习的兴趣。

认识与周边生活环境相关的字词。

活动过程

一、谈话导入

师:你们平时会和爸爸妈妈去散步吗?你们会去哪里散步?

师:今天,我们走出校园,来一场社区散步。

二、散步安全提醒

师:散步时,我们要注意什么?

三、制定散步路线

师:我们走出校园,先去哪里?再去哪里?最后回到校园。

——教师与幼儿一同谈论路线并记录下来,师幼达成共识后出发。

四、社区散步

师:你看到了什么?

师:路牌上写着什么?商店名称是什么?

——教师引导幼儿观察周边的环境,认读环境里的汉字。

五、回校园,交流分享

师:散步的过程中,我们经过了哪些地方?谁来完整地说一说?

19 小兔学本领

生活环节

播报活动

设计意图

播报活动是幼儿展示语言表达能力的途径之一，活动为幼儿搭建讲述舞台，活动过程有话筒、有观众，可以锻炼幼儿语言表达的自信心。教师引导幼儿以“学本领”为主题讲述内容，该主题既贴近幼儿生活经验，又适合幼儿描述和表达。

认识与本领相关的字词。

材料准备

各种本领字卡

活动过程

一、教师介绍播报活动主题，引起幼儿兴趣

师：播报活动开始啦！今天的播报主题是“学本领”。

师：小朋友，你学过什么本领？你在学本领的时候发生了什么有趣的事？

——教师引导幼儿自由讲述经历。

二、播报活动

师：今天，我们的播报内容以抽卡的形式开展，我们先把抽到的本领念一念，再讲一讲。

——教师组织幼儿开展主题讲述活动。

——教师鼓励幼儿用完整的语言讲述“学本领”。

三、颁奖活动

师：今天，你们表现得都很棒，都获得了“小小播报员”的称号，恭喜你们。

20 叠叠乐

生活环节

来园活动

设计意图

来园活动是幼儿入园后自主进行的游戏活动,该活动材料丰富多元,有助于幼儿在操作过程中加强动手、交往及认知能力。纸杯是一种常见的生活材料,教师引导幼儿用纸杯玩垒高游戏,在游戏中认读,可以强化幼儿自主认读的兴趣。

认识与广告相关的字词。

材料准备

印有广告文字的纸杯

活动过程

一、来园接待

师:小朋友,早上好!选一个你喜欢的区域游戏吧。

二、用纸杯开展垒高游戏

师:你能用纸杯垒高吗?我们来试一试吧。

师:原来垒高有这么多方法,我们一起来比赛,看谁垒得高。

——教师与幼儿在区角开展垒高游戏。

三、认读抢答游戏

师:你做的是什么?

师:小朋友们太棒了!有的垒了高楼,有的垒了宝塔,还有的垒了……

师:我发现这些纸杯上都有不同的文字,你能看懂吗?

师:从最底层开始,我们进行抢答游戏,看谁最先念出纸杯上的字词。

四、用其他材料垒高

师:纸杯垒高游戏太好玩了,除了纸杯,其他材料能不能垒高呢?我们一起来试一试、比一比吧。

21 小雨滴

生活环节

盥洗活动

设计意图

盥洗是幼儿园一日生活中最常见的活动之一。幼儿在盥洗室洗手，会接触到诸如“节约用水”“七步洗手”等图文提示，幼儿会在潜移默化中习得相关字词，认读活动更加生活化。

认识与水相关的字词。

活动过程

一、准备活动

师：又到了盥洗时间，我们上厕所的时候要注意什么？

——教师帮助幼儿强化安全意识。

二、盥洗时间

1. 请幼儿分组洗手，并引导幼儿观察盥洗室环境

师：你看到了什么？这些字宝宝你都认识吗？不认识的可以问老师。

师：这些图片和文字告诉我们什么？谁来说一说？

2. 认识与水相关的字词

师：你们还记得这是什么字宝宝吗？这个字宝宝是什么偏旁部首？

师：请你找一找这首儿歌里还有哪些字宝宝的偏旁也是有三点水的。

三、环保教育

师：为什么不让水珠落在地上呢？

师：我们一起保护水资源，洗手的时候不浪费水。

22 冬天我不怕

生活环节

谈话活动

设计意图

谈话活动氛围轻松自然，便于幼儿之间进行交流互动。关于在冬天如何让自己保暖，幼儿有一定的经验，教师要在话题谈论的过程中激发幼儿表达的兴趣，帮助幼儿认识各种保暖物品，从而乐意接受季节的变化，喜欢冬天。

认识与保暖物品相关的字词。

材料准备

PPT

活动过程

一、冬天大讨论

师：小朋友，现在是什么季节？你们是怎么知道的？

师：冬天有什么特征？我们生活的环境、人们、动植物都有什么变化？

——教师鼓励幼儿用完整的语句讲述冬天。

二、冬天我不怕

师：冬天非常寒冷，你们怕冷吗？为什么不怕冷？你们有什么好办法让身体不怕冷？

——教师引导幼儿结合生活经验分享保暖物品，同时出示图文PPT，鼓励幼儿念一念、说一说。

三、冬天我喜欢

师：你喜欢冬天吗？说说喜欢的原因。

23 猜数字

生活环节

排队活动

设计意图

排队是幼儿园一日生活中最常见的活动之一。教师将数学游戏融入排队活动，让幼儿身临其境与数字近距离接触，激发幼儿对认读活动的兴趣。

认识与数字相关的字词。

材料准备

字卡

活动过程

一、排队报数

师：队伍排好了，我们一个接一个报数，并把自己的数字记在心里。

二、游戏“猜猜数字几不见了”

1.第一轮游戏规则：教师随机在队伍中抽去一名幼儿，请其他幼儿快速抢答“数字几不见了”，同时找出对应字卡。抢答正确并找出对应字卡的幼儿获胜。

师：老师请你出列。小朋友，你来猜猜“数字几不见了”？

师：你能找出它表示的字卡吗？

师：这位小朋友找出的字卡是你心中的数字吗？

2.第二轮游戏规则：教师打乱幼儿顺序，重新随意排队，第二轮报数后进行游戏。

三、游戏结束

师：排队游戏需要小朋友仔细观察，认真推理，从自己的数字快速推断出别人的数字，真有趣。

24 玩线球

生活环节

户外活动

设计意图

户外活动场地宽广，便于幼儿进行跑、跳、投掷、攀爬等全身性活动。球类是幼儿最常用的器械，幼儿能在玩球的过程中了解各类球的玩法，尝试合作游戏，进一步提升身体协调性。

认识与球相关的字词。

材料准备

各类球整理箱

活动过程

一、提问导入

师：小朋友，户外活动时间到了，你们最喜欢玩哪一种体育玩具呢？

——教师引导幼儿交流各种体育器械的玩法。

二、和球做游戏

1.分散玩球

师：这是老师最喜欢的器械——篮球，它可以拍、运、投掷，可好玩了！

师：幼儿园有各种不同的球，请你选几种不同的球，试着玩一玩。

2.分享玩球

师：你玩了什么球？你是怎么玩的？谁愿意来示范？

3.玩球大PK

师：好多小朋友都喜欢大滚球，我们来一场滚球比赛吧。

4.送球回家

师：球球真好玩，请你认一认、念一念整理箱的标记，把球送回家。

25 滑 冰

生活环节

专室活动

设计意图

专室活动为幼儿提供专门的室场、专业的工具和材料，支持幼儿的探索和创作。科学发现室为幼儿的实验探索提供丰富的操作工具。教师引导幼儿在室场探究"冰"的融化过程，学会使用和归类工具，对科学探索活动产生兴趣。

认识与工具相关的字词。

活动过程

一、讨论"冰"，引起兴趣

师：小朋友，你们见过冰吗？在哪里见到的？

师：冰给你的感觉是什么样的？你喜欢冰吗？

师：冰可以用来做什么？你知道融化冰块的方法吗？我们一起去科学发现室探秘吧。

二、参观科学发现室

师：在科学发现室你看到了什么？这些工具是怎么分类摆放的？你能念出工具收纳盒上的文字标记吗？谁来念一念、说一说？

三、"冰"的融化大探秘

师：用什么工具和方法可以加快冰的融化呢？请你自由选择工具试一试。

师：在实验过程中请注意安全使用工具。

师：谁愿意分享你用的工具？你有没有成功？为什么？

四、整理工具

师：有了收纳的工具和标记的文字，我们整理起来更方便，让我们一起整理吧。

26 猫头鹰

生活环节

阅读活动

设计意图

阅读活动是一种幼儿的自主活动，它能让幼儿在轻松自由的氛围中观察图片、阅读文字、理解情节，既能培养幼儿自主阅读的能力，又有助于幼儿独立地思考。关于猫头鹰的秘密，教师可以通过绘本故事，借助图文并茂的形式，帮助幼儿自主探究，让幼儿在阅读过程中自然地了解动物的习性。

认识与猫头鹰相关的字词。

活动过程

一、话题讨论，引起阅读兴趣

师：小朋友，你们知道猫头鹰吗？

师：你们了解猫头鹰吗？猫头鹰生活在哪里？它喜欢做什么呢？

师：阅读区有很多有关猫头鹰的故事，你们可以到书中去寻找答案。

二、自由阅读

师：请你选一本书，找一个舒服的地方去阅读。

师：阅读时请大家保持安静，可以轻声讨论，不要大声喧哗。

三、分享阅读

师：你们找到有关猫头鹰的书本了吗？谁来说一说猫头鹰有什么特点？

——教师引导幼儿用自己的话完整讲述。

师：其他小朋友了解到的猫头鹰又是什么样子的呢？

师：谁愿意来分享你的绘本故事？

——引导幼儿独立阅读绘本，遇到不认识的字词可以集体认读。

4—5岁（上）

二

生活认读家庭版

1 秋天的悄悄话

生活场景

红枫树林

设计意图

秋天是一个多彩的季节，红红的枫叶让苏州变得格外美丽动人。走进红枫林，幼儿和家长观察枫叶，了解枫叶的特征，认读枫叶的名称，既增加了亲子间的互动，又增添了生活中习得字词的乐趣。

指导意见

一、谈话引起幼儿兴趣

家长：宝贝，秋天来啦！枫叶变红了，你想去红枫林看美景吗？

家长：今天，我们一起去红枫林吧。

二、观察红枫林美景

家长：你喜欢这里吗？

家长：这里的枫叶是什么颜色的？

家长：枫叶是什么形状的？

三、寻找枫叶的名称

家长：其实，枫叶有很多不同的种类，我们一起来找一找吧。

——家长引导幼儿观察枫树标牌。

四、爱护树木

家长：这些红枫叶多美呀，你喜欢它们吗？

家长：每当秋天，红枫叶就形成了一道亮丽的风景线。

家长：我们要保护好树林，让我们的生活环境更好。

2 秋的来信

生活场景

邮局

设计意图

邮局是以邮政为主营业务的综合性服务场所。幼儿园有邮局游戏,幼儿已经对邮局积累了一定经验。通过去邮局写信的活动,幼儿可以向亲人传递自己的爱。该活动既能增进亲子间互动,又能增加幼儿学习汉字的机会。

指导意见

一、谈话引起幼儿兴趣

家长:宝贝,有很多情感可以通过文字来表达。

家长:今天,我们一起写封信,好吗?

二、写信

家长:你想给谁写信,为什么?

——家长与幼儿交流写信的对象。

家长:开始写信了,你准备写什么内容?不会写字,你可以画图来表示。

——家长指导幼儿写信。

三、寄信

家长:寄信需要什么?你可以通过解读寄信流程或者询问工作人员来了解。

——家长与幼儿一同准备信封和邮票。

家长:全都准备好了,我们一起去寄信吧。

3 笑眯眯

生活场景

朋友家

设计意图

去好朋友家做客是幼儿在生活中喜欢的社交活动。在做客的过程中，幼儿学习运用礼貌用语，通过表情管理增加做客的趣味性，增进与朋友的感情。

指导意见

一、谈话引起幼儿兴趣

家长：宝贝，今天，我们去你的好朋友家做客吧。

二、讨论做客的流程

家长：到朋友家做客，我们需要说些什么？做些什么？

——家长引导幼儿学说礼貌用语，知道做客礼仪。

——家长引导幼儿为朋友制作礼物。

三、谈论做客的表情管理

家长：去朋友家做客，你的心情怎么样？你会展现什么表情？

——家长与幼儿一同讨论表情管理，通过图文学习和照镜子的游戏，练习用笑眯眯的表情去做客。

四、去朋友家做客

1. 敲门

家长：你可以说“你好，我的朋友”。

2. 送礼物

家长：快把你的礼物送给好朋友吧，面带微笑，表示友好。

五、结束做客

家长：和好朋友一起玩开心吗？下次我们也可以邀请他们来我们家做客。

4 捉迷藏

生活场景

家中客厅

设计意图

客厅是幼儿熟悉的生活场所，通常幼儿会在客厅玩玩具。家长与幼儿整理玩具时采用捉迷藏的游戏形式，既能增加生活中归纳整理的趣味性，又可以帮助幼儿认读相关玩具名称，达到在生活中学习、在学习中生活的目的。

指导意见

一、谈话引起幼儿兴趣

家长：宝贝，我们开始整理玩具了，玩具想和我们一起玩捉迷藏，你想参加吗？

二、游戏进行中

家长：我把玩具按类别藏在不同的玩具箱里，你去找一找，猜猜玩具的"家"有什么特点，然后我们一起给它贴上名字。

——家长按形状进行玩具归类，幼儿识别形状，并张贴形状名牌。

——家长按颜色进行玩具归类，幼儿识别颜色，并张贴颜色名牌。

——以此类推，后续也可以幼儿整理，家长识别。

三、评价游戏

家长：玩具们都找到了自己的家，好开心！长方形玩具在哪里？

家长：红色玩具在哪里？

——家长请幼儿根据名牌标记快速把玩具找出来，并大声回答"××玩具在这里！"。

四、游戏结束

家长：宝贝，你觉得捉迷藏的游戏好玩吗？下次让我们和更多玩具一起玩捉迷藏吧。

5 谜语歌

生活场景

图书馆

设计意图

图书馆内环境安静舒适，书籍种类繁多，非常适合开展亲子阅读活动。在图书馆里，家长寻找图文并茂的谜语读本，让幼儿在亲子互动中看一看、念一念、认一认、猜一猜，在积累谜语的同时扩展习得更多的字词。

指导意见

一、谈话引起幼儿兴趣

家长：宝贝，你知道哪个地方的书最多吗？

家长：今天，我们就去图书馆吧。

二、寻找谜语读本

家长：你喜欢猜谜语吗？今天，我们一起来找找有关谜语的书，一起来看一看。

三、亲子阅读活动

——选几本谜语读物，选一个舒适的地方，家长与幼儿进行亲子阅读活动。

家长：先观察图片，你能看懂哪一个谜语？

——引导幼儿找一找自己认识的字词，尝试读一读。

家长：自己看书，遇到不认识的字时可以请我帮忙。

四、猜谜游戏

家长：在这里，我们找到了好多谜语，你猜一个，我猜一个，比比谁猜对得多。

家长：宝贝好厉害，下次我们再来图书馆。

6 小船儿

生活场景

公园

设计意图

公园是户外玩耍时幼儿常去的场所。在公园里开展亲子划船游戏，与大自然亲密接触，深受幼儿喜欢。在划船游戏前，家长应阅读并了解水上游戏的注意事项，做好安全教育。

指导意见

一、谈话引起幼儿兴趣

家长：今天天气真好，我们一起去公园划船吧。

二、讨论坐船的流程

家长：我们要先到游船码头，买好船票，然后才能坐船。你找到“游船码头”了吗？

——家长引导幼儿通过公园路线图寻找“码头”。

家长：你知道坐船要注意什么吗？哪些行为是不正确的？

——家长教育幼儿要注意安全，防止溺水。

三、划船游戏

家长：我们要出发了，出发前需要了解水上游戏的注意事项，我们一起来读一读吧。你遇到不认识的字时，可以问我。

——家长引导幼儿了解坐船须知，并懂得遵守规则。

四、划船的感受

家长：今天的划船游戏你感觉如何？我们下次再去体验吧。

7 做个好宝宝

生活场景

家中卧室

设计意图

卧室是家中最温馨舒适的区域,也是睡觉前亲子互动最自然的场所。睡前亲子共读绘本故事,阅读与母爱有关的故事,有利于增进亲子感情。

指导意见

一、谈话引起幼儿兴趣

家长:睡觉时间到啦,我们到小床上去读故事吧。

二、阅读绘本《猜猜我有多爱你》

家长:宝贝,你知道吗?爸爸妈妈很爱你哦!你爱我们吗?

家长:你知道我们有多爱你吗?

家长:让这本《猜猜我有多爱你》告诉你爸爸妈妈有多爱你,我们一起来阅读吧。

三、交流阅读感受

家长:这个故事讲了什么?你最喜欢里面的谁?为什么?

家长:你觉得故事里,谁的爱最多?为什么?

家长:你是一个听话的好宝宝吗?你是怎么爱家人的?

四、幼儿阅读故事

家长:这个故事真有趣,你来试着读一读吧。

家长:遇到不认识的字时,可以问我。

家长:我们指着字宝宝一起完整地来读一读这个故事。

五、闭上眼睛,倾听故事

家长:故事讲完了,宝贝闭上小眼睛。

家长:我来念故事,你来想画面。

8 爱国旗

生活场景

家中客厅

设计意图

客厅是幼儿熟悉的生活场所，通常幼儿会在客厅看电视。国庆期间，家长与幼儿共同观看升旗仪式，萌发幼儿的爱国情感，让幼儿对五星红旗有一定的认知和了解。

指导意见

一、谈话引起幼儿兴趣

家长：宝贝，你知道今天是什么节日吗？

家长：在这个举国欢庆的日子里，北京将举行隆重的升旗仪式，我们可以通过电视转播来观看现场。

二、观看升旗仪式

家长：中国的国旗是什么颜色的？

家长：国旗上有什么图案？代表什么意思呢？

——家长引导幼儿听电视报道，看报道文字，认识、了解五星红旗。

三、绘画游戏

家长：五星红旗是中国的国旗，我们一起来画国旗吧。

9 数小猪

生活场景

撸猪馆

设计意图

撸猪馆是近年流行起来的以猪为主题的宠物馆，吸引了不少幼儿驻足观看。家长与幼儿一同在撸猪馆撸猪是一次关爱小动物、热爱生命的经历，家长要引导幼儿在欢乐有趣的氛围中了解猪的种类与习性。

指导意见

一、谈话引起幼儿兴趣

家长：宝贝，你喜欢猪吗？

家长：今天，我们去撸猪馆和猪一起做游戏吧。

二、参观撸猪馆

家长：撸猪馆到了，我们先参观一圈，看看它和其他宠物馆比有什么不一样。

——引导幼儿观察撸猪馆。

三、和小猪一起玩游戏

家长：撸猪馆有好多好多猪，它们的品种都是不一样的，请你通过介绍牌认识一下它们。

家长：现在，你能区分这些猪了吗？

家长：给你一个逗猪的玩具，和小猪一起做游戏吧。

四、喂小猪

家长：小猪们肚子饿了，你愿意去喂猪吗？喂猪之前，你要仔细阅读喂养注意事项，遇到不认识的字时，可以问我。

五、撸猪结束，回顾交流

家长：小猪太可爱了，但想要照顾好它们，我们还需要很多专业的知识。

10 逛集市

生活场景

超市

设计意图

超市是人们日常生活中常去购买生活物品的场所,幼儿已经积累了一定的采购经验。家长和幼儿一起在水果区认识、选购各种水果,既能增加亲子间的互动,又能增添生活认读的趣味性。

指导意见

一、谈话引起幼儿兴趣

家长:宝贝,你知道我们为什么每天都要吃水果吗?

家长:今天,我们一起去超市买水果吧。你准备买什么?

——家长与幼儿一同制定采购清单。

二、寻找水果区

家长:超市到了,水果在哪个区域可以找到?

——家长引导幼儿通过认读物品分类指示牌,找到水果区。

三、选购水果

1.挑水果

家长:找到我们想吃的水果了。你能找到它们的价格牌吗?看看单价分别是多少钱。

2.水果称重

家长:选好水果装袋,你会排队称重吗?

——家长引导幼儿与营业员交涉,给水果称重、装袋、标价。

家长:这些水果多重?我们需要付多少钱?你能看懂吗?

四、购买结束,回顾交流

家长:在超市买水果需要做些什么?下次我们再一起去买水果。

11 小猫钓鱼

生活场景

公园垂钓区

设计意图

公园是户外玩耍时幼儿常去的场所。在公园垂钓区，经常有三三两两的人在钓鱼。家长引导幼儿观察钓鱼装备、了解钓鱼的方法，让幼儿对垂钓活动产生兴趣。

指导意见

一、谈话引起幼儿兴趣

家长：你知道钓鱼吗？在公园里，你看到过谁在钓鱼？

家长：你会钓鱼吗？我们一起去公园探秘钓鱼吧。

二、寻找垂钓区

家长：公园里有专门钓鱼的地方，我们在公园地图上找一找，你遇到不认识的字时，可以问我。

——家长引导幼儿通过文字和标志寻找垂钓区。

三、观察钓鱼

家长：看，这里有好多人在钓鱼。

家长：仔细观察，钓鱼需要用到哪些工具？

家长：你发现了吗？钓鱼时为什么要保持安静？

家长：人们钓到了很多鱼，你能数清楚吗？

四、初试钓鱼

家长：你想试一试吗？垂钓区有很多钓鱼的规定，你试着读一读吧，遇到不认识的字时，可以问我。

——家长引导幼儿了解规则，尝试自己钓鱼。

五、钓鱼结束，回顾交流

家长：钓鱼是一项需要耐心操作的活动，有耐心就会有收获。

12 一起来数数

生活场景

电梯

设计意图

电梯是现代公寓楼、商业区常见的基础设施，幼儿都有乘坐电梯的经验。在乘坐电梯时，家长引导幼儿通过认读数字及标志，独立按楼层，让自己到达目的地，实现在生活中潜移默化地习得字词。

指导意见

一、谈话引起幼儿兴趣

家长：我们要去楼下，请你来操作电梯，你愿意吗？

二、回顾经验

家长：电梯里有什么，你还记得吗？

家长：到楼下去，我们需要按什么按钮？

家长：到楼上去，我们需要按什么按钮？

三、乘电梯

家长：现在我们去一楼，你来认一认、数一数，然后试着按电梯。

家长：如果遇到突发事件，我们该怎么办？

——家长请幼儿说一说自己的想法。

家长：电梯里有突发事件应急处理流程，你可以找一找、读一读。

家长：有遇到不认识的字吗？可以问我。

——家长引导幼儿了解应急处理流程，帮助幼儿增强安全意识。

四、乘坐结束，回顾交流

家长：乘坐电梯时如果遇到电梯故障不要惊慌，可以按警铃或呼救，等待帮助。

13 咏鹅

生活场景

鸟类主题公园

设计意图

鸟类主题公园里有各个品种的鸟，是幼儿非常喜欢去的场所。鸟在生活中非常常见，鹅也属于鸟类，在百鸟公园里，幼儿不但能更深入地认识鹅，还能见识到其他种类的鸟。

指导意见

一、谈话引起幼儿兴趣

家长：宝贝，你见过鹅吗？你知道鹅是什么动物吗？

家长：今天，我们就去百鸟公园认识一下美丽的鹅吧。

二、欣赏、了解鹅

家长：你能找到鹅吗？

——家长引导幼儿认读公园指引图，了解鹅的观赏区。

家长：鹅有什么特点？它喜欢什么？不喜欢什么？你知道吗？

——引导幼儿自己说一说对鹅的了解。

家长：可以读一读这里的动物介绍栏，里面有很多关于鹅的知识。

——家长引导幼儿认读动物介绍栏，了解鹅的习性。

家长：有一首关于鹅的古诗你知道吗？一起来念一念吧。

三、欣赏、了解各种鸟类

家长：百鸟公园里有各种各样的鸟，我们一起去发现它们的名字吧。

——家长引导幼儿认读鸟类名称，认识、了解各种各样的鸟。

家长：你最喜欢哪种鸟？为什么？

四、参观结束，回顾交流

家长：鸟是我们的好朋友，我们要爱惜和保护它们。

14 江南

生活场景

苏州园林

设计意图

园林是苏州的著名景点，不少幼儿从小就有游玩园林的经历。亲子游园，一起领略江南特有的水乡特色，了解苏州古建筑的悠久历史，萌发浓浓的爱家乡情感。

指导意见

一、谈话引起幼儿兴趣

家长：宝贝，你最近学习了一首新的古诗《江南》，你能说说古诗里描绘了什么景色吗？

家长：苏州是一座江南水乡，苏州园林历史悠久，我们一起去园林里寻找江南吧。

二、参观园林

家长：园林很大，有假山，有池塘，还有很多漂亮的建筑，我们一起来制定参观路线吧。

——家长引导幼儿观看园林导图，与幼儿共同制定路线。

家长：在园林的小池塘里，你看到了什么？

——家长引导幼儿观察荷花、荷叶、小鱼嬉戏的场景。

家长：在这里，我们找到了诗的意境，让我们一起念《江南》。

家长：这么美的画面，让我们用照片记录下来。

——家长引导幼儿拍照留念。

家长：这个园林以前是一户大户人家的居所，让我们一起读一读石碑上刻着的这座园林的历史吧，你遇到不认识的字时，可以问我。

三、参观结束，回顾交流

家长：苏州文化源远流长，城市里还有很多园林等着我们去探索。

15 梅花

生活场景

花鸟市场

设计意图

花鸟市场里有品种繁多的花鸟鱼虫，深受幼儿喜欢。在花鸟市场进行亲子游玩活动，在芬芳香甜的环境中走一走、逛一逛，寻找梅花，观察、了解梅花的不同种类，同时欣赏各种各样的花，让幼儿体验美好、享受生活。

指导意见

一、谈话引起幼儿兴趣

家长：宝贝，你喜欢花吗？你知道哪些花的名字？

家长：我最喜欢梅花，我们一起去花鸟市场寻找梅花吧。

二、逛花鸟市场

家长：花鸟市场真大呀！我们要学会观看指示牌，寻找梅花。

——家长引导幼儿认读指示牌上的字词。

三、观察梅花

家长：找到梅花了。你来说一说梅花的颜色、味道和样子。

四、欣赏各种花

家长：花鸟市场有各种各样不同品种的花，你认识哪些花？

家长：每一种花都有属于自己的花语，你可以通过认读花的介绍文字了解，也可以询问花店营业员。

五、插花游戏

家长：今天，我们选购了心仪的鲜花，回家后，我们把它们插在花瓶里，装点我们的家吧。

16 画

生活场景

画展

设计意图

美术馆是欣赏文化艺术的场所，很多幼儿都有去美术馆看画展的经历。家长与幼儿一同看画展，可以激发孩子的视觉感受。看画展的同时，家长要帮助幼儿了解作品名称和内容，理解作者作画时的心情，在欣赏艺术时潜移默化地习得字词。

指导意见

一、谈话引起幼儿兴趣

家长：宝贝，你喜欢画画吗？

家长：有一种展览叫作画展，那里能看到很多很多的绘画作品，我们一起去看画展吧。

二、了解画展主题

家长：每一个画展都有自己的主题，你可以阅读画展宣传册，说一说这次展览的主题是什么吗？遇到不认识的字时，可以问我。

——家长引导幼儿认读画展宣传册。

三、欣赏作品

家长：这里有很多绘画作品，你能看懂吗？

家长：你对哪幅画感兴趣？读一读它的作品介绍，你就能知道作品的名称和内容。

四、回顾交流，感受绘画的艺术魅力

家长：欣赏画展带给你什么感受？艺术是美好的，我们平时要多观察、多创作，用艺术的形式来表现生活的美好。

17 山行

生活场景

森林公园

设计意图

森林公园空气清新，适合家庭开展亲子爬山活动，幼儿也非常喜欢。在爬山的过程中观察地图，了解路牌和标志，这既能让幼儿在运动中积累生活经验，又能强身健体，增进亲子情感。

指导意见

一、提问引起幼儿兴趣

家长：宝贝，你喜欢爬山吗？

家长：天气真好，今天，我们去户外爬山吧。

二、准备装备

家长：你知道爬山需要哪些准备吗？

——在家长的引导下，幼儿准备运动鞋、水壶、防晒用品等装备。

三、爬山

家长：山上路况险峻，我们需要提前了解爬山路线。

——家长引导幼儿观察山形地图，制定路线。

家长：山上随处可见安全标语，你能看懂吗？试着读一读。

家长：爬山运动，安全是非常重要的，一定要小心哦！

四、爬山结束，回顾交流

家长：爬山是一项有益身心健康的有氧运动，运动让我们健康又快乐，我们要经常来爬山。

18 散步

生活场景

健身步道

设计意图

健身步道是一类便民场所，环境安全整洁，适合居民散步放松。很多幼儿都有在健身步道上散步的经历。亲子散步时，可以放松心情，开展有益身心的锻炼，家长也可以通过引导幼儿观察环境，培养幼儿的观察能力和语言表达能力。

指导意见

一、谈话引起幼儿兴趣

家长：宝贝，你喜欢散步吗？

家长：今天，我们一起去小区附近的健身步道上散步吧。

二、健身步道散步

家长：健身步道上的人真多呀！你能说一说他们在干什么吗？

——家长引导幼儿用完整的语句（有的在……，有的在……）讲述。

家长：健身步道上没有汽车，它是专门给人们休闲放松和走路的地方。这里对交通和宠物都有很多规定，你能读一读吗？遇到不认识的字时，可以问我。

——家长引导幼儿了解健身步道管理制度。

家长：健身步道旁有很多植物，为我们提供新鲜的空气，你认识哪些植物？

——家长引导幼儿观察植物，认识植物的名称。

三、散步结束，回顾交流

家长：吃完饭后，我们可以到健身步道来走一走，有益身心健康。

家长：苏州有很多这样的便民场所，生活在苏州真幸福。

19 小兔学本领

生活场景

萌宠世界

设计意图

萌宠世界是近年各大商场流行的幼儿与小动物的互动场所，许多幼儿都有较多这方面的经验。亲子一起走进萌宠世界，家长引导幼儿在了解、亲近动物的同时，潜移默化地认读小动物的名字，真正做到让幼儿在玩中学，在学中玩。

指导意见

一、谈话引起幼儿兴趣

家长：宝贝，今天我们一起去萌宠世界吧，你还记得上次你看到了哪些小动物吗？

二、萌宠世界探秘

1.寻找兔子

家长：小兔子在哪里？你能找到它们吗？

2.给小兔子喂食

家长：你知道小兔子最爱吃的食物是什么吗？让我们一起看看萌宠专属介绍吧！你遇到不认识的字时，可以问我。

——家长引导幼儿用正确的食物和方法给小兔喂食。

3.寻找其他萌宠

家长：萌宠世界里还有许多其他小动物，我们一起看一看、找一找吧。

家长：你找到了什么小动物？你发现它有什么特点？

三、分享参观心得

家长：今天，我们一起参观了萌宠世界，真开心。你最喜欢的小动物是哪个？

20 叠叠乐

生活场景

家中客厅

设计意图

客厅是幼儿熟悉的生活场所，纸杯也是常用的生活材料。结合幼儿的生活经验，家长陪同幼儿开展叠纸杯游戏，同时引导幼儿认读字词。这能增加亲子互动的游戏性、趣味性。

指导意见

一、谈话引起幼儿兴趣

家长：宝贝，你知道纸杯除了用来喝水，还能干什么吗？

家长：今天，我们要用纸杯来玩垒高游戏。

——家长引导幼儿拿取家中的纸杯。

二、亲子设计游戏玩法

家长：我们用纸杯垒高，一分钟后，看谁垒得高。

——家长计时，亲子进行比赛。

家长：为了让游戏更好玩，我们可以在纸杯上写上文字，你想写什么？

——家长与幼儿讨论玩法，设计主题纸杯，如家庭成员、家中电器、美食等。

三、亲子游戏：叠纸杯

家长：我们一边垒高一边念出字词，看谁反应快。

——家长引导幼儿大声认读纸杯上的字词，正确念出字词可以把杯子垒高。

四、游戏结束，回顾交流

家长：宝贝好厉害，祝贺你在比赛中取得胜利，为你鼓掌。

家长：原来生活用品也可以当玩具游戏，我们下次再玩吧。

21 小雨滴

生活场景

雨天小区

设计意图

小区是城市里的居民住宅，配有成套生活服务设施，是幼儿生活的地方。雨季的小区别有一番景象，家长与幼儿可以在雨中的小区分享自己的观察，了解雨具服务站的功能。

指导意见

一、谈话引起幼儿兴趣

家长：宝贝，外面下小雨了，我们去小区里走走吧。

二、引导幼儿观察雨中的小区

家长：用小眼睛看一看，雨中的小区有什么不一样？

——家长引导幼儿观察雨中的建筑、设施、人、雨伞、宠物等，并用完整的语句表达。

三、引导幼儿了解雨具服务站

家长：这是雨具服务站，你知道它的作用吗？

家长：读一读服务说明，遇到不认识的字时，可以问我。

家长：原来，小区有专门的便民服务，当人们临时需要雨伞时，就可以到这里来租借，真的太方便了。

四、回家，回顾交流

家长：小区有这么多便民服务，生活在这里真幸福。

家长：小区里还有哪些便民服务？我们一起去找找。

22 冬天我不怕

生活场景

超市

设计意图

超市是人们常去购买生活用品的场所，许多幼儿都有相关采购经验。冬季，超市里有很多保暖物品，家长引导幼儿选购，同时认读相关字词，让幼儿积累过冬的相关生活经验。

指导意见

一、谈话引起幼儿兴趣

家长：宝贝，天气真冷呀，我们去超市选购保暖物品吧。

家长：你可以问问家人都需要哪些冬季生活用品吗？

——家长与幼儿共同制定采购清单。

二、寻找、选购保暖物品

家长：超市到了，爷爷要的暖宝宝在哪个区？你来找一找。

家长：奶奶要的电热毯在哪个区？你来找一找。

家长：爸爸要的保暖内衣在哪个区？你来找一找。

家长：妈妈要的护手霜在哪个区？你来找一找。

家长：你想要的手套在哪个区？你来找一找。

——家长引导幼儿观看指引牌，认读物品名称，找到对应的物品。

三、购买物品

家长：选好了物品，我们去结账吧。

——家长引导幼儿与营业员交涉。

四、购买结束，回顾交流

家长：冬天天气很冷，我们可以用保暖物品让自己暖和起来，健康安全地度过冬天。

23 猜数字

生活场景

家中客厅

设计意图

客厅是幼儿熟悉的生活场所，家里的物品是幼儿常见且具有使用经验的。家长借助家中的日历，与幼儿玩数字游戏，既能帮助幼儿积累使用日历的经验，又能增加亲子间的互动，加深感情。

指导意见

一、谈话引起幼儿兴趣

家长：宝贝，你知道日历吗？今天，我们一起来研究日历吧。

二、日历上的数字

家长：找一找，你在日历上找到了哪些数字？你知道这些数字代表什么吗？

——家长与幼儿玩找数字的游戏，了解哪些数字代表一年的12个月，哪些代表一个月的30或31天。

三、日历上的文字

家长：找一找，你在日历上找到了哪些文字？遇到不认识的字时，可以问我。

——家长与幼儿玩找文字的游戏，让幼儿知道日历上的哪些文字代表阴历、节气、节日等。

四、游戏结束，回顾交流

家长：原来小小日历中藏着这么多秘密，日历对我们的生活有很大的帮助。

24 玩线球

生活场景

编织主题手作店

设计意图

主题手作店是近年流行起来的以动手制作为主题的做手工的场所,很多幼儿都喜欢去手作店参与陶泥、编织等制作活动。家长与幼儿可以在编织手作店了解各种毛线的特征,根据图式进行编织活动,发展动手能力。

指导意见

一、谈话引起幼儿兴趣

家长:宝贝,你知道毛衣是用什么做的吗?

家长:你会用毛线编织吗? 我们一起去编织手作店试试吧。

二、挑选毛线

家长:手作店里的毛线可真多呀,你看到了哪些颜色?

家长:每个毛线的颜色、粗细都不相同,你可以根据毛线介绍牌来挑选,遇到不认识的字时,可以问我。

——家长引导幼儿自主挑选毛线。

三、编织围巾

家长:我们要开始编织啦。这里有一本编织书,你能看懂吗? 根据图示和文字提示,我们来试着做条围巾吧。

——家长与幼儿合作编织围巾。

四、围巾送家人

家长:我们的围巾完成了,真漂亮,你可以把围巾送给最需要它的人。

25 滑 冰

生活场景

滑冰场

设计意图

滑冰场是人们进行滑冰运动和娱乐的专业场所，很多幼儿都有轮滑、滑冰的运动经验。家长与幼儿进行亲子滑冰运动，在发展幼儿平衡动作的基础上，让幼儿了解冰上运动，对冰上运动产生兴趣。

指导意见

一、谈话引起幼儿兴趣

家长：宝贝，你想滑冰吗？今天，我们去滑冰场玩一玩吧。

二、了解冰上运动安全要求

家长：滑冰前，我们要了解运动安全的注意事项。

——家长引导幼儿认读安全手册，知道如何保护自己，不做危险动作。

三、选择滑冰鞋

家长：我们需要选择一双合适的滑冰鞋，说说你的尺码，然后去鞋柜拿鞋。

——家长引导幼儿根据尺寸来选择鞋子。

四、亲子滑冰运动

家长：刚开始学习，我们可以手拉手，听口令学习动作要领，勇敢向前走。

——家长鼓励幼儿尝试练习滑冰动作，学习滑冰。

五、运动结束，了解冰上运动

家长：除了滑冰，你还知道哪些冰上运动吗？让我们回家查找资料，了解更多冰上运动，有机会再去尝试。

26 猫头鹰

生活场景

自然博物馆

设计意图

自然博物馆是供科学研究和文化教育的机构，很多幼儿都有参观博物馆的经历。博物馆会陈列很多动物标本，幼儿可以在与家长的参观活动中认识、了解动物的名称、习性，补充和拓展自己的知识面。

指导意见

一、谈话引起幼儿兴趣

家长：宝贝，你知道猫头鹰吗？

家长：你见过猫头鹰吗？它是什么样子的？

家长：在城市里，我们很难见到猫头鹰，今天，让我们去自然博物馆找找猫头鹰的足迹吧。

二、寻找猫头鹰

家长：你能找到猫头鹰的展馆吗？

家长：仔细阅读博物馆导图，找一找猫头鹰的位置在哪里。

——家长引导幼儿看地图，遇到不认识的字时，幼儿可以询问家长。

三、了解猫头鹰

家长：猫头鹰长什么样？它有什么生活习性？你可以读一读猫头鹰的介绍，了解它。

四、认识更多稀有动物

家长：认识了猫头鹰，我们再去认识更多的动物吧。

4—5岁(下)

一

生活认读校园版

1 爱妈妈

生活环节

谈话活动

设计意图

谈话活动氛围轻松自然,便于幼儿之间进行交流互动。妈妈是对我们最好的人,妈妈也是为我们付出最多的人。我们要学会表达爱,学会感恩。通过谈话活动,教师引导每个幼儿说说自己对妈妈的爱,从而激发幼儿爱妈妈的情感。

认识与赞美相关的字词。

材料准备

字卡

活动过程

一、歌曲导入

师:还记得我们学过的一首歌曲《我的好妈妈》吗?

师:我们一起来唱一唱吧。

二、关于妈妈

1.说说自己的妈妈

师:我们的妈妈很爱我们,妈妈为我们做过哪些事情?

师:你爱你的妈妈吗?为什么?

师:妈妈很辛苦,我们要学会照顾我们的妈妈,保护我们的妈妈。

2.花式爱妈妈

师:你会对妈妈说什么来表达自己的爱?

——教师出示字卡,引导幼儿认读“爱”“喜欢”“美”“厉害”等赞美之词。

2 请你帮点忙

生活环节

角色游戏

设计意图

角色游戏是幼儿园游戏活动的一种形式，能培养幼儿的语言表达能力、社会交往能力和解决问题的能力。娃娃家是小朋友非常喜欢的游戏，在娃娃家里，幼儿可以扮演生活中的爸爸妈妈，进行照顾小宝宝、做家务等活动。幼儿可以在游戏的过程中潜移默化地认读字词，对认读活动产生兴趣。

认识与叠衣服相关的字词。

活动过程

一、讨论如何玩娃娃家

师：小朋友，娃娃家游戏开始啦！

师：在娃娃家你想扮演谁？如果你是妈妈，你准备做什么？

——教师引导幼儿学习抱娃娃的姿势，学会怎样帮助宝宝穿脱衣服。

二、提出问题，幼儿游戏

师：衣篓里的脏衣服太多了，今天，你们要请“妈妈”帮忙清理哦。

师：脏的衣服要怎么办呢？

——请幼儿说说洗衣服的方法，并动作示范。

师：洗好了衣服，我们还需要做些什么？

——教师鼓励幼儿参与娃娃家的家务活。

三、学习叠衣服

师：你会叠衣服吗？

师：你是怎么叠衣服的呀？

师：这里有叠衣服的步骤，你能看懂吗？遇到不认识的字时，你可以问我。

师：我们一起跟着步骤图叠衣服吧。

3 小蜗牛

生活环节

散步活动

设计意图

散步活动氛围轻松自然，散步的过程既利于食物的消化，还可以帮助幼儿熟悉幼儿园环境。蜗牛经常会出现在雨后，蹲下身观察蜗牛，我们可以观察小蜗牛的外形和身上背着的“小屋子”，还可以观察蜗牛的爬行速度，我们甚至可以尝试饲养蜗牛。

认识与蜗牛相关的字词。

材料准备

各种材料

活动过程

一、散步发现蜗牛

师：小朋友，你们看，这里有两只蜗牛。它们长得真可爱！

二、观察蜗牛

师：蜗牛长什么样？它是怎么走路的？我们可以仔细观察。

师：谁愿意来分享你的发现？

——教师鼓励幼儿用完整的语言表达。

三、带蜗牛回家

师：你们都很喜欢蜗牛，蜗牛还有很多秘密，我们把蜗牛请到自然角住下来，一起照顾它。

四、自制蜗牛的家

师：蜗牛住在哪里？我们分头行动，给它做窝、做姓名牌、做食物存放标记，希望它能喜欢自己的新家。

4 小鸭学游泳

生活环节

谈话活动

设计意图

谈话活动氛围轻松自然，便于幼儿之间进行交流互动。许多幼儿都对游泳有一定经验。交流游泳的动作、经历、趣事，可以在发展幼儿语言表达能力的同时，让幼儿对游泳运动产生兴趣。

认识与游泳动作相关的字词。

材料准备

图文字卡、视频

活动过程

一、话题讨论，引起幼儿兴趣

师：小朋友，你们会游泳吗？

师：你在哪里学游泳？和谁一起？

二、说说学游泳的经历

师：老师学游泳的时候不会憋气，还喝了很多水，现在回忆起来都还很有意思，你们是怎么学游泳的？有什么令人难忘的事发生吗？

——教师引导幼儿用完整的语句讲述自己的游泳经历。

三、了解泳姿

师：游泳是一项有氧运动，游泳的泳姿有很多种，你知道哪些泳姿？

——教师出示图文泳姿，和幼儿一同读一读名称，学一学动作。

——欣赏花样游泳视频。

师：游泳让我们身体更健康，小朋友在游泳时一定要有成人看护，注意安全。

5 动物运动会

生活环节

谈话活动

设计意图

谈话活动氛围轻松自然,便于幼儿之间进行交流互动。很多幼儿都有去动物园参观游玩的经验。教师引导幼儿带着捕捉到的动物照片,围绕动物主题展开关于动物本领的讨论,让幼儿在分享中提升语言表达能力,学会倾听,对小动物产生兴趣。

认识与动物相关的字词。

材料准备

幼儿去动物园拍到的图片、图文字卡

活动过程

一、活动导入

师:小朋友,双休日老师看到好几个小朋友都去了动物园,是吗?

师:这里有一些小朋友在动物园拍到的动物照片,我们一起来看一看吧!

二、幼儿分享照片

师:这张照片是谁拍的? 这是什么动物? 它有什么本领?

——教师鼓励幼儿用完整的语句介绍照片上的小动物。

三、动物分类

师:动物园里的动物真多呀! 刚才我们都介绍了哪些小动物?

——教师出示图文字卡,引导幼儿认一认、念一念。

师:这些动物有的在陆地,有的在水里,我们来给它们分分类。

——幼儿摆弄字卡,根据小动物的生活环境给动物分类。

师:不同的动物生活在不同的地方,下次我们再去动物园和它们近距离接触吧。

6 耳朵大比拼

生活环节

午睡活动

设计意图

午睡活动是幼儿园一日生活中的重要环节，教师在睡前与幼儿开展温馨阅读等活动，可以为幼儿营造轻松的入睡环境。耳朵比拼游戏要求所有幼儿保持安静，认真倾听，共同创设安静的睡前氛围。该游戏非常适合在睡前进行，能让幼儿在游戏中潜移默化地认读字词，深受幼儿喜欢。

认识与动物相关的字词。

材料准备

图文字卡

活动过程

一、睡前准备

师：午睡时间到了，请小朋友躺在小床上，盖好小被子。

二、倾听游戏

师：请所有小朋友闭上小眼睛，老师要和你们玩一个“耳朵大比拼”的游戏。

——介绍规则：教师边巡视边轻声模仿小动物的叫声，要求幼儿闭眼倾听，保持安静，比比谁的耳朵更厉害，能听清楚老师的声音。

三、幼儿入睡，教师巡视

四、起床，揭示答案

师：考考你们，入睡前，你都听到了哪些小动物的声音？

——教师出示字卡，揭示答案，引导幼儿学一学叫声，念一念字词。

7 春晓

生活环节

散步活动

设计意图

散步活动氛围轻松自然，散步的过程既利于食物的消化，还可以帮助幼儿熟悉幼儿园的环境。春天来了，我们在散步的时候可以找到很多春天的气息。边诵读春天的古诗边寻找春天，让散步充满了意境。

认识与春天相关的字词。

活动过程

一、引出话题

师：小朋友，现在是什么季节？

师：你们喜欢春天吗？喜欢春天的什么？

师：今天，我们就去户外散步，一同寻找幼儿园里的春天吧。

二、寻找春天

1. 种植园的春天

师：种植园里一片生机勃勃，你们看，哪些小种子发芽了？

——教师引导幼儿认读瓜果蔬菜的挂牌。

2. 操场上的春天

师：操场上一片春意盎然，你们看，哪些植物冒出了绿叶和新芽？

——教师引导幼儿认读树的挂牌。

3. 自然角里的春天

师：自然角里一片花的海洋，你们看，哪些鲜花开在了走廊里？

——教师引导幼儿认读花卉的挂牌。

三、诗韵春天

师：春天真美呀，让我们一起用古诗《春晓》来赞美春天吧。

8 早发白帝城

生活环节

播报活动

设计意图

播报活动是幼儿展示语言表达能力的途径之一，活动为幼儿搭建了讲述舞台，台上有话筒，有观众，可以锻炼幼儿语言表达的自信心。每天都有各种新闻发生，有的发生在自己的家乡，有的发生在其他城市，幼儿通过播报活动，了解各个城市的不同新闻，不但开阔了视野，还养成了乐于分享的语言习惯。

认识与新闻相关的字词。

材料准备

幼儿自制新闻关键词

活动过程

一、提出要求，引出活动

师：本周的新闻播报时间又到了，今天，在播报新闻的时候，要准备一些新闻关键词，把新闻的重要信息梳理出来，也便于听众了解你播报这条新闻的意义。

二、幼儿播报新闻活动

师：谁愿意来播报新闻？播报时，要讲清楚新闻发生的时间、地点和人物，介绍事件时要清晰明了，可以用关键词来辅助说明。

——教师鼓励幼儿自信大方地播报新闻。

三、活动结束，回顾交流

师：听了这么多新闻，你对哪一条印象最深刻？它的关键词是什么？

9 明日歌

生活环节

来园活动

设计意图

来园活动是幼儿入园后自主进行的游戏活动，活动材料丰富多元，在操作过程中培养幼儿的动手、交往及认知能力。在天气预报区，教师引导幼儿来说一说今明两天的天气情况，并记录操作活动，让幼儿潜移默化地认读字词。

认识与天气相关的字词。

材料准备

天气预报板

活动过程

一、来园接待

师：小朋友早，选一个你们喜欢的区域游戏吧。

二、天气预报插牌

师：今天的天气怎么样？今天的最高气温和最低气温分别是多少？今天适宜穿什么服装？你知道明天的天气会有什么变化吗？

——教师到天气预报插牌区进行个别指导。

师：请你选择一些合适的图片和字词记录下来，完成之后可认一认、读一读。

——教师引导幼儿进行操作，同时认读相关字词。

三、小小天气预报员

师：我们来做小小天气预报员，把你知道的今明两天的天气情况分享给大家。有了天气预报，我们的生活更方便了。

10 小伞兵

生活环节

阅读活动

设计意图

阅读活动是幼儿自主活动的环节之一，幼儿在轻松自由的氛围中观察图片、阅读文字、理解情节，既培养了幼儿自主阅读的能力，又有助于幼儿独立地思考。蒲公英播种的故事引发了幼儿对植物的兴趣，幼儿阅读植物科普类书籍，丰富认知经验，同时自主习得更多的字词。

认识与植物相关的字词。

活动过程

一、自由阅读

师：小朋友，阅读时间到了，请你选一本自己想看的书。

师：阅读时，找一个舒服的地方，安静阅读。

师：可以自己一个人看书，也可以和同伴一起阅读，遇到不认识的字时，可以问老师。

——幼儿自主选书，自由阅读。

二、分享阅读

师：今天，我们看了有关植物的绘本，谁来分享你看懂的故事？

——引导并鼓励幼儿用完整的语言表达故事中的内容。

师：在这个故事里，你知道植物是怎么播种的吗？它的种子是什么？

——引导幼儿大胆介绍从故事中了解到的种子知识。

师：我们的种植园也要播种了，你想种什么呢？

——引导幼儿自由讨论表达心中的想法。

11 雨滴的话

生活环节

种植活动

设计意图

种植活动是幼儿亲近大自然的一种方式,种植过程呈现幼儿间的互动与交往,为幼儿提供了语言交流的环境。在种植地,我们用各种工具给蔬菜浇水,让它们享受雨露,在观察和照顾蔬菜的过程中,和字宝宝们有了一次亲密接触。

认识与浇水工具相关的字词。

材料准备

各种标有字词的不同的浇水工具

活动过程

一、活动导入

师:小朋友,你们知道我们的种植地叫什么名字吗?

二、参观种植园

1.种植园宝贝大探秘

师:你们知道地里种了什么蔬菜吗?黄瓜、豆苗、小麦等。

师:这里有一些牌子,看看上面写着什么。

2.认识蔬菜

师:谁来说说这里种的是什么?你们还发现了什么?

三、分组活动,给菜地浇水

师:选一个你喜欢的工具,读一读、试一试,给蔬菜浇水吧。自由活动开始。

四、做观察记录

12 符号小世界

生活环节

散步活动

设计意图

散步活动氛围轻松自然，散步的过程既利于食物的消化，又可以帮助幼儿熟悉幼儿园的环境。幼儿园的公共区域有各种路线标记和符号，在散步过程中识别符号，有助于幼儿对环境做进一步了解。

认识与符号相关的字词。

材料准备

绘制工具

活动过程

一、讨论散步路线

师：散步前，请小朋友回忆一下幼儿园有哪些地方。

师：如果你做领队，会走哪条路线？

——教师引导幼儿用语言描述路线，投票选出今天的散步路线。

二、园内散步，寻找符号

师：散步的过程中，我们会看到很多符号标志，请你仔细观察。

师：你知道这个符号的意思吗？请你读一读、走一走。

三、绘制来园路线图

师：今天的散步活动我们收获了很多，现在请你们将路线用笔记录下来，送给弟弟妹妹，帮助他们找到自己的班级。

13 夏娃娃

生活环节

谈话活动

设计意图

谈话活动氛围轻松自然，便于幼儿之间进行交流互动。以夏天为主题展开讨论，萌发幼儿热爱大自然的情感。

认识与夏天相关的字词。

材料准备

图文字卡

活动过程

一、我知道的夏天

师：小朋友，夏天到了，谁来说说夏天是怎么样的？

——教师引导幼儿回顾生活经验。

二、夏天的雷雨

师：小朋友，这张图片是夏天的什么？谁来读一读？

师：围绕夏天的雷雨，请你来说说。

三、夏天的服饰

师：小朋友，这张图片是夏天的什么？谁来读一读？

师：关于夏天的服饰，请你来介绍一下。

四、夏天的冷饮

师：小朋友，这张图片是夏天的什么？谁来读一读？

师：你喜欢夏天的冷饮吗？为什么？

五、我喜欢的夏天

师：夏天真是缤纷多彩，你最喜欢夏天里的什么？

14 小水管

生活环节

来园活动

设计意图

来园活动是幼儿入园后自主进行的游戏活动，活动材料丰富多元，在操作过程中培养幼儿的动手、交往及认知能力。积木区的水管积木深受幼儿喜欢，在幼儿的操作中能变化出千变万化的造型，既发展了幼儿的动手操作能力和创造力，又让幼儿在游戏中习得了字词。

认识与常见物品相关的字词。

材料准备

字卡

活动过程

一、来园接待

师：小朋友，早上好，选一个你喜欢的区域游戏吧。

二、认识水管积木

师：今天的积木像什么？

师：这些水管积木都一样吗？有什么特点？

三、创意搭建

师：今天，我们用水管积木搭建各种东西，比比谁搭得多，谁搭得像。

——教师引导幼儿抽字卡，根据字卡提示搭建物品，多名幼儿进行搭建比赛。

四、分享作品

师：今天，我们用水管积木创作了很多作品，谁愿意来介绍自己的作品？

15 蚕姑娘

生活环节

散步活动

设计意图

散步活动氛围轻松自然,散步的过程既利于食物的消化,还可以帮助幼儿熟悉幼儿园环境。走廊里的自然角充满了春的气息,瞧!有鱼缸里黑黝黝的小蝌蚪、盒子里悄悄挪动的蚕宝宝等。以"寻找蚕宝宝"为主题,带领小朋友参观校园,感受春天的生机勃勃,寻找春的足迹,同时有意识地引导幼儿认读字词,拓展知识面。

认识与蚕相关的字词。

活动过程

一、参观幼儿园

师:小朋友,现在是什么季节?春天在哪里呢?我们一起去寻找吧。

二、熟悉环境,了解走廊里的动植物名称

师:在自然角你找到了什么?念一念它的标牌。

三、观察蚕宝宝

师:我们发现,好多自然角里都饲养了蚕宝宝,请你们仔细观察它们是怎样吃桑叶的。

师:把蚕宝宝放在手心,有什么感受?

四、散步结束,回教室

师:今天,我们遇到了新朋友——蚕宝宝,蚕宝宝全身都是宝,让我们一起查阅资料,发现它的秘密吧。

16 蝌蚪

生活环节

散步活动

设计意图

散步活动氛围轻松自然，散步的过程既利于食物的消化，还可以帮助幼儿熟悉幼儿园环境。走廊里的自然角充满了春的气息，瞧！有鱼缸里黑黝黝的小蝌蚪、盒子里悄悄挪动的蚕宝宝等。以“寻找小蝌蚪”为主题，带领小朋友参观校园，感受春天的生机勃勃，寻找春的足迹，同时有意识地引导幼儿认读字词，拓展知识面。

认识与蝌蚪相关的字词。

活动过程

一、参观幼儿园

师：小朋友，现在是什么季节？春天在哪里呢？我们一起去寻找吧。

二、熟悉环境，了解走廊里的动植物名称

师：在自然角你找到了什么？念一念它的标牌。

三、观察蝌蚪

师：我们发现，好多自然角里都饲养了小蝌蚪，请你们仔细观察它们是怎样游泳的。

师：为什么有的小蝌蚪只有尾巴，有的小蝌蚪长出了小脚？

四、散步结束，回教室

师：今天，我们遇到了新朋友——小蝌蚪，让我们一起阅读绘本《小蝌蚪找妈妈》，了解小蝌蚪的一生吧。

17 照镜子

生活环节

盥洗活动

设计意图

盥洗是幼儿园一日生活中最常见的一个环节。引导幼儿在盥洗室对着镜子整理仪表，学习整理衣物的方法，以此从小培养他们的绅士淑女风范。

认识与服饰相关的字词。

材料准备

字卡

活动过程

一、提出要求

师：请小朋友有序到盥洗室，上完厕所要整理衣裤并洗手，到仪表镜前整理仪表。

二、幼儿盥洗，教师指导

三、学习整理衣物

师：请小朋友互相检查，看看衣物是否都穿戴整齐了。

师：我们来玩一个整理小游戏，老师出示字卡，你们根据字卡提示进行整理。

——教师出示翻衣领、塞裤子、捋袖子、扣纽扣、拉拉链、系鞋带等字词，引导幼儿整理衣物。

四、教师小结

师：仪容仪表代表一个人的精神面貌，非常重要，我们每一次盥洗后都要做好衣物整理工作。

18 胖爸爸

生活环节

来园活动

设计意图

来园活动是幼儿入园后自主进行的游戏活动，活动材料丰富多元，在操作过程中培养幼儿的动手、交往及认知能力。在测量区，幼儿每天都会测一测自己的身高和体重，以一比谁长得快。教师从幼儿自发的活动中既可以了解幼儿的身体发育情况，又可以将字宝宝融入活动中，激发幼儿学习的兴趣。

认识与测量有关的字词。

材料准备

身高墙、记录本

活动过程

一、谈话引起兴趣

师：小朋友，你知道自己的身高和体重吗？

师：你是怎么知道自己有多重、有多高的？

二、比一比：测身高

师：你是怎么测量身高的？

师：测量身高时要注意什么？

三、比一比：测体重

师：体重怎么测量呢？

师：测量体重时又要注意什么？

四、记录自己的变化

师：你是怎么记录自己的身高和体重的变化的？

师：在记录本的“体重”下面写上自己的重量，“身高”下面写上自己的身高。

师：通过坚持记录，我们能发现自己新的变化，发现自己的成长。

19 航天梦

生活环节

阅读活动

设计意图

阅读活动是幼儿自主活动的环节之一，幼儿在轻松自由的氛围中观察图片、阅读文字、理解情节，既培养了幼儿自主阅读的能力，又有助于幼儿独立地思考。航天对幼儿来说未知又神秘，幼儿对其好奇又渴望，开展以航天为主题的阅读活动，能更好地激发幼儿自主参与阅读的兴趣。

认识与航天相关的字词。

材料准备

与航天有关的书籍

活动过程

一、话题引起幼儿阅读的兴趣

师：小朋友，关于宇宙，你们想知道什么？

——教师引导幼儿提出自己的疑问和想要探究的问题，并记录下来。

二、幼儿自主阅读

师：阅读时间到了，今天的阅读角有很多关于宇宙奥秘的图书，你们自己去寻找答案吧。

师：请你选一本书，找一个舒适的地方，可以自己一个人阅读，也可以跟好朋友一起阅读，阅读时保持安静，遇到不认识的字时，可以问老师。

三、阅读分享

师：关于宇宙的问题，我刚刚都记录下来了。谁通过阅读找到了答案？可以和大家分享。

20 数一数

生活环节

来园活动

设计意图

来园活动是幼儿入园后自主进行的游戏活动,活动材料丰富多元,在操作过程中培养幼儿的动手、交往及认知能力。在数学区了解游戏规则,开展数数游戏,激发幼儿对数学活动的兴趣。

认识与数数相关的字词。

材料准备

数学区数数游戏规则牌

活动过程

一、来园接待

师:小朋友早,请选一个你喜欢的区域开始游戏吧。

——教师引导幼儿自主选择区域游戏,重点指导数学区。

二、解读数数游戏规则

师:今天,我们的新游戏是《趣味数数》,你能看懂游戏玩法吗?有看不懂的字,可以问我。

师:谁来说一说游戏怎么玩?

三、幼儿游戏

师:游戏开始了,谁来比赛?谁来做裁判?

四、游戏点评

师:今天,数学区是怎么游戏的?游戏中发生了什么?最后结果如何?谁来分享一下?

21 小小手

生活环节

盥洗活动

设计意图

盥洗是幼儿园一日生活中最常见的一个环节。它不仅是幼儿保持个人卫生的重要环节,也是培养他们自理能力和良好生活习惯的绝佳时机。洗手、喝水时,教师会提醒幼儿注意洗手水龙头和饮水机的冷热。同时,在盥洗的过程中,融入对字词的认识,增加幼儿的语言积累。

认识与冷热相关的字词。

活动过程

一、盥洗环节

师:小朋友,刚刚我们玩了泥工,小手脏脏的,你们知道该怎么办吗?

师:你们发现了水龙头上的哪些字词?请你们认一认、读一读。

师:这些字词告诉我们洗手要注意什么呢?

——教师引导幼儿用合适的水温进行洗手。

师:现在请小朋友按照字词的提示,选择合适的水温,正确洗手。

二、饮水环节

师:小朋友,你知道该怎么从饮水机取水吗?

师:从饮水机取水喝时要注意什么呢?

师:请小朋友看看,饮水机上有哪些字词?请你们认一认、读一读。

师:它们提示我们喝水要注意水温。

——教师引导幼儿选取合适的水温喝水。

师:请小朋友按照字词的提示,选择适合的水温,安全地取水喝水。

三、活动总结

师:在今天的活动中,我们不仅学会了如何正确洗手和取水,还认识了很多与冷热相关的字词。希望小朋友能够将这些学到的知识应用到日常生活中,做到安全、健康、自理。

22 刷牙歌

生活环节

谈话活动

设计意图

谈话活动氛围轻松自然，便于幼儿之间进行交流互动。以“刷牙”为主题展开谈论，引导幼儿了解刷牙的正确方法，帮助幼儿养成早、晚刷牙，饭后漱口的好习惯。

认识与牙具相关的字词。

材料准备

牙具、刷牙视频

活动过程

一、晨间谈话

1.引起幼儿兴趣

师：小朋友，今天我来分享一下昨天去医院看牙齿的故事。

2.幼儿谈一谈自己的感受

师：你们有过牙疼的经历吗？当时的感觉怎么样？后来怎么解决的？

——教师引导幼儿交流自己牙疼、拔牙的经历。

二、认识牙具

师：小朋友，你们认识它们吗？上面有哪些字词？你们知道它们的作用吗？

师：这些牙具都是帮助我们保护牙齿的好朋友。

三、了解保护牙齿的方法

师：小朋友，我们要养成每天早、晚刷牙，饭后漱口的好习惯，一定要好好保护自己的牙齿哦。

师：让我们一起来观看刷牙视频，学一学正确的刷牙方法。

师：请每个小朋友拿起自己的小牙刷，跟着视频一起学习刷牙。我们要确保每一颗牙齿都被刷到，这样我们的牙齿才会更健康。

四、活动总结

师：小朋友，今天我们学习了很多关于保护牙齿的知识。希望大家每天都要好好刷牙，保护我们的牙齿。只有拥有健康的牙齿，我们才能吃得更香，笑得更甜！

23 猫捉老鼠

生活环节

户外活动

设计意图

户外活动场地宽广，便于幼儿进行跑、跳、投掷、攀爬等全身性活动。设计包含“猫”和“老鼠”角色的体育游戏，便于幼儿模仿参与，适合幼儿的年龄段，同时能让幼儿在潜移默化中习得字词。

认识与动物相关的字词。

材料准备

字卡头饰、沙包

活动过程

一、引起兴趣

师：小朋友，你们知道猫和老鼠吗？谁来说说它们的关系？

二、介绍游戏规则

师：今天，我们来玩《猫捉老鼠》的游戏。

——教师介绍游戏规则：两名幼儿扮演猫的角色，站在大圆圈内；剩下的幼儿中的一半扮演老鼠，站在大圆圈外；其余幼儿手拉手站在大圆圈上，共同构成一道“篱笆”。游戏开始，老鼠要设法钻过篱笆偷粮食，偷到粮食后放在鼠洞里，猫要看守粮食，并追捉老鼠，被捉到的老鼠站在圈中，捉到一定数量的老鼠后游戏结束，重新开始。

三、幼儿自选角色

师：请你们自己选择想扮演的角色，找到字卡头饰，认一认、读一读，再把字卡头饰戴在头上。

四、游戏《猫捉老鼠》

师：小朋友，我们一起来玩游戏吧，你们准备好了吗？

——幼儿开始游戏2—3遍，游戏时可交换角色。

24 小小熊

生活环节

阅读活动

设计意图

阅读活动是幼儿自主活动的环节之一，幼儿在轻松自由的氛围中观察图片、阅读文字、理解情节，既培养了幼儿自主阅读的能力，又有助于幼儿独立地思考。教师引导幼儿通过绘本阅读了解“熊”的品种和生活习性，对动物科学产生兴趣。

认识与熊相关的字词。

材料准备

与熊有关的书籍

活动过程

一、引发阅读兴趣

师：小朋友，你们知道熊吗？

师：关于熊，你想了解什么？

——教师引导幼儿提出问题，教师记录。

二、幼儿自主阅读

师：阅读时间到了，今天的阅读角有很多关于熊的图书，你们自己去寻找答案吧。

师：请你选一本书，找一个舒适的地方，可以自己一个人阅读，也可以跟好朋友一起阅读，阅读时保持安静，遇到不认识的字时，可以问老师。

三、阅读分享

师：老师考考你们，熊都长得一样吗？

师：熊喜欢吃什么？它对人类有什么帮助？

25 春夏秋冬

生活环节

谈话活动

设计意图

谈话活动氛围轻松自然，便于幼儿之间进行交流互动。围绕二十四节气的谈话，让民族文化根植于每个幼儿幼小的心田中，同时，幼儿能在看一看、想一想、说一说、认一认的活动中潜移默化地习得生活中的字宝宝。

认识与节气相关的字词。

材料准备

二十四节气宣传视频、二十四节气图文字卡

活动过程

一、引起兴趣

师：小朋友，你们知道一年有几个季节吗？分别是什么季节？

师：你们知道节气吗？它们代表着每个季节的转换和变化。你都知道哪些节气呢？

——教师引导幼儿分享已有经验。

二、观看视频

师：中国有二十四个节气，我们通过视频来了解一下吧。

——教师播放视频。

三、交流总结

师：你知道哪些节气？这些节气有什么特点？

——教师根据幼儿的回忆出示字卡，引导幼儿集体认读。

4—5岁（下）

二

生活认读家庭版

1 爱妈妈

生活场景

家中照片墙

设计意图

家中一般都有全家福，全家福里有幼儿最熟悉的人物。家长与幼儿一同聊一聊照片中的人物，回忆照片背后的故事，认读家庭成员的名字。培养幼儿的感恩之心，让他们学会珍惜与家人共度的美好时光，加强亲子之间的沟通。

指导意见

一、谈话引起幼儿兴趣

家长：宝贝，你看，这是我们家的照片墙，上面记录了一家人很多美好的瞬间。今天我们一起来回顾这些美好的时光吧。

二、聊聊家庭成员

家长：照片里有谁？你能找到妈妈吗？

家长：你和妈妈之间有哪些有趣的事情？

家长：照片里还有谁？你知道他/她的名字叫什么吗？你来试着认一认、念一念。

——引导幼儿仔细观察照片，认读家庭成员的名字。同时，还可以让幼儿分享自己与家庭成员之间的趣事或温馨瞬间，增加亲子之间的感情。

三、聊聊照片故事

家长：宝贝，你还记得这张照片是什么时候拍的吗？当时我们在哪里？做了什么？

家长：你喜欢这张照片吗？为什么？

——家长与幼儿一同回忆照片里的故事，同时可以鼓励幼儿积极提出自己的问题和想法，培养他们的观察力和逻辑思维能力。

四、情感提升

家长：看这些照片，我们真幸福呀。有一个爱我们的家，还有一个爱我们的妈妈，我们是相亲相爱一家人。

——通过情感提升，让幼儿更加珍惜家庭的美好时光，学会感恩家人的付出。

2 请你帮点忙

生活场景

社区服务中心

设计意图

社区是社会生活的共同体，社区服务中心会承接公共服务，组织公益服务活动，这是一个繁忙而温馨的地方。幼儿生活在社区，对社区有一定的认知。家长带着幼儿一同参加社区志愿者活动，体验帮助他人的快乐，培养社会责任感和关爱他人的品质。

指导意见

一、谈话引起幼儿兴趣

家长：宝贝，你去过社区服务中心吗？

家长：你知道社区服务中心是做什么的吗？

家长：今天，社区有公益活动，我们一起去参加吧。

二、参观社区

家长：社区服务中心是为居民服务的地方，有适合小朋友去的阅读室，有适合老年人去的卫生所，我们一起去看看吧。

家长：你发现社区里有什么？

家长：这是儿童阅读室，里面有许多适合我们小朋友的图书和绘本。我们可以在这里安静地阅读，学习新知识。

家长：这是卫生所，专门为社区的老年人提供健康检查和日常医疗服务。它保障了我们的健康和安全。

——家长引导幼儿观察室场介绍，了解社区功能。家长还可以鼓励幼儿与工作人员交流，了解他们的工作内容和背后的辛勤付出。

三、参与公益活动

家长：宝贝，你看社区正在招募志愿者，我们一起去帮忙吧。

——家长带领幼儿参与公益活动。

四、活动结束，回顾交流

家长：今天，我们在社区服务中心做了哪些有意义的事情？你有什么感受？

家长：人们生活在一起就是要互相帮助，能帮助别人是件开心的事。

3 小蜗牛

生活场景

家中阳台

设计意图

阳台不仅是家的一部分，更是幼儿与大自然亲密接触的地方。幼儿经常在阳台上开展饲养活动。家长与幼儿一同饲养小蜗牛，通过饲养小蜗牛，幼儿可以更加直观地了解蜗牛的生活习性，培养他们的观察力和责任感。同时，这也是一个亲子互动的好机会，家长和孩子可以一同查找资料、观察蜗牛、照顾蜗牛，增进亲子关系。

指导意见

一、谈话引起幼儿兴趣

家长：宝贝，看这是谁来了？是小蜗牛！它想在我们家的阳台上安家，你觉得怎么样？

——家长拿出蜗牛，激发幼儿愿意照顾小蜗牛的兴趣。

二、亲子观察蜗牛

家长：小蜗牛长什么样？有什么特点？

家长：小蜗牛的壳是怎么样的？它是怎么移动的？

家长：小眼睛仔细看，可以把你的发现记录在小本子上。

——家长要鼓励幼儿仔细观察，并大胆表达自己的发现和想法。

三、亲子查阅资料

家长：宝贝，你知道小蜗牛喜欢吃什么吗？喜欢住在什么环境里呢？

家长：小蜗牛身上的壳有什么用处，你知道吗？

家长：宝贝，你知道小蜗牛是怎样睡觉的吗？

家长：你还有哪些关于小蜗牛的疑问？我们一起来寻找答案吧。

——家长与幼儿一同查阅资料，了解蜗牛的生活习性。

四、照顾小蜗牛

家长：我们要好好照顾小蜗牛，让它常住我们家。

——家长与幼儿一起为小蜗牛提供一个安全、舒适的家。

4 小鸭子学游泳

生活场景

游泳馆

设计意图

游泳馆是人们进行游泳运动和娱乐的专业场所,很多幼儿都有游泳的运动经验。家长与幼儿进行亲子游泳运动,在发展幼儿四肢动作的基础上,让幼儿了解水上运动,对水上运动产生兴趣。

指导意见

一、谈话引起幼儿兴趣

家长:宝贝,你想游泳吗?今天我们去游泳馆玩一玩吧。

二、了解水上运动安全要求

家长:游泳前,我们要了解运动安全的注意事项。

——家长引导幼儿认读安全手册,知道如何保护自己,不做危险动作。

三、穿戴游泳装备

家长:我们需要穿游泳衣,戴游泳帽和游泳镜。

——家长引导幼儿穿戴游泳装备。

四、亲子游泳运动

家长:刚开始学习,我们可以借助浮板。

——家长鼓励幼儿练习游泳动作,学习游泳。

五、运动结束,了解水上运动

家长:除了游泳,你还知道哪些水上运动?让我们回家查找资料,了解更多的水上运动,有机会再去尝试。

5 动物运动会

生活场景

体育馆

设计意图

体育馆是进行体育比赛、体育锻炼或是举办演唱会的地方，许多幼儿都有去体育馆的生活经验。家长带幼儿去体育馆锻炼时，既能让幼儿了解馆内建筑和设施设备，又能通过运动强身健体，进一步培养幼儿爱运动的良好习惯。

指导意见

一、谈话引起幼儿兴趣

家长：宝贝，你喜欢什么运动？

家长：今天，我们去体育馆运动吧。

二、参观体育馆

家长：体育馆真大呀！你知道体育馆里都有什么吗？

——家长引导幼儿描述体育馆内设施，如草地、观众席、跑道等。

三、观察锻炼的人们

家长：观众席有很多座位，它们都是按照数字顺序来排列的。我们来玩一个找座位的游戏吧。

——家长说……排……座，幼儿根据指示牌找到座位。

家长：坐在座位上，我们能看到好多人在运动，你来说一说他们在干什么。

——家长引导幼儿用“有的……有的……还有的……”，讲述自己的发现。

四、亲子锻炼

家长：我们也去运动吧。

五、锻炼结束，回顾交流

家长：运动后身体舒适，心情愉悦，以后我们多多来运动吧。

6 耳朵大比拼

生活场景

动物园

设计意图

动物园是个充满生机与活力的地方，是幼儿亲近大自然、认识动物的最佳场所。在这里有各种各样可爱的动物，孩子们可以近距离地观察各种动物的特点及生活状态。家长与幼儿在游览动物园的时候，可以寻找认识的小动物，发现小动物耳朵的不同特征和本领。

指导意见

一、谈话引起幼儿兴趣

家长：宝贝，你知道动物园里有哪些动物吗？

家长：你喜欢去动物园吗？为什么？

家长：今天，我们一起去动物园看看可爱的动物们吧。

二、我喜欢的小动物

家长：你喜欢什么小动物？我们一起去找找吧。

家长：小动物找到了，你看它们的耳朵长什么样？像什么？

家长：你知道它们的耳朵有什么特别的功能吗？

家长：我们一起来看看它的介绍，找一找它耳朵的秘密。

——家长可以通过提问的方式，引导幼儿主动观察和思考，发现动物耳朵的不同特征和功能。家长还可以引导幼儿通过动物介绍牌了解动物耳朵的知识。

三、有趣的耳朵

家长：我们再来观察一下其他动物的耳朵吧。

家长：看，这些小动物的耳朵像什么？和我们之前看到的小动物的耳朵有什么不一样的地方？

家长：原来，动物的耳朵各不相同，还有很多不同的功能。

家长：你觉得哪个动物的耳朵最有趣？为什么？

家长：你可以用你喜欢的方式把你的发现记录下来。

——家长引导幼儿用绘画、讲述等形式记录自己的发现。

7 春晓

生活场景

公园

设计意图

公园是户外玩耍时幼儿常去的场所。春天,万物复苏,公园里的花草都生机勃勃。在轻松愉悦的氛围中,家长与幼儿一起踏青,寻找春天,感受春天的美好,不但能增进亲子关系,还能培养幼儿的观察力和语言表达能力。

指导意见

一、讲述春天

家长:宝贝,你知道一年有几个季节吗?你知道现在是什么季节吗?

家长:现在是春天,我很喜欢春天,因为春天万物复苏,大自然变得很美丽。

家长:宝贝,你喜欢春天吗?

家长:你发现春天里的大自然有哪些变化?

家长:我来说说我眼里的春天。

——家长用优美的词语讲述春天,激发幼儿对春天的向往和好奇。

二、寻找春天

家长:在公园里,我们一起走走看看,找一找美丽的春天。

家长:宝贝,你看公园里的树木都发芽了,花儿也都开了。

家长:你还找到了什么?遇到不认识的字时,可以问我。

——家长引导幼儿通过阅读公园里的文字介绍,观察人们的活动,用心感受春天的气息。同时,家长还可以教幼儿认识一些春天特有的植物和动物,拓宽他们的知识面。

三、春天里游玩

家长:春天真美呀,我们一起在春天里放风筝、划船、赏花。

家长:让我们一起拍照吧,留下美好的回忆。

四、我爱春天

家长:宝贝,你觉得春天是怎样的?你最喜欢春天的什么?

——家长可以与幼儿一起回顾当天的踏青之旅,分享他们对春天的喜爱和感受。

8 早发白帝城

生活场景

古城门

设计意图

古城门是城市历史的见证，去古城门了解历史文化，值得幼儿尝试。家长与幼儿一同浏览古城门，通过建筑了解城市历史，对古建筑产生兴趣。

指导意见

一、谈话引起幼儿兴趣

家长：宝贝，你知道古城门吗？我们城市的古城门在哪里呢？

家长：今天，我们一起去探秘古城门吧。

二、家长带幼儿游览古城门

家长：古城门到了，你觉得它给你什么感受？

家长：我们来摸一摸城门的墙砖，和现代的房子有什么不一样？

家长：我们一起爬上城门，你发现了什么秘密？你可以看一看城门介绍牌，了解这些烽火台、炮台有什么作用。

三、亲子查阅资料，了解城门故事

家长：古城门里蕴藏着很多历史故事，每个古城门都不一样。我们去网上找一找，也可以找一找相关书籍，了解更多古城门。

四、提升情感

家长：因为有古时候人们的聪明才智和英勇护城，才有我们如今幸福美好的生活，我们的家乡真好。

9 明日歌

生活场景

日月主题畅想馆

设计意图

以“日月文化”为主题的日月主题畅想馆，满足了幼儿对日食、月球的好奇心，非常适合亲子游。家长带幼儿游玩日月主题畅想馆，既能增进亲子情感，又能科普天文知识。

指导意见

一、谈话引起幼儿兴趣

家长：宝贝，你想知道太阳和月亮的秘密吗？科学家飞往太空，为我们解密。

家长：今天我们就去太空主题馆，看看科学家发现了什么。

二、参观一层日食体验馆

家长：你知道什么是日食吗？先看看日食介绍牌，遇到不认识的字时，可以问我，再亲身感受日食现象。

——家长引导幼儿通过3D技术“亲历”日食发生瞬间。

三、参观二层月球体验馆

家长：你知道月球上有什么吗？我们观看模拟视频感受一下。

——家长引导幼儿登陆畅想飞船开启奔月飞天之旅。

四、参观结束，回顾交流

家长：太空充满了奥秘，我们要珍惜时间，珍惜太阳和月亮照耀下的每一天。

10 小伞兵

生活场景

花园

设计意图

花园里种满了各种花木，给人们提供了游玩、观赏、休息的地方。春天，花儿开了，幼儿适合去花园接触大自然。家长带幼儿去花园走走、看看，认识各种不同种类的花，让幼儿对蒲公英产生兴趣。

指导意见

一、谈话引起幼儿兴趣

家长：宝贝，你知道花园里有什么吗？

家长：花园里有五颜六色的花朵，它们争相开放，十分美丽。

家长：我们去花园里走一走、看一看吧。

——家长可以与幼儿进行一段轻松的对话，激发他们对花园的向往和好奇。

二、观察花园里的花

家长：宝贝，你知道这是什么花吗？它长什么样？

家长：花园里还有什么花？你去找一找。

家长：在观察花朵时，如果遇到不认识的花时，可以看看花木牌。

家长：你喜欢这些花吗？你喜欢的花是什么？它长什么样？

——家长引导幼儿用完整准确的语句描述花卉的特征。

三、观察蒲公英

家长：宝贝，我找到了一种特别的花，你认识吗？

家长：它叫蒲公英，请你仔细观察一下，蒲公英的种子长什么样？

家长：我们一起看看蒲公英的介绍。

家长：蒲公英太有趣了，原来花瓣就是它的种子。

——家长引导幼儿一起阅读蒲公英介绍牌，了解蒲公英的基本特征。

四、蒲公英真好玩

家长：我们一起来帮蒲公英播种吧。

家长：你看，蒲公英飞起来了，就像一个个小伞兵。

——家长可以带领幼儿一起帮助蒲公英播种，让他们体验播种的乐趣和责任感。

11 雨滴的话

生活场景

家中书房

设计意图

书房中陈列着各种各样的书,其中有许多好看的绘本,幼儿非常享受这片小天地。在亲子阅读的温馨氛围中,家长可以结合图片和文字让幼儿带着小问号主动参与,寻求答案,提高幼儿的阅读兴趣。

指导意见

一、谈话引起问题

家长:宝贝,你知道麦苗成熟后是什么样子吗?

家长:麦苗可以做成什么好吃的食物?

二、寻找阅读资料

家长:宝贝,你想知道麦苗的秘密吗?

家长:我们周末可以一起去农场看看。如果现在就想知道,我们可以先一起查阅书本。

家长:想一想,有没有介绍农场的绘本呢?

家长:《汤姆去农场》。

——家长可以鼓励幼儿积极参与,培养他们的自主阅读能力。

三、读一读

家长:农场里的东西可真多,你在绘本中找到了什么?它是什么样的?

家长:你在绘本里找到麦苗了吗?它长什么样子?

——家长可以与幼儿一起阅读,并引导他们观察绘本中的画面。

四、知识拓展

家长:农场用收割机收麦子,比人工收割快很多。

家长:你看,收割好的麦子好多,可以堆得像山一样高。

家长:麦子做成小麦粉,我们就可以用它来做面包、蛋糕等好吃的食物了。

——在阅读绘本的基础上,家长可以向幼儿介绍一些与农场相关的知识。

12 符号小世界

生活场景

数码城

设计意图

数码城是以数码产品为主要商品的商场，在数码城里可以购买到与生活息息相关的电子产品，许多幼儿有与父母一同逛数码城的经历。家长带幼儿逛数码城时，要关注电子键盘中的各种符号，与幼儿开展一场趣味符号之旅，引起幼儿对数字符号的兴趣。

指导意见

一、谈话引起幼儿兴趣

家长：家里有很多电子产品，你知道是在哪里买的吗？

家长：专门售卖电子产品的商场叫作数码城。今天，我们一起去逛一逛吧。

二、参观数码城

家长：数码城里有好多商品，你都发现了什么？

家长：手机、照相机、摄像机、音响、摄像头……你找到的商品真不少，你知道哪些商品需要键盘吗？

三、有趣的数码键盘

家长：找到键盘，仔细观察，键盘上都有什么符号？它们代表什么意思呢？你可以阅读说明书，了解键盘上符号的功能。

四、参观回家，回顾交流

家长：今天的参观真有意思，我们知道了电脑键盘符号原来有这么多的学问，我这里有一台电脑，你可以玩一玩、试一试这些有趣的符号。

13 夏娃娃

生活场景

饮料店

设计意图

夏日炎炎，饮料店成为人们消暑的好去处。五颜六色、各种口味的饮料吸引了众多幼儿的目光，饮料店也是随处可见。家长与幼儿可以一同选购饮料，了解与饮料相关的字词，这不但能让幼儿感受夏日的清凉与快乐，还能进一步培养他们的观察力和语言表达能力。

指导意见

一、谈话引起幼儿兴趣

家长：宝贝，你喜欢喝饮料吗？

家长：你喝过哪些好喝的饮料？

家长：今天，我们就去饮料店，找一找各种各样的饮料吧。

二、寻找各种各样的饮料

家长：饮料店已经到了，让我们来找一找好喝的饮料。

家长：宝贝，你知道这是什么饮料吗？

家长：它是什么颜色的？你能读出它的名字吗？

家长：这又是什么饮料？猜猜它是什么味道的。

家长：饮料单上还有许多其他的饮料，你看见它们在哪里吗？

家长：我们一起来找一找、读一读吧。

三、购买与分享

家长：宝贝，你可以自己试着去购买你喜欢的饮料吗？记得跟店员叔叔或阿姨说谢谢。

家长：宝贝，你买了什么饮料？请你来读一读。

家长：我们一起品尝这些美味的饮料，说一说你的感受吧。

四、购买结束，回顾交流

家长：饮料虽然好喝，但是为了我们身体健康，不可以多喝哦。

14 小水管

生活场景

建材市场

设计意图

建材市场是买卖流通建材原料的场所，有些家中有过装修经历的幼儿可能还去过建材市场。家长通过带幼儿一起去逛建材市场，可以让幼儿接触并了解家中的水管及其他建材，培养他们对生活中的物品有新的认识和了解。

指导意见

一、谈话引起幼儿兴趣

家长：家中的水管老化了，我们需要去买一根新的来替换。你知道去哪里买水管吗？

家长：建材市场有很多不同款式和类型的水管，我们一起去挑一挑吧。

二、逛市场找水管

家长：建材市场真大呀！我们先要找到水管区，这样才能找到合适的水管。

——家长可以带领幼儿一起寻找水管区，并引导他们观察指示牌。

家长：水管区的水管种类真多呀！我们要根据家里水管的尺寸和接头来挑选合适的水管。

——家长可以引导幼儿如何根据家中的需求选择合适的建材，培养他们的决策能力和实践能力。

三、继续逛市场，探秘建材

家长：除了水管，市场里还有好多其他的建材区域，我们去逛一逛吧。

家长：你发现了哪些区域？

家长：你看到了哪些有趣的材料？

家长：你知道这些建材有什么用吗？

——家长可以鼓励幼儿提问、观察、触摸，让他们通过亲身体验来感受建材的质感和用途。

15 蚕姑娘

生活场景

蚕桑文化园

设计意图

蚕桑文化园是以蚕桑文化为主题的生态园，也是适合幼儿研学的基地。家长与幼儿一同参观蚕桑文化园，通过图文介绍、视频资料、实物观摩，让幼儿进一步了解蚕宝宝的生活习性、生长过程以及丝绸的制作过程，感受蚕桑丝绸文化的魅力。

指导意见

一、谈话引起幼儿兴趣

家长：宝贝，你喜欢蚕宝宝吗？

家长：你知道蚕宝宝是怎样变出美丽的丝绸的吗？

家长：今天我们去桑蚕文化园认识蚕宝宝，一起去寻找答案吧。

二、参观桑蚕文化园

家长：桑蚕文化园里有专门饲养蚕的宝宝，这里能让我们近距离了解蚕宝宝。

家长：这里有很多场馆，我们先来阅读一下指引图，了解一下它们的位置吧。

——家长引导幼儿通过阅读指引图了解不同场馆的地理位置。

家长：这里就是蚕宝宝的饲养区，宝贝你看，它们正在吃桑叶呢。

家长：蚕宝宝是如何吃桑叶的？

家长：蚕宝宝吃桑叶时会发出怎样的声音？

家长：我们再去结茧区看看吧。你看，蚕宝宝已经开始吐丝结茧了，它们真的很了不起。

家长：宝贝请你仔细观察，它们是怎样吐丝结茧的？

家长：蚕茧是什么样子的？

家长：接着，我们去彩蚕区观察了解各种不同颜色的蚕宝宝。

家长：宝贝，请你猜一猜这些彩色的蚕宝宝吐出的蚕丝是什么颜色的。

三、参观结束，回顾交流

家长：蚕宝宝的一生很短，却非常有意义，我们要感谢这些小生命。

16 蝌蚪

生活场景

公园

设计意图

公园是户外玩耍时幼儿常去的场所。家长与幼儿去公园散步时，观察池塘里的小蝌蚪，让幼儿对小蝌蚪变青蛙的生长过程有一定了解，同时明白要爱护小动物的道理。

指导意见

一、家长和孩子饭后到公园散步

家长：今天，我们去公园里散步吧。

二、提出小蝌蚪的话题

家长：你见过小蝌蚪吗？它长什么样？

——家长引导幼儿讲述小蝌蚪的外形特征。

家长：你知道小蝌蚪生活在哪里吗？我们去小池塘找找吧。

三、观察小蝌蚪

家长：找到了小蝌蚪，你仔细看，小蝌蚪长得和你描述的一样吗？

——家长与幼儿一同观察小蝌蚪，了解它的外形特征及群体生活习性。

四、查阅资料，了解小蝌蚪变青蛙的生长过程

家长：你知道小蝌蚪喜欢吃什么吗？它长大了会有什么变化呢？我们回家一起查阅资料寻找答案吧。

——家长与幼儿一同查阅资料，鼓励幼儿独立阅读文字。

五、提升情感

家长：小蝌蚪的妈妈原来是青蛙，太有趣了，我们要像保护青蛙一样爱护小蝌蚪。

17 照镜子

生活场景

家中衣帽间

设计意图

衣帽间是幼儿熟悉的生活场所，幼儿会在衣帽间照镜子、穿戴衣帽。家长与幼儿在衣帽间开展变装游戏，可以大大激发幼儿在生活中认读的趣味性。

指导意见

一、熟悉衣帽间

家长：宝贝，我们家的衣帽间在哪里？它有什么用处？里面又有些什么？

家长：衣帽间里有衣服、鞋子、裤子，还有一面大镜子。今天，我们去衣帽间玩一个有趣的变装游戏，好吗？

二、字卡变装游戏

1. 介绍玩法

家长：这里有很多不同人物的字卡，我们随机抽一张，抽到谁，谁就要用衣服来装扮，最后照镜子看看像不像。

2. 家长示范

3. 幼儿玩变装游戏

——家长引导幼儿抽字卡玩装扮游戏，幼儿遇到不认识的字时，可以问家长。

4. 幼儿邀请家庭成员玩变装游戏

三、整理衣帽间

家长：我们的衣帽间因为玩游戏被弄乱了，接下来，让我们一起整理衣帽柜吧。我们可以按照颜色来归类，按照面料来分类，也可以按照季节的不同来整理。

18 胖爸爸

生活场景

家中客厅

设计意图

客厅是幼儿熟悉的生活场所。日常生活中，家长和幼儿经常会在客厅量身高、测体重。将身体变化记录下来，家长不仅能了解幼儿的发育情况，还能在亲子互动中激发幼儿认读的兴趣，与幼儿建立良好的亲子关系。

指导意见

一、谈话引起兴趣

家长：宝贝，你知道你现在的身高和体重吗？

二、测量身高

家长：怎样测量身高？

家长：怎么读数呢？

三、测量体重

家长：体重怎样测量呢？

家长：你会读出你的体重数吗？

四、对比记录

家长：我们再来量一量小肚子吧。

家长：试着设计身高、体重、腰围对照表，把爸爸、妈妈和自己的数据都记录下来。

五、健康饮食小知识

家长：怎样让我们的身体健健康康？

19 航天梦

生活场景

游乐场

设计意图

游乐场是让幼儿、市民自由自在玩耍的地方，许多幼儿都有去游乐场玩耍的经历。游乐场里有很多娱乐设施，例如旋转木马、青蛙跳、小飞机等，家长和幼儿一起走进游乐场，在看一看、说一说、玩一玩中增进亲子感情。

指导意见

一、谈话引起幼儿兴趣

家长：宝贝，你喜欢去游乐场吗？

家长：你最喜欢玩哪些游乐项目？为什么？

家长：游乐场里有很多好玩的游戏设施，今天我们一起去体验一下吧。

二、游戏乐翻天

家长：宝贝，你看这是旋转木马，你知道玩旋转木马时有哪些注意事项吗？

家长：让我们一起通过安全提示牌了解一下乘坐安全规则。

家长：宝贝，你看他们在玩什么？

家长：对了，这是碰碰车。你能找到碰碰车的售票处吗？

家长：请你试着根据指示牌去找一找吧。

家长：坐上小飞机一定很刺激吧，你想不想尝试一下？

家长：坐上小飞机后，你有怎样的心情与感受？让我们一起去试试吧。

——家长可引导幼儿多观察游戏规则提示牌，时刻关注幼儿的安全，以确保他们在玩耍时能够保持愉快的心情。

三、分享参观心得

家长：今天，我们一起在游乐场玩得可真开心。

家长：你最喜欢的游戏项目是什么？为什么？

——家长可以更加了解孩子的喜好和兴趣，增进亲子关系，加深彼此了解，并培养幼儿的语言表达能力。

20 数一数

生活场景

文具店

设计意图

文具店是专门售卖文具用品的主题商店,幼儿经常会出入文具店,购买一些需要的小文具。家长与幼儿逛文具店,共同探索文具店的文具用品,通过了解不同物品的名字,开展数文具游戏,让幼儿对数数产生兴趣。

指导意见

一、探索文具店

家长:你知道这是什么地方吗?

家长:这里是文具店,这里有许多有趣的文具用品哦。

家长:文具店里会售卖哪些物品?我们一起来找一找。

二、寻找练习本售卖区

家长:你知道练习本售卖区在哪里吗?

家长:你可以通过指引牌来找。

三、了解练习本种类

1.观察练习本种类

家长:这是什么?这本练习本上有哪些图案?

家长:这两本练习本一样吗?

家长:它们有什么不同?请你说一说。

家长:原来练习本也有不同的种类和用途,我们一起来看看吧。

2.眼力比赛

家长:我们来玩个游戏,每人有一分钟的时间,比一比谁能找到更多不同种类的练习本。

家长:在找的过程中,我们可以用数数的方法,看谁找得多。

——家长可通过和幼儿共同游戏的方式,激发幼儿对文具的兴趣,培养他们的观察力和数数能力。

21 小小手

生活场景

超市

设计意图

超市是人们常去购买生活物品的场所，满足了人们各种需要，许多幼儿都有相关采购经验。家长与幼儿一同到手套售卖区，开展找一找手套，戴一戴手套等活动，此活动不仅能让幼儿在日常生活中学习，而且还能增进亲子间的互动与情感。

指导意见

一、探索超市

家长：你知道这是什么地方吗？

家长：对，这就是超市。这里有很多我们日常生活中需要的东西。

家长：今天，我们要去手套售卖区。那里有很多漂亮的手套，我们一起去看看吧。

二、寻找手套

家长：手套售卖柜在哪里呢？我们一起去找一找吧。

——家长引导幼儿根据指示牌找到手套售卖区。

家长：这里的手套品种真多呀，这些手套有什么区别？

家长：我们一起来比一比。

家长：你看，这些手套的面料、颜色、大小都不一样。

——家长引导幼儿阅读手套上的标签牌，了解手套的面料、功能等信息。

三、戴一戴手套

家长：你会戴手套吗？

家长：你知道手套怎么区分左右手吗？

家长：请你来试一试、戴一戴吧。

——家长可以引导幼儿如何区分左右手，并让他们体验戴手套的乐趣。

四、购买手套

家长：选好了手套，我们一起去自助付款吧。

——家长可以陪伴幼儿一起前往自助付款区进行付款，让他们体验独立购物的成就感。

22 刷牙歌

生活场景

家中卫生间

设计意图

家里的卫生间有很多与幼儿息息相关的物品，如牙刷、牙膏、牙刷杯、洗脸巾、脸盆等，幼儿平时经常会用到。通过在家里的卫生间寻找牙刷、牙膏等物品，幼儿在生活中可以自然而然地接触到文字。这不仅能培养他们的观察力和对文字的兴趣，还能增加亲子间的互动。

指导意见

一、谈话引起幼儿兴趣

家长：宝贝，你知道“牙”这个字宝宝在哪里可以找到它？

家长：今天，我们就全家总动员，在家里找一找，看谁先找到。

二、寻找与“牙”字有关的物品

家长：宝贝，你找到“牙”字宝宝了吗？

家长：你是在哪里发现的？

家长：还有哪些物品上也标有“牙”这个字？

——家长可以带领幼儿在家中卫生间寻找标有“牙”字的物品，如牙刷、牙膏等。

三、卫生间验证

家长：我们一起看一看牙膏、牙刷。这些物品里都有“牙”，你真棒！

家长：我们一起来读一读、认一认吧。

——家长可以与幼儿一起阅读、认读这些汉字。

四、刷牙

家长：你知道我们怎么做才能把牙齿刷干净吗？

家长：原来，我们要直上直下地刷才能把牙齿刷干净。

家长：让我们一起来练习一下吧。

——家长可引导幼儿学会正确的刷牙方法。

23 猫捉老鼠

生活场景

宠物商店

设计意图

宠物商店是专门为宠物提供宠物用品零售、宠物美容、宠物寄养、宠物销售的场所，有些家中饲养宠物的幼儿有去宠物商店的经历。家长与幼儿一同逛逛宠物商店，了解各种可爱的小宠物，让幼儿对养宠物产生兴趣。

指导意见

一、谈话引起幼儿兴趣

家长：宝贝，你喜欢小猫吗？你知道小猫长什么样，喜欢吃什么吗？

家长：今天，我们一起走进宠物商店，去找找可爱的小猫吧。

二、逛宠物商店

家长：宠物商店真大呀！你看到了哪些小动物？

家长：除了小动物，这里有什么服务？

——家长引导幼儿有序参观，通过阅读指示牌，了解宠物商店的各个区域。

三、可爱的小猫咪

家长：小猫咪真可爱，你看它们都长得一样吗？哪里不一样？你可以读一读猫咪介绍，了解它们的品种和特点。

四、回家回顾交流

家长：猫咪性格温驯可爱，很多人都愿意选择猫咪作为宠物来照顾，你去了宠物商店，有没有喜欢的宠物呢？为什么？

24 小小熊

生活场景

娃娃机

设计意图

娃娃机是一种礼品贩卖机,是众多游戏机项目中较为简单的一种,也是众多幼儿最喜欢操作的游戏项目之一。家长与幼儿一同玩抓娃娃,不仅能提高幼儿的观察力、专注力和判断力,更能增进亲子间的感情。

指导意见

一、小熊玩偶引发兴趣

家长:宝贝,你看这是什么?

——家长出示小熊娃娃,引起幼儿的兴趣。

家长:这是我在娃娃机里抓到的小小熊,你喜欢它吗?

家长:宝贝,你想不想也去抓一个可爱的娃娃?

二、观察娃娃机的娃娃分类

家长:这是娃娃机,你看这些娃娃机里面都藏着不同主题的玩偶。

家长:娃娃机里的这些主题玩偶,你都认识吗?

——家长引导幼儿观察娃娃机,了解迪士尼、水果、小豆包等不同主题的机器。

三、尝试玩抓娃娃

家长:选一个你喜欢的娃娃机,我们一起来抓娃娃吧。

家长:在抓娃娃之前,我们可以看一下游戏规则,了解游戏玩法。

家长:现在轮到你来抓娃娃了。抓娃娃的时候要有耐心,仔细观察,不要着急。

四、分享快乐

家长:今天你抓到了哪些娃娃?今天我们玩得很开心。学到了很多抓娃娃的知识和技巧,抓娃娃太有趣了。下次我们再来挑战吧。

25 春夏秋冬

生活场景

家中客厅

设计意图

客厅是幼儿熟悉的生活场所，是个温馨又快乐的空间，这里还隐藏着许多与幼儿息息相关的教育元素。家里的物品是幼儿常见且具有使用经验的。家长借助家中的日历，与幼儿一起观察春夏秋冬的变化，既能积累四季的经验，又能增进亲子间的感情。

指导意见

一、谈话引出话题

家长：宝贝，你知道今天是几月几日吗？

家长：我们可以一起查看日历，确定每天的日期。

家长：你还知道日历有哪些作用？让我们一起来研究日历上的秘密吧。

二、日历上的四季

家长：宝贝你看，日历上有很多漂亮的图片，请你找一找。

家长：你知道这些图片代表什么意思吗？

家长：这些漂亮的图片代表了不同的季节。

家长：你能找到代表春天的图片吗？它上面有什么呢？

——家长与幼儿一起观察日历上的图片和标注，了解四季的变化和特点。

三、说一说我喜欢的四季

家长：日历上的四季缤纷多彩，你认识的四季里都有些什么？都有哪些趣事？你来说一说吧。

家长：你最喜欢哪个季节？为什么？

四、自制四季日历

家长：我们可以一起动手制作一个属于我们自己的四季日历。

家长：把我们喜欢的四季画下，然后标上重要的日期和活动。这样我们就可以随时看到我们的四季日历，回忆起每个季节的美好时光啦。

后 记

苏州市实验小学教育集团各民办校(园)在徐天中校长的带领下,自2011年起,以"语言发展"为研究点开展"儿童语言发展小幼衔接的实验研究"。该课题研究的申报单位为苏州明珠学校。课题组由苏州明珠学校、苏州明珠幼儿园等四家单位组成,苏州明珠幼儿园主要承担完成了课题中3—6岁年龄段的实验研究。

徐天中校长是教育部首届骨干校长高级研修班成员,全国29位校长带头人之一,中国教育学会全国实验学校教育科学研究专业委员会副理事长,中国教育学会小学教育专业委员会副会长,全国骨干校长工作研究会副理事长,苏州市专家咨询团成员,教育部小学校长培训中心(北京师范大学校长培训学院)兼职教授,苏州大学兼职教授、硕士生导师,苏州市实验小学校教育集团原总校长。

徐天中校长创造性地提出了"生活认读""环境认读""游戏认读""三步认读"四种模块的学习方式。四模块的学习,遵循了儿童的生理和心理发展规律,符合汉字、汉语文化的学习特征,将符号辨识和内容体验有机统一。四模块的学习,建立了小幼衔接语言教学共同体,儿童在活生生的多元动态环境中实现高效地识字、快速地阅读、流利地表达,从而充分开发儿童语言、思维等潜能,促进儿童全面可持续发展,为终身学习打下坚实的基础。

本丛书由徐天中校长担任编委会总主编,他对本丛书的指导思想、框架结

构、内容审定、文字撰写等方面做出了具体指导和详细安排。赵洪、丰新娜、丁文群、王莉、王静、过坚、朱月龙、屈雅琴、钱春玲、钱晶莹参与了本丛书各书册的编写与审校工作。谈莉莉、葛建平、宋怡、周莉、周璇、戴莉萍、沈琴、周玉婷、陆丽亚、范兰珍、顾敏娴、吴国英、程浏、杨斐、张雯婷、沈建芳、翁娟芳、潘宏参与了课题的教学研究工作。课题组全体成员在推进课题研究的过程中,展现了对孩子的认真观察、对教法的认真琢磨、对经验的认真提炼。本丛书中的每一篇活动设计、每一件游戏材料、每一个指导要求,都凝聚着教师们对于课题研究的独特观点。

课题研究开展期间,课题组得到了幼儿科学认读发起人,原江苏省教育委员会副主任、江苏省教育学会原会长周德藩先生,苏州大学朱月龙教授,以及北京师范大学、中国教育科学研究院、江苏省教育科学研究院等单位有关专家的指导。他们为课题研究提供了科学认读的成果借鉴、为课题推进提供了广阔的研究思路,也在丛书编写过程中提供了许多建设性的修改意见,我们在此表示衷心的感谢!

本丛书在编写过程中得到了很多专家、学者、老师的支持和帮助,在此向各位表示诚挚的谢意!

由于编者水平和时间的限制,丛书在理论的探索和实践的操作上还有提升的空间,不足之处敬请专家和读者不吝赐教!

编　者

2023年8月

儿童语言发展

小幼衔接的实验研究丛书

环境认读

4—5岁

徐天中 总主编

本书编委会 编

浙江工商大学出版社

ZHEJIANG GONGSHANG UNIVERSITY PRESS

· 杭州 ·

图书在版编目(CIP)数据

儿童语言发展小幼衔接的实验研究丛书. 4—5岁 2 环境认读 / 徐天中总主编;本书编委会编. -- 杭州: 浙江工商大学出版社,2024. 10. -- ISBN 978-7-5178-6122-5

Ⅰ. G613.2

中国国家版本馆CIP数据核字第2024LJ1294号

儿童语言发展小幼衔接的实验研究丛书
环境认读(4—5岁)
HUANJING RENDU (4—5 SUI)
徐天中 总主编 本书编委会 编

策划编辑 周敏燕
责任编辑 周敏燕
责任校对 夏 佳
封面设计 蔡思婕
责任印制 祝希茜
出版发行 浙江工商大学出版社
(杭州市教工路198号 邮政编码310012)
(E-mail:zjgsupress@163.com)
(网址:http://www.zjgsupress.com)
电话:0571-88904980,88831806(传真)
排 版 杭州朝曦图文设计有限公司
印 刷 杭州捷派印务有限公司
开 本 787mm×1092mm 1/16
总 印 张 58
总 字 数 769千
版 印 次 2024年10月第1版 2024年10月第1次印刷
书 号 ISBN 978-7-5178-6122-5
总 定 价 200.00元(共六册)

“儿童语言发展小幼衔接的实验研究丛书”编委会

顾　　问：周德藩

总 主 编：徐天中

副总主编：赵　洪　丰新娜

编　　委：（按姓氏笔画排序）

丁文群　王　莉　王　静　过　坚　朱月龙

屈雅琴　钱春玲　钱晶莹

本书编委会

主　　编：屈雅琴

编　　委：（按姓氏笔画排序）

沈　琴　陆丽亚　周玉婷

序

一个人的语文素养根基在于阅读，儿时阅读兴趣的激发和习惯的养成至关重要。孩子是天生的学习者。脑科学研究成果表明，幼儿正处于语言学习的敏感期，充分利用汉字图形表意的优势，在儿童生活和游戏过程中，开展“随风潜入夜”式的认读活动，既能激发孩子的阅读兴趣，又有利于培养孩子的阅读习惯。

为此，我们曾组织几十所幼儿园和小学，以“科学认读”为课题进行早期阅读的实验研究。十数年的坚持，改变了我们汉字难学的认知，其实汉字存有认读和书写的相位差，可先认读不书写，或者后书写。阅读的入门并不难。据此，我们在幼儿园开展科学认读汉字词的活动，这激发了孩子们认读汉字词的热情。做得好的幼儿园，大班的孩子普遍可以认读近千个汉字。有些小学主动对接幼儿园继续实验，到二年级学年末，学生认读可超两千字，从而实现自主阅读。这项研究结题时，教育部原副总督学郭振有说，此项研究小切口、意义大。

结题之后，由于环境的影响，继续参与研究的很少。但是徐天中校长凭借他丰富的教育经历和学识，充分认定这项研究的价值，抓住小切口，依靠教育集团的优势，设计出小幼衔接的大文章，坚持做了十多年。他主持开展的江苏省教育科学“十二五”规划重点课题“儿童语言发展小幼衔接的实验研究”，抓住儿童口头语言发展的关键期，在不增加儿童学习负担的前提下，建立了一套

符合儿童身心发展特征、小幼间无缝对接的科学认读目标、内容、方法、评价体系,让3—6岁语言教学与小学语文教学在展示自身特色基础上实现无缝衔接,建立小幼衔接语言教学共同体,开发儿童语言思维等潜能,促进儿童全面可持续发展,为终身学习打下坚实的基础。

徐天中校长从“字”“人”“环境”这三个方面着手研究,创造性地在3—6岁阶段科学认读研究中提出了“生活认读”“环境认读”“游戏认读”“三步认读”四种模块的学习方式,在这些学习方式的互通与互补过程中,6岁幼儿轻松而高效地达到1000多个常见字的认读目标。正是通过抓住关键期,从3岁开始的有效语言教育,幼儿从3岁就逐步开始了自主阅读绘本、报纸、书册,到6岁积累了近10万字的阅读量。这充分开发了幼儿的学习潜能,促进了其形象思维、逻辑思维等的快速发展。3—6岁的早期认读和早期阅读成果,让幼儿进入小学一二年级后语文学习优势明显,轻松完成2500个常用字的学习,课外阅读量超100万字,这也很好地推进和提高了学生学习其他学科的兴趣、速度和质量,从而进一步全面提升了学生的综合素养。

徐天中校长领衔的这项课题成果丰硕,课题组编撰了《小幼衔接语言发展之科学认读》《小幼衔接语言发展之绘本阅读》《小幼衔接语言发展之口语讲述》等共计18册的系列丛书,制作了与之配套的电子课件、挂图卡片、音频视频、游戏盒子等学习辅助材料。这些课题研究成果集聚了严谨规范的教学流程、系统高效的教学方式、生动有趣的教学材料、多元灵活的教学评价,具有极大的实操性和可推广性。我希望这项课题研究能长期进行下去,它的探索和深化必将对基础教育体系改革产生重大意义!

周德藩

(原江苏省教委副主任)

目录

4—5岁(上)

4—5岁(下)

4—5岁（上）

一 环境认读设计

1 秋天的悄悄话

环境名称

落叶飘飘

设计意图

秋天来了，树叶一片片从树上飘落下来。结合教学内容，创设“落叶飘飘”的认读环境，将儿歌中的重点字词融入环境中，使幼儿通过游戏复习、巩固字词，提高幼儿认读的兴趣。

材料准备

绿色KT板1块、彩色卡纸若干、彩色打印字卡图片、打印字卡、塑封纸若干、雌雄贴若干

制作方法

1. 用咖色、黄色卡纸制作树干和叶子，布置落叶的场景。
2. 塑封字卡图片贴在绿色KT板空白处。
3. 把塑封字卡贴在落叶上，并用雌雄贴固定在树干上。

建议玩法

幼儿自由选择贴有字卡的落叶，大声地读出字宝宝。若读出来，可以把落叶送到相应的图片上，如：幼儿念出词语“蝴蝶”，就把字卡贴到蝴蝶图片上。若读不出来，落叶则继续留在大树上。比一比谁认识的字宝宝多。

参考照片

2 秋的来信

环境名称

送信

设计意图

每天在创游时间，幼儿最喜欢玩邮局送信游戏。结合教学内容，创设“送信”的认读环境，将儿歌中的重点字词融入环境中，使幼儿通过送信游戏复习、巩固字词，提高幼儿认读的兴趣。

材料准备

绿色KT板1块、彩色海绵纸若干、信封若干、彩色打印字卡图片、打印字卡、塑封纸若干、雌雄贴若干

制作方法

1. 用紫色海绵纸剪出方形底板，固定在绿色KT板上。
2. 塑封字卡贴在信封上，并用雌雄贴固定在方形底板上。
3. 用雌雄贴把塑封字卡图片贴在空白处。

建议玩法

幼儿自由选择贴有字卡的信封，大声读出字词，并寻找对应的字卡图片进行图字匹配，进行送信的游戏。

参考照片

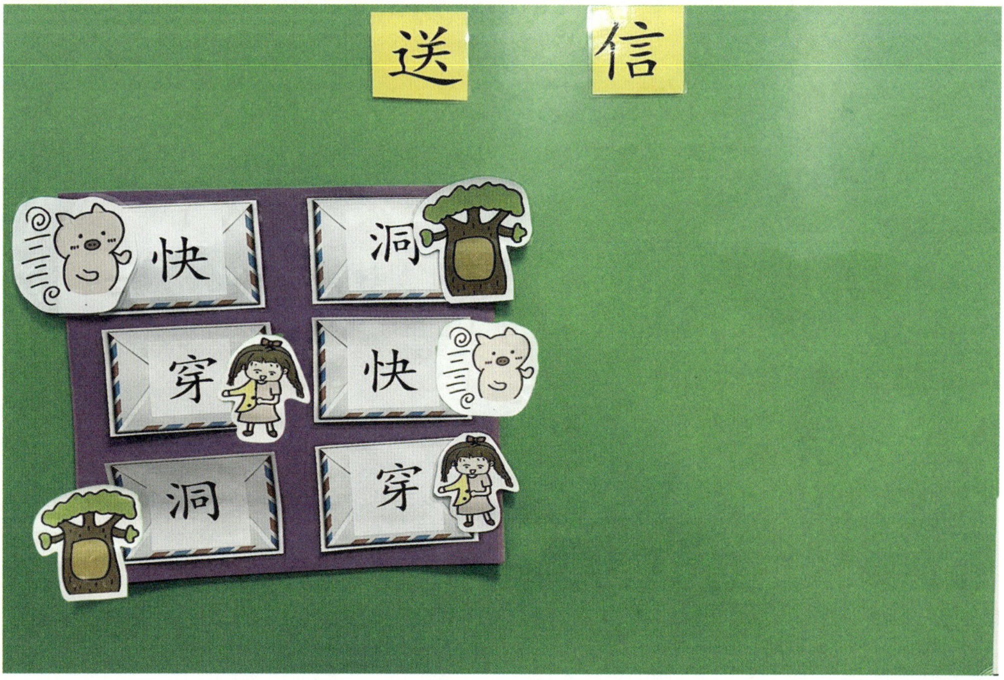

3 笑眯眯

环境名称

拔萝卜

设计意图

秋天是一个丰收的季节，萝卜也都成熟了。结合教学活动，创设“拔萝卜”的认读环境，将重点字词融入其中。幼儿通过游戏既能复习、巩固字词，又能提高认读的兴趣。

材料准备

绿色KT板1块、彩色海绵纸若干、打印字卡、塑封纸若干、雌雄贴若干、小篮子1个

制作方法

1. 用白色、蓝色、咖色海绵纸制作云朵和泥土，固定在绿色KT板上布置萝卜地场景。

2. 用橙色、绿色海绵纸制作萝卜，并贴上塑封字卡。

3. 把塑封纸制作成透明小框，半封口贴在泥土中。

4. 把萝卜插在透明框中。

建议玩法

幼儿玩拔萝卜游戏，读出萝卜上的字宝宝后就可以拔出萝卜，放在小篮子里。也可以将萝卜翻过来，把字宝宝藏在里面。拔出一个萝卜，便大声读出上面的字宝宝，读对了就能获得该萝卜，读错了要把萝卜种回去。可以一名幼儿单独玩游戏，也可以多名幼儿比赛拔萝卜。

参考照片

4 捉迷藏

环境名称

小树叶找妈妈

设计意图

秋天到了，小树叶都纷纷变黄、变红，从大树上掉下来了。结合教学活动，创设“小树叶找妈妈”的认读环境，将儿歌中的字词融入环境中，帮助幼儿在游戏中熟练掌握字词。

材料准备

粉色KT板1块、彩纸若干、彩色卡纸若干、打印字卡、塑封纸若干、雌雄贴若干

制作方法

1. 将咖色卡纸，黄色、橙色彩纸分别制作成大树和树叶，固定在粉色KT板上。

2. 将塑封字卡贴在大树底下的落叶上，并贴上雌雄贴。

建议玩法

幼儿将散落在大树底下的树叶字卡读一读，读对了，就能将小树叶送回到枝干上。游戏可以一名幼儿玩，也可以多名幼儿轮流玩，比一比谁认识的字宝宝比较多。

参考照片

5 谜语歌

环境名称

猜一猜

设计意图

4—5岁的幼儿喜欢猜谜游戏。结合教学活动，创设“猜一猜”的认读环境，借助简单的谜面文字，将重点字词与谜底“月亮”的造型相整合，让幼儿在游戏中复习、巩固字词，提高幼儿的学习兴趣。

材料准备

绿色KT板1块、彩色打印月亮图片若干、打印儿歌、彩色打印字卡图片、塑封纸若干、雌雄贴若干

制作方法

1. 将塑封儿歌单字粘贴在绿色KT板上。
2. 在月亮图片上用雌雄贴贴上字卡，并固定在绿色KT板空白处。
3. 儿歌中重点字用塑封字卡图片代替贴上。

建议玩法

大家一起玩猜谜语游戏，读一读、找一找谜语里缺失的字词，并从月亮上的字卡里找出正确的字卡填进去，完成之后猜出谜底。

参考照片

猜一猜
有 弯弯像镰 ，
有 圆圆像草帽，
夜晚高高挂天上
天亮悄悄去睡觉。
时
刀
时

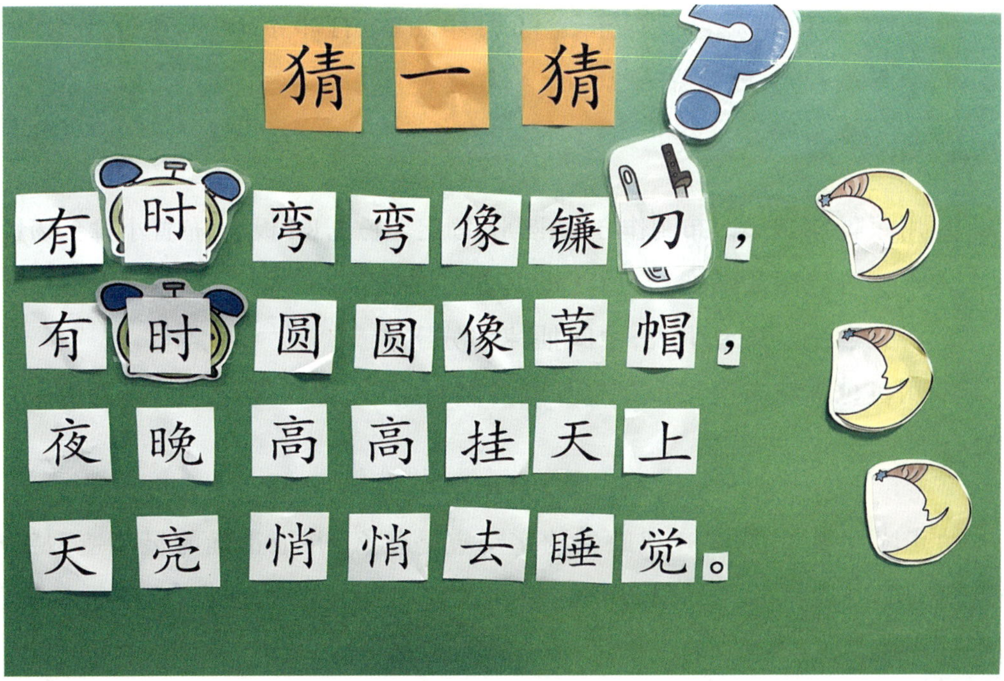
猜一猜
有时弯弯像镰刀，
有时圆圆像草帽，
夜晚高高挂天上
天亮悄悄去睡觉。

6 小船儿

环境名称

小小的船

设计意图

根据儿歌内容设计了星星与月亮的主题认读环境，将儿歌中的重点字词以“星星”的造型融入环境中。幼儿在认读时通过操作来提高认读的兴趣，复习、巩固重点字词和儿歌。

材料准备

粉色KT板1块、彩色不织布若干、打印儿歌、打印字卡、彩色打印卡通月亮1个、塑封纸若干、雌雄贴若干

制作方法

1. 用深蓝、淡蓝不织布制作方形、圆形，固定在粉色KT板上，布置小舞台场景。
2. 卡通月亮图片贴在粉色KT板上方装饰舞台。
3. 将儿歌贴在舞台中央，中间抽掉部分字卡。
4. 用黄色不织布制作小星星并贴上塑封字卡，把雌雄贴固定在圆圈上。

建议玩法

幼儿读一读儿歌，找一找缺失的字宝宝是什么，并把正确的星星造型字卡送到对应的儿歌空缺处。可以一名幼儿或多名幼儿参加游戏，看看谁认识的星宝宝比较多。

参考照片

尖
尖
小小的船
小
水上漂，
两头
像在笑，
娃娃坐在小
里，
小鱼哈哈笑。

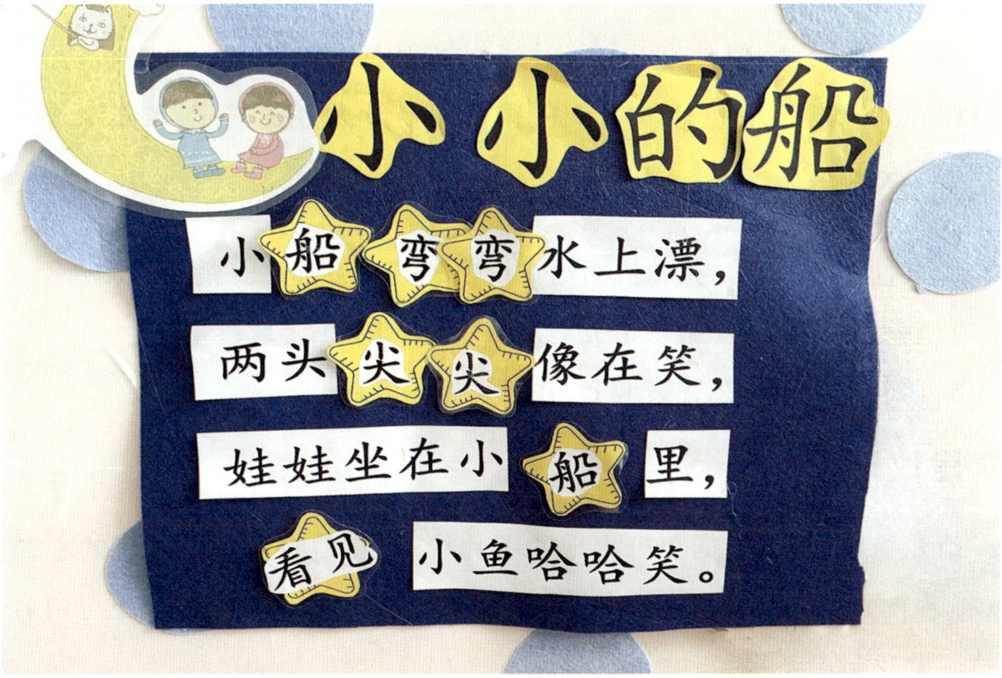
小小的船
小船弯弯水上漂，
两头尖尖像在笑，
娃娃坐在小船里，
看见小鱼哈哈笑。

7 做个好宝宝

环境名称

熊熊侦探所

设计意图

侦探游戏有趣味而富有挑战性，深受幼儿的喜欢。结合教学内容，创设“熊熊侦探所”的认读环境，将重点字词融入环境中。幼儿在情境中玩一玩、念一念，复习、巩固字词。

材料准备

白色KT板1块、信封若干、彩色打印小熊侦探1个、彩色打印相机若干、彩色打印答案卡若干、彩色打印字卡图片、打印字卡、塑封纸若干、雌雄贴若干

制作方法

1. 将小熊侦探、信封、相机固定在白色KT板上，布置侦探所场景。
2. 将塑封字卡图片贴在相机上，同时在相机上贴上雌雄贴。
3. 将塑封字卡贴在答案卡上，并把它插在信封里。

建议玩法

幼儿扮演侦探，根据相机出现的图片线索，在信封里找出对应的字卡答案，将字卡答案与图片线索配对成功即为获胜。可一名幼儿游戏，也可两名幼儿竞赛游戏。

参考照片

8 爱国旗

环境名称

小旗爬高高

设计意图

幼儿知道中国的国旗是五星红旗，大家对于升旗仪式非常感兴趣。结合教学内容，创设“小旗爬高高”的认读环境，将重点字词融入环境中。幼儿在操作游戏中既能复习、巩固字词，又能提高认读兴趣。

材料准备

黑色KT板1块、彩色打印幼儿图片1张、彩色卡纸若干、挂钩1个、绳子1根、打印字卡、塑封纸若干。

制作方法

1. 用灰色、蓝色卡纸制作升旗台、小旗和云朵，把它们固定在黑色KT板上，布置升旗场景。

2. 将幼儿图片布置在升旗台上。

3. 用挂钩、绳子和三角形彩纸制作可拉伸旗杆。

4. 把塑封字卡固定在小旗上。

建议玩法

幼儿拉动绳子升降小旗，依次从下往上读出小旗上的字宝宝，所有字宝宝都念出后，小旗可升到最顶端。可以根据幼儿的情况多次反复进行操作。

参考照片

9 数小猪

环境名称

造房子

设计意图

4—5岁的幼儿喜欢玩拼图类游戏。结合教学内容，创设“造房子”的认读环境，将字词与砖块结合。幼儿在认一认、拼一拼中既能复习、巩固重点字词，又能提高认读兴趣。

材料准备

灰色KT板1块、彩色卡纸若干、打印字卡、塑封纸若干、雌雄贴若干。

制作方法

1. 在灰色KT板上用彩纸贴出房子造型。
2. 用彩色卡纸剪成大大小小的砖块造型，并把它们装饰在房子上。
3. 将塑封字卡贴在彩色砖上，并用雌雄贴固定在空白处。

建议玩法

幼儿认读彩色砖块造型上的字宝宝，读出来后将彩色砖块拼到房子里。比一比谁造房子又快又好。

参考照片

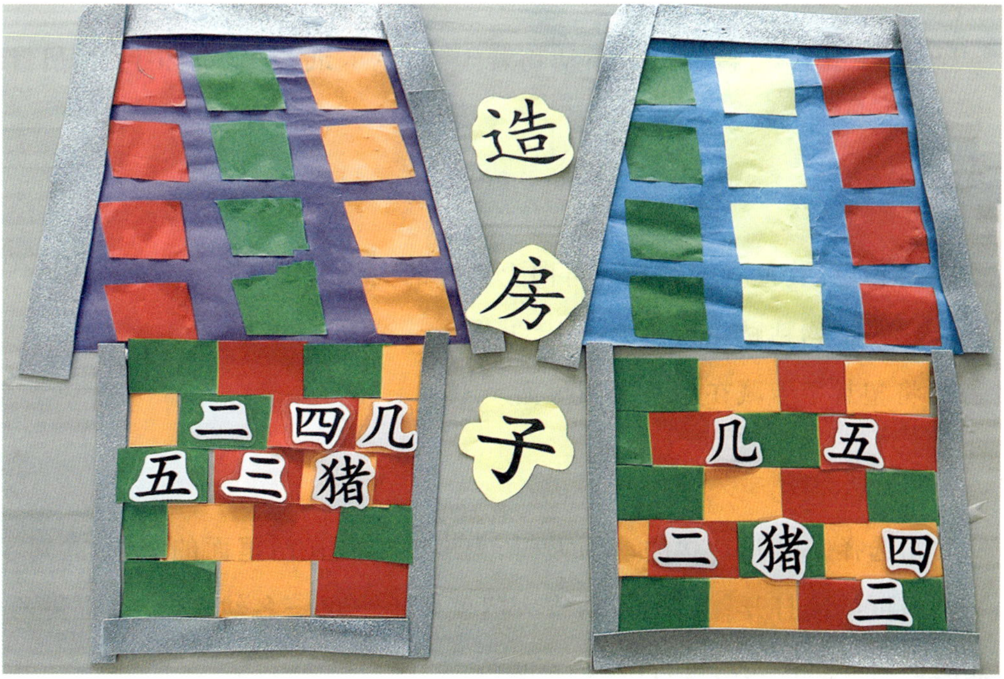

10 逛集市

环境名称

谁藏起来了

设计意图

幼儿喜欢捉迷藏的游戏，它贴近幼儿生活，符合幼儿的年龄特点。结合教学内容，创设“谁藏起来了”的认读环境，将重点字词融入环境中。幼儿在操作游戏中既能熟练掌握字词，又能提高认读兴趣。

材料准备

绿色KT板1块、彩色打印小动物若干、彩色卡纸若干、打印字卡、塑封纸若干

制作方法

1. 将粉色、黄色卡纸制作成可向上翻开的大门。
2. 将小动物粘贴在粉色大门上。
3. 将塑封字卡藏在动物大门里面。

建议玩法

幼儿选择并打开喜欢的动物大门，大声读出藏在门里面的字词，念对了，动物大门可继续打开，念错了，动物大门就关上。可一名幼儿游戏，也可两名幼儿随机选择动物大门进行游戏。

参考照片

11 小猫钓鱼

环境名称

运水果

设计意图

许多幼儿都有在超市购物的经验，也喜欢模拟超市购物的场景。结合教学内容，创设“运水果”的认读环境，将重点字词融入环境中。幼儿在操作游戏中既能复习、巩固字词，又能提高认读兴趣。

材料准备

蓝色KT板1块、彩色海绵纸若干、彩色打印水果图片若干、打印字卡、塑封纸若干、雌雄贴若干

制作方法

1. 将蓝色、白色、黑色、红色、黄色、紫色、绿色海绵纸制作成购物车，把它们固定在蓝色KT板上，布置超市场景。

2. 在塑封水果上贴塑封字卡，并用雌雄贴固定在空白处。

建议玩法

两名幼儿一起游戏，游戏开始，两名幼儿各选一辆超市购物车，选择自己喜欢的水果图片并大声念出对应的字宝宝，念对了，就可以将水果装进购物车里。比一比哪个幼儿念得多。游戏可依次进行。

参考照片

12 一起来数数

环境名称

火车开来了

设计意图

幼儿对数的概念来源于生活经验。结合教学内容，创设“火车开来了”的认读环境，将重点字词融入环境中，让幼儿在游戏中复习、巩固字词，加深对儿歌内容的理解。

材料准备

蓝色KT板1块、彩色卡纸若干、打印字卡、塑封纸若干、雌雄贴若干

制作方法

1. 把红色、黄色、蓝色、橙色、粉色、黑色卡纸剪出各种形状，固定在蓝色KT板上，布置成火车场景。

2. 将塑封字卡贴在圆形彩色卡纸上，用雌雄贴固定在空白处。

建议玩法

幼儿两两组合自由认读字卡，把认出的字卡从火车头方向按顺序从前到后放进车厢，每一节车厢最多放三张字卡。数一数，哪列火车上的字卡数量最多，多的获胜。

参考照片

13 咏鹅

环境名称

螃蟹鱼儿好朋友

设计意图

螃蟹和小鱼是幼儿熟悉的动物。结合教学内容，创设“螃蟹鱼儿好朋友”的认读环境，将重点字词融入环境中，让幼儿在游戏中复习、巩固字词，体验古诗词带来的韵律美。

材料准备

绿色KT板1块、白色和红色纸盘各一个、打印螃蟹和小鱼图片若干、彩色打印字卡图片、打印字卡、塑封纸若干、雌雄贴若干

制作方法

1. 把塑封字卡贴在塑封小鱼身上，用雌雄贴分散固定在绿色KT板上。
2. 把塑封字卡图片贴在塑封螃蟹身上，用雌雄贴分散固定在绿色KT板上。
3. 将两个不同颜色的纸盘粘贴在绿色KT板右边。

建议玩法

幼儿两两组合玩游戏，一人一个纸盘，用石头剪刀布的方式决定胜负，赢的人念出螃蟹图片对应的字卡，念对，将螃蟹放入纸盘中，念错，则将螃蟹放回水中。另一名幼儿需要找出对应字卡的小鱼，找对，将小鱼放入纸盘中，找错，则将小鱼放回水中，直到池塘里的螃蟹和小鱼都被放进纸盘，游戏结束。

参考照片

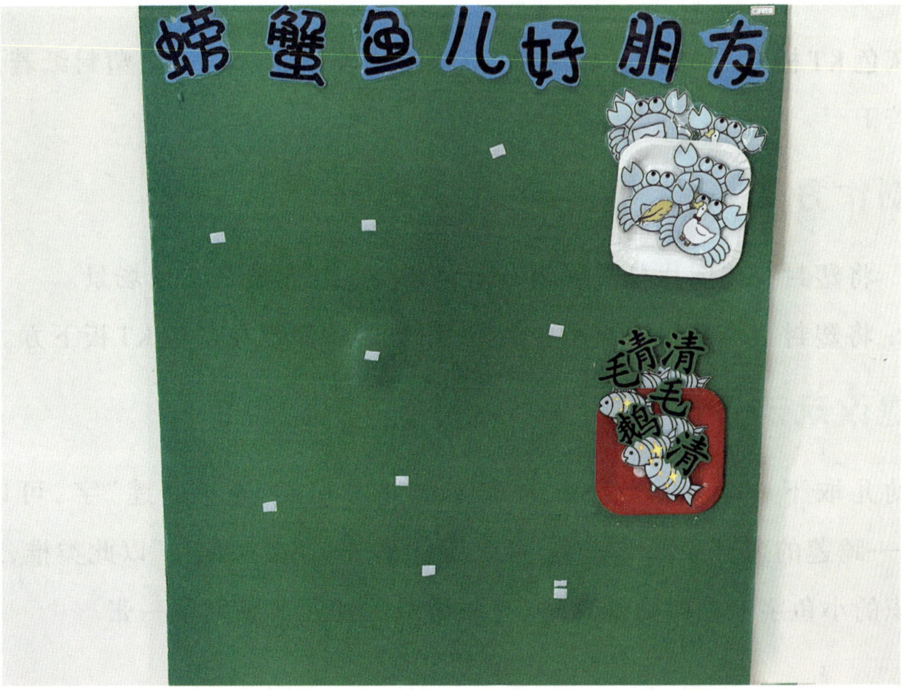

14 江南

环境名称

鱼戏莲叶

设计意图

古诗《江南》为幼儿刻画了江南水乡的优美画面。结合教学活动，创设“鱼戏莲叶”的认读环境，引导幼儿在操作中复习、巩固字词，激发幼儿的学习兴趣，提升幼儿的动手能力。

材料准备

灰色KT板1块、彩色打印小鱼、荷花图片若干、打印字卡、塑封纸若干、雌雄贴若干

制作方法

1. 将塑封荷花图片分散固定在灰色KT板上，布置荷花塘场景。

2. 将塑封字卡贴在塑封小鱼身上，用雌雄贴固定在灰色KT板下方。

建议玩法

幼儿取下一条小鱼，念一念字宝宝并尝试组词，如“莲”字，可以说：“莲——睡莲的莲。”又如“东”字，可以说：“东——东方的东。”以此类推，最后，把认识的小鱼字卡粘贴到池塘里，完成游戏的幼儿奖励贴纸一张。

参考照片

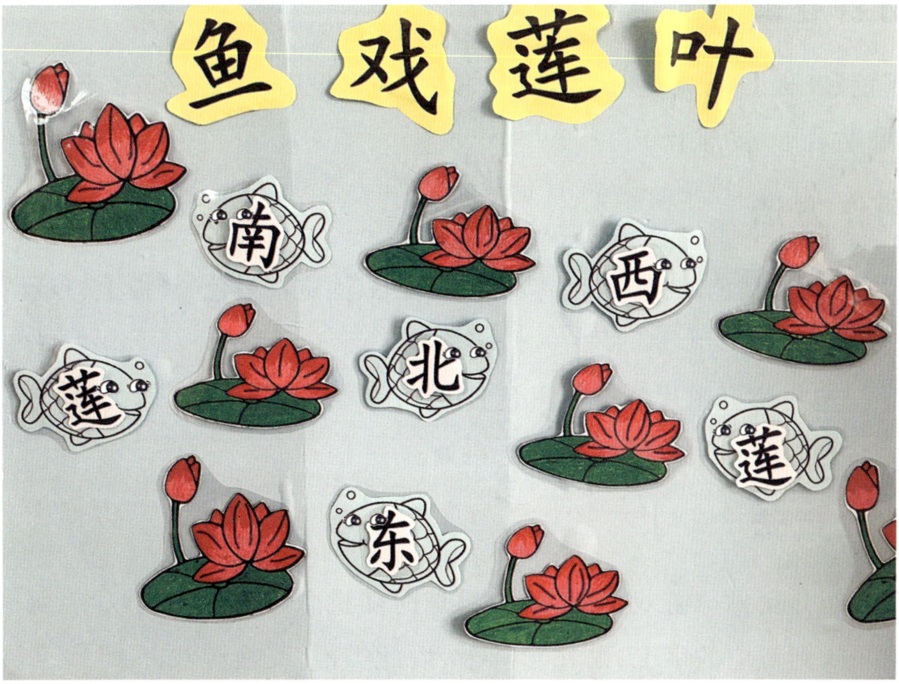

15 梅花

环境名称

小丑抛球

设计意图

宽松、温馨的学习环境更加能够激发幼儿探索、思考和想象的能力。结合教学活动，创设“小丑抛球”的认读环境，将重点字词融入环境中，利用小丑的人物形象营造轻松、愉悦的游戏氛围，帮助幼儿复习、巩固字词，体验游戏带来的快乐。

材料准备

黑色KT板1块、彩色卡纸若干、彩色打印小丑1个、打印字卡、塑封纸若干、雌雄贴若干、皮球1个

制作方法

1. 把绿色、黄色、红色、蓝色卡纸剪出圆形，固定在黑色KT板上，布置彩球的场景。
2. 把塑封小丑图片装饰在黑色KT板上。
3. 将塑封字卡用雌雄贴贴在空白处。

建议玩法

两名幼儿玩抛球游戏，一名幼儿抛球时随机念出字卡上的汉字，另一名幼儿接球并找到对应的字卡，贴在彩球上，以此类推，交换游戏。

参考照片

16 画

环境名称

逛超市

设计意图

幼儿经常会和家人一起到超市选购物品。结合教学内容，创设“逛超市”的认读环境，将字卡做成一件件小商品的造型。幼儿在有趣的超市购物游戏中既能轻松复习字词，又能提高认读的兴趣。

材料准备

蓝色KT板、彩纸若干、彩色打印各类商品若干、打印字卡、塑封纸若干、雌雄贴若干

制作方法

1. 用黄色、红色、黑色、蓝色、肉色彩纸制作货架、购物车和儿童卡通人物，把它们固定在KT板上，布置超市场景。

2. 将塑封商品贴上塑封字卡，用雌雄贴固定在货架上。

建议玩法

两名幼儿比赛游戏。一人一辆购物车到超市购买物品，念出商品图片上的字宝宝即可将所对应的商品图片装进购物车，比一比谁的购物车装得多。

参考照片

17 山行

环境名称

爬山

设计意图

许多幼儿都有爬山的社会实践经验。结合教学内容，创设“爬山”的认读环境，引导幼儿复习、巩固古诗中的重点字词，激发幼儿的学习兴趣。

材料准备

灰色KT板1块、咖色海绵纸若干、彩色打印小朋友和高山图片若干、打印古诗、塑封纸若干、雌雄贴若干

制作方法

1. 将塑封高山和塑封小朋友分别贴在灰色KT板上下两边，并用咖色海绵纸制作石子路铺设在中间，布置爬山的场景。

2. 将古诗单字塑封，用雌雄贴固定在灰色KT板下方。

建议玩法

幼儿自由选择路线爬山，先根据古诗中的句子找到字卡，并把字卡自上而下铺设在石子路上，然后手持小朋友图片从山坡往下走，每走一步路必须念出一个字词，直到走到山坡下即为成功。

参考照片

18 散步

环境名称

夹夹乐

设计意图

在区域游戏中,幼儿都喜欢玩夹夹乐的游戏。结合教学内容,创设"夹夹乐"的认读环境,将重点字词融入其中。幼儿在充满趣味性的游戏情境中玩一玩、念一念,既能复习、巩固字词,又能提高认读的兴趣。

材料准备

黑色 KT 板 1 块、彩色打印动物和太阳图片若干、磁铁若干、泡沫若干、打印字卡、塑封纸若干、雌雄贴若干

制作方法

1. 将塑封太阳和动物纵向排列固定在黑色 KT 板上,布置抓娃娃机的场景。

2. 将塑封字卡用磁铁固定在动物身上。

3. 将两个泡沫图形块用磁铁固定在黑色 KT 板上。

建议玩法

一名幼儿随机读出小动物身上的字宝宝,另一名幼儿拿起泡沫磁铁将字宝宝吸走,两名幼儿轮流游戏,获得较多字卡的幼儿获胜。

参考照片

19 小兔学本领

环境名称

是谁寄来的信

设计意图

4—5岁的幼儿喜欢玩邮局寄信的游戏。结合教学内容，创设“是谁寄来的信”的认读环境，将字词融入寄信的游戏中。幼儿在游戏的过程中可以加深对字词的认识，提高认读的兴趣。

材料准备

黄色KT板1块、彩纸若干、打印字卡、塑封纸若干

制作方法

1. 将紫色、红色彩纸折叠成可打开的信封并把它们粘贴在黄色KT板上。
2. 将塑封字卡藏在信封中。

建议玩法

先由一名幼儿打开信封，抽取并读出信封里的字宝宝，如果读对了，就能把对应的字宝宝从信封中取出并继续游戏，以此类推。如若读错，则不能将信封里的字宝宝取出，并要请另一名幼儿进行拆信封游戏，规则同上。游戏结束后，手中字宝宝较多的幼儿获胜。

参考照片

20 叠叠乐

环境名称

叠叠乐

设计意图

结合儿歌内容，以热气球为场景，创设“叠叠乐”的认读环境。幼儿可以通过字卡自由组合文字，在操作练习中熟练掌握儿歌中的字词。

材料准备

白色KT板1块、彩色瓦楞纸若干、彩色卡纸若干、彩色自粘纸若干、彩色打印字卡图片、打印字卡、塑封纸若干、别针若干

制作方法

1. 把粉色自粘纸剪成条纹粘贴在白色KT板上。

2. 用蓝色、绿色、咖色、橙色卡纸制作云朵和小花，用玫红色、银色瓦楞纸制作热气球，并在热气球上剪开一个小口子，装上别针，固定在白色KT板上，布置天空场景。

3. 塑封字卡和字卡图片，用别针夹在热气球上。

建议玩法

幼儿在热气球上进行字图配对，找一找、念一念；在云朵上进行叠字游戏，取下热气球上的字卡，通过左右或三角叠放等方法将字卡组成不同的字，并大声念出来。可以一名幼儿或多名幼儿一同游戏，比比谁拼的字最多。

参考照片

21 小雨滴

环境名称

下雨啦

设计意图

“下雨”这种自然现象对于幼儿来说是非常熟悉的。结合教学内容，创设幼儿感兴趣的“下雨啦”的认读环境，将重点字词融入其中。幼儿在游戏的过程中可以熟练掌握儿歌中的字词，激发认读的兴趣。

材料准备

灰色KT板1块、彩色海绵纸若干、打印字卡、塑封纸若干、雌雄贴若干

制作方法

1. 用绿色、紫色、红色、蓝色、白色海绵纸剪出云朵、小草、小花和雨点，并把它们贴在灰色KT板上，布置下雨的场景。

2. 将塑封字卡贴在小雨点上，用雌雄贴固定在云朵上。

建议玩法

两名幼儿轮流游戏，猜拳决定先后，幼儿随机选取雨滴上的字卡并大声读出，读对了就把雨滴贴到小花的周围，谁落下的雨滴最多谁获胜。

参考照片

22 冬天我不怕

环境名称

雪花飘进小屋

设计意图

根据4—5岁幼儿的年龄特点，以卡通的雪花形象为主角，创设“雪花飘进小屋”的认读环境，在游戏情境中引导幼儿认读字词，熟练掌握儿歌中的字词。

材料准备

灰色KT板1块、彩纸若干、彩色海绵纸若干、打印儿歌、塑封纸若干、雌雄贴若干

制作方法

1. 用咖色、橙色海绵纸制作小屋，并固定在灰色KT板上。
2. 用蓝色卡纸制作雪花，分散贴在灰色KT板上，布置冬天下雪的场景。
3. 将塑封儿歌粘贴在房子中间，部分字卡用雌雄贴分散固定在雪花上。

建议玩法

幼儿指读儿歌，寻找缺失的字宝宝，将字卡填进空格处，把儿歌补充完整，完成后一起读一读儿歌。可以一名幼儿玩，也可以多名幼儿一起玩，比一比谁找到的雪花多。

参考照片

雪花飘进小屋
天我不怕
是
雪
冬
飘来小 花，
冬
纷纷扬扬跳起舞。
冬
天空
天 天我不怕，
我 勇敢好娃娃。

雪花飘进小屋
冬天我不怕
天空飘来小雪花，
纷纷扬扬跳起舞。
冬天冬天我不怕，
我是勇敢好娃娃。

23 猜数字

环境名称

吹雪花

设计意图

寒冷的冬天来了，天空中飘起了雪花。结合教学内容，创设“吹雪花”的认读环境，将雪花上的图案与对应字词进行图文的匹配，让幼儿在游戏情境中认读字词，复习、巩固儿歌中的字词。

材料准备

白色KT板1块、绳子若干、夹子若干、彩色打印雪花和雪人若干、彩色打印字卡图片若干、打印字卡、塑封纸若干

制作方法

1. 将塑封大雪花、小雪花、雪人固定在白色KT板上，布置下雪场景。
2. 将塑封字卡贴在大雪花上，塑封字卡图片贴在小雪花上。
3. 绳子两头固定两个夹子，其中一个夹子夹在大雪花上。

建议玩法

幼儿指读大雪花上的字宝宝，并找到对应的小雪花图片，拿起绳子，一头夹在大雪花上，一头夹在小雪花上，将大雪花与小雪花进行配对。

参考照片

24 玩线球

环境名称

小兔回家

设计意图

小兔子是幼儿最为熟悉的动物之一，长长的耳朵、短短的尾巴深受幼儿的喜爱。结合儿歌内容，创设“小兔回家”的认读环境，将儿歌中的重点字词融入其中，让幼儿复习、巩固儿歌中的字词，体验互帮互助是件快乐的事情。

材料准备

灰色KT板1块、彩色海绵纸若干、彩色打印小兔和卡通房屋、打印字卡、塑封纸若干、雌雄贴若干

制作方法

1. 把塑封房屋和塑封小兔对角贴在灰色KT板两头，其中小兔用雌雄贴固定。

2. 以兔子为起点，房子为终点，用咖色海绵纸制作一条弯弯曲曲的路。

3. 把蓝色海绵纸剪出圆形，制作成石头，粘贴在小路上。

4. 用橙色海绵纸制作“组词”任务卡，随机贴在小路上。

5. 将塑封字卡贴在石头上。

建议玩法

以小兔子为起点，两名幼儿以猜拳决定胜负，赢的人如果念出“石头”上的字，就可以向前走一步。遇到任务“组词”，就要用石头上的字组词才能够继续前进，谁先到达终点谁就获胜。

参考照片

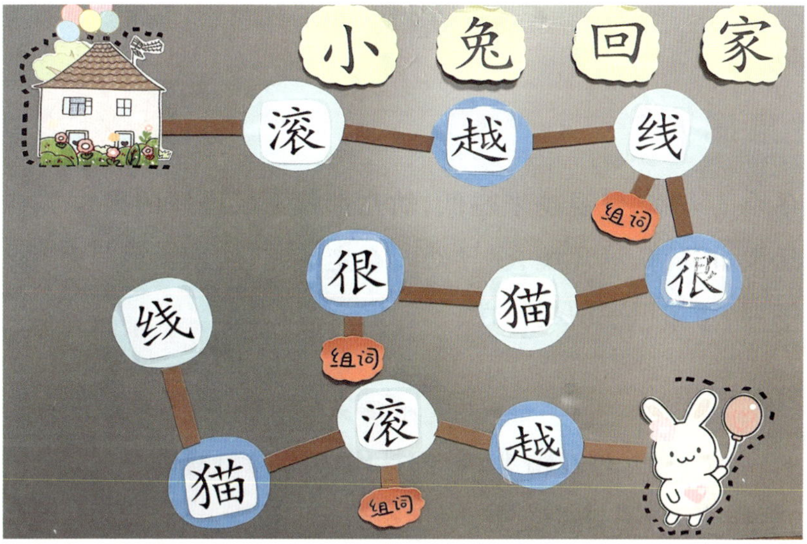

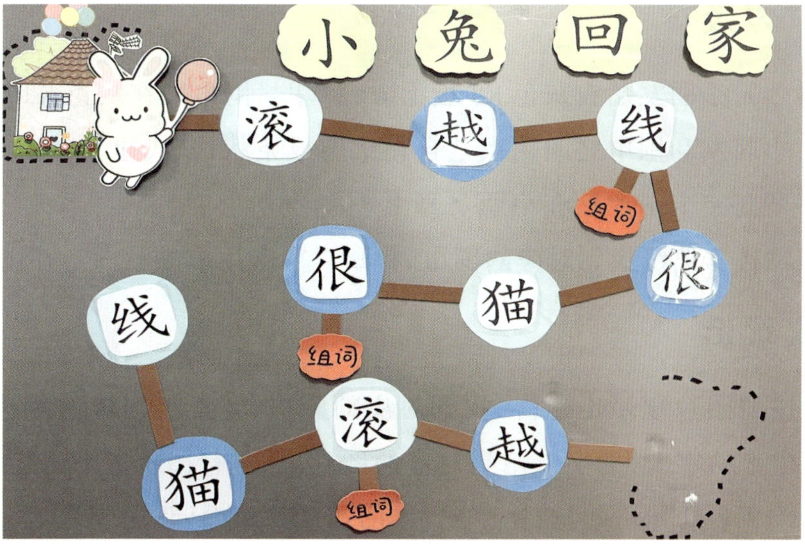

25 滑冰

环境名称

送围巾

设计意图

随着冬季的来临，气温越来越低，幼儿都戴上了厚厚的围巾。结合教学活动，创设“送围巾”的认读环境，引导幼儿在走迷宫、送围巾的过程中复习、巩固儿歌中的字词，增加识字的趣味性。

材料准备

灰色KT板1块、黑色自粘纸、彩色打印小朋友和围巾图片若干、彩色打印字卡图片、打印字卡、塑封纸若干、雌雄贴若干

制作方法

1. 将塑封小朋友贴在灰色KT板上方，将塑封围巾贴在灰色KT板下方。
2. 在小朋友和围巾之间用黑色自粘纸剪成条状，贴成迷宫的路线。
3. 将塑封字卡图片贴在小朋友身上。
4. 根据迷宫路线找到对应的围巾，将塑封字卡用雌雄贴固定在围巾下方。

建议玩法

幼儿按照图片顺序走迷宫，找到对应的围巾，并说出围巾的颜色，随后大声念出围巾上的字卡，把字卡贴到对应的图片上，进行图字配对。游戏可以一名幼儿玩或多名幼儿一起玩，比一比，谁的速度快，谁认识的字宝宝多。

参考照片

26 猫头鹰

环境名称

老鹰抓小鸡

设计意图

“老鹰抓小鸡”是幼儿很喜欢的户外游戏之一。结合教学内容，创设“老鹰抓小鸡”的认读环境，将儿歌中的字词融入其中，帮助幼儿复习、巩固字词，激发幼儿的认读兴趣。

材料准备

白色KT板1块、绿色彩纸若干、彩色打印小鸡一家和老鹰图片若干、打印字卡、塑封纸若干、雌雄贴若干

制作方法

1. 将绿色彩纸剪成山坡的形状，贴在白色KT板上，布置草地场景。
2. 将塑封小鸡一家分散贴在草地上，塑封老鹰用雌雄贴固定在天空。
3. 将塑封字卡贴在小鸡的周围。

建议玩法

两名幼儿进行游戏，一名幼儿扮演老鹰念儿歌：“老鹰抓小鸡，抓住×字的小鸡。”另一名幼儿扮演鸡妈妈，要立马找到对应字卡。成功念对字卡能保护住小鸡，否则，小鸡会被老鹰吃掉，最后比一比谁最厉害。

参考照片

4—5岁（上）

二

班级环创参考图集

1 主题环境

结合五大领域相关主题活动课程，创设丰富多元的主题活动环境。在布置主题环境的过程中涉及相关字词，如主题标题、主题评价表、主题人物等等，将主题环境与汉字融合呈现，帮助幼儿在五大领域课程中接触汉字，了解字词的运用。

(1)我做哥哥姐姐了

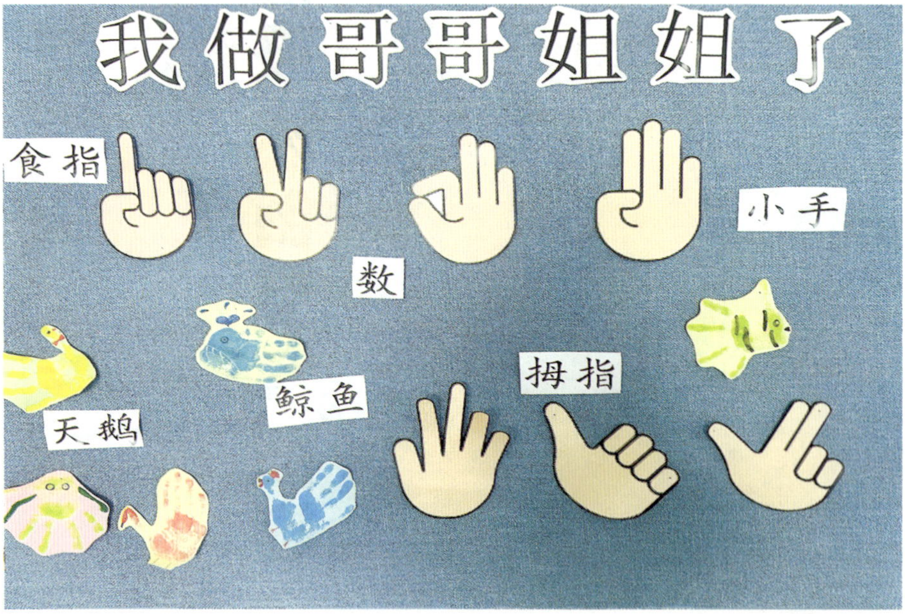

(2)吃得香长得棒

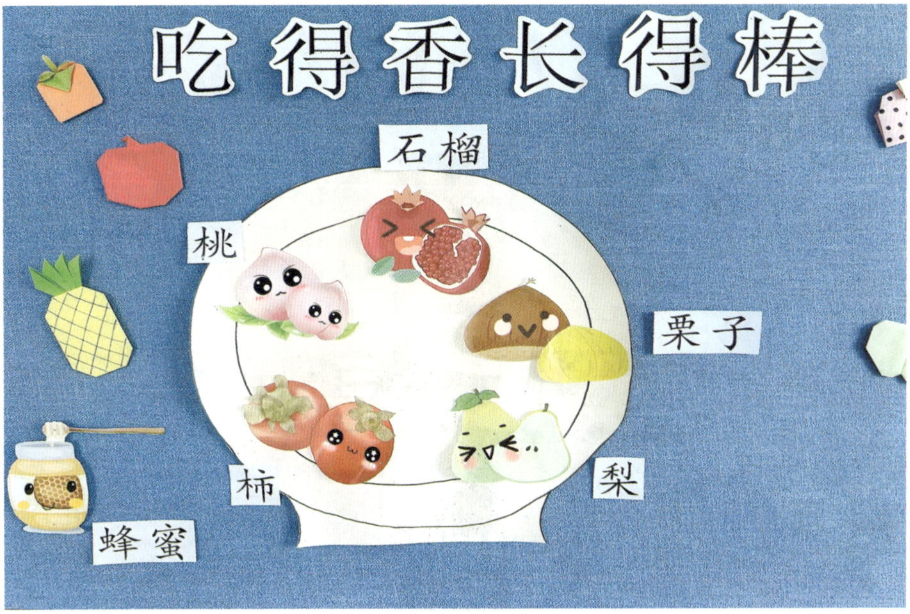

(3)认识我自己

(4)马路上

(5)冬天快乐

2 创游环境

结合创造性游戏的需要，创设逼真有趣的角色游戏场景。在布置游戏环境的过程中涉及相关字词，如游戏标识、游戏规则、游戏价目表等等，将游戏环境与汉字巧妙融合，帮助幼儿在游戏中接触汉字、巩固汉字、运用汉字。

(1)汉堡店

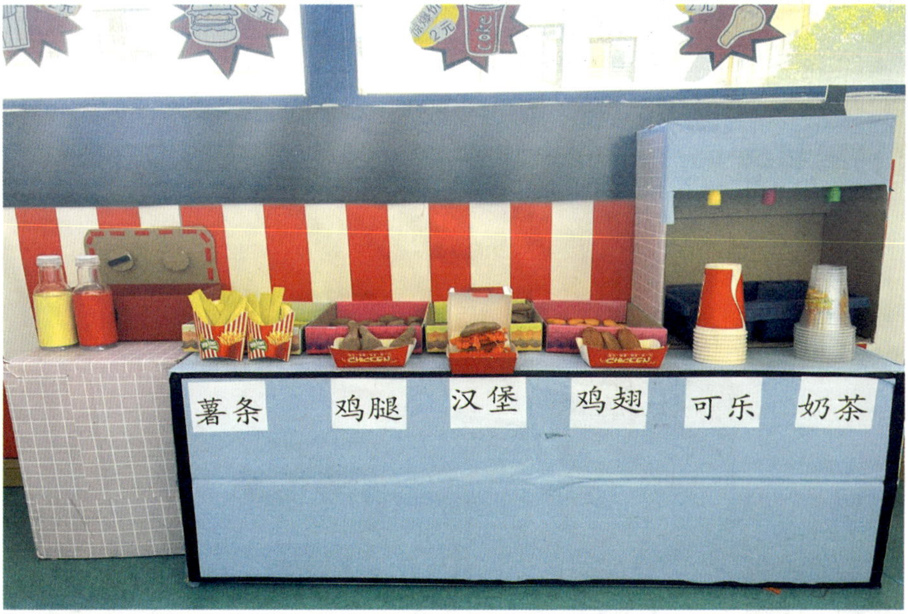

（2）快递站

（3）鲜花店

(4)咖啡店

咖
啡
店
排队
新品
点单处
推荐
冰块
取餐处

(5)中药店

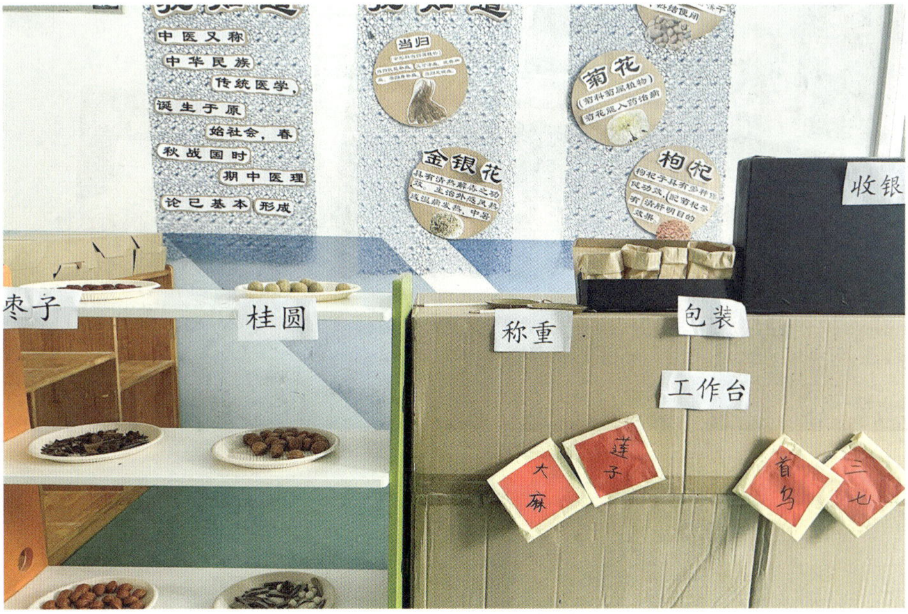
中医又称
中华民族
传统医学，
诞生于原
始社会，春
秋战国时
期中医理
论已基本形成
当归
金银花
菊花
(菊科菊属植物)
枸杞
收银
枣子
桂圆
称重
包装
工作台
大麻
莲子
首乌
三七

3 区角环境

结合一日生活中的各个环节，创设生活化功能性的生活区角环境。在布置区角环境的过程中涉及相关字词，如盥洗室的洗手方法、走廊里的安全标志、专业活动室的使用制度等，将区角环境与汉字有效整合，帮助幼儿在日常生活中潜移默化地接触汉字，自然巩固字词。

(1)科学区

(2)喝水区

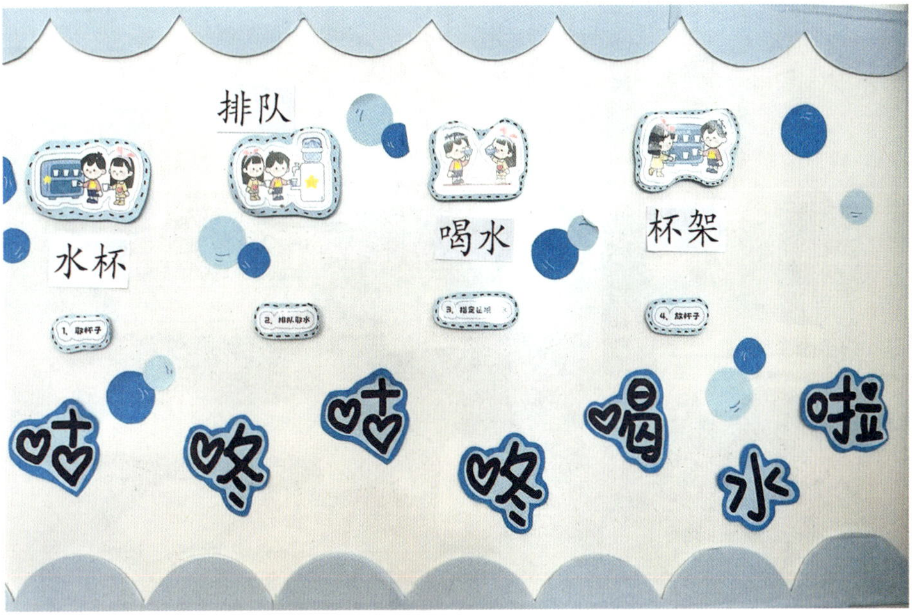
排队
水杯
喝水
杯架
1. 取杯子
2. 排队取水
4. 放杯子
咕
咚
咕
咚
喝
水
啦

(3)自然角

记录表
我们的种植计划
我们的讨论
生长需要什么?
胡萝卜
水
阳光
空气
花
多肉
喷壶
乌龟

(4)生活区

(5)评比墙

4—5岁（下）

一

环境认读设计

1 爱妈妈

环境名称

送爱心

设计意图

家是一个温馨、安全的地方。结合儿歌内容，创设“送爱心”的认读环境，将儿歌中的重点字词融入环境中，引导幼儿通过操作游戏提高其认读的兴趣，熟练掌握儿歌里的字词。

材料准备

灰色KT板1张、彩色瓦楞纸若干、彩色不织布若干、纸盘若干、彩色打印字卡图片、打印字卡、塑封纸若干、雌雄贴若干

制作方法

1. 用紫色、银色、蓝色瓦楞纸制作房子，固定在灰色KT板上。

2. 用蓝色海绵纸剪出大爱心，把它固定在灰色KT板上，用红色海绵纸剪出小爱心，用雌雄贴把它固定在大爱心上。

3. 用纸盘制作小花，将其装饰在场景中。

4. 把塑封字卡图片贴在小房子上，把塑封字卡贴在小爱心上。

建议玩法

幼儿自由选择贴有字宝宝的爱心，大声读出字宝宝。若读正确，则可以把爱心送到对应的窗户上，进行图字配对游戏。若读错误，则爱心继续保留。比一比谁送给妈妈的爱心多，多者获胜。

参考照片

2 请你帮点忙

环境名称

小动物回家

设计意图

4—5岁的幼儿喜欢小动物，愿意保护小动物。结合教学内容，创设“小动物回家”的认读环境，将重点字词融入环境中，让幼儿在游戏中复习、巩固字词，体验帮助小动物顺利回家的喜悦心情。

材料准备

黑色KT板1块、彩色卡纸若干、彩色打印房屋和小动物图片各3张、打印字卡、塑封纸若干、雌雄贴若干

制作方法

1. 将塑封房屋和小动物头像分别贴在黑色KT板上下两边。

2. 把白色卡纸剪成弯弯的小路造型，紫色、绿色、黄色、红色彩纸剪成圆圆的石头造型，铺在路上，小路连接房屋和小动物，并固定在黑色KT板上，布置成小动物回家的游戏场景。

3. 把塑封字卡用雌雄贴贴在小路的旁边。

建议玩法

三名幼儿进行比赛，每人选择帮助一个小动物回家，念出字宝宝即可将字卡贴在石头上铺路，石头路铺满后就可以送小动物回家，比比谁先把小动物送回家。

参考照片

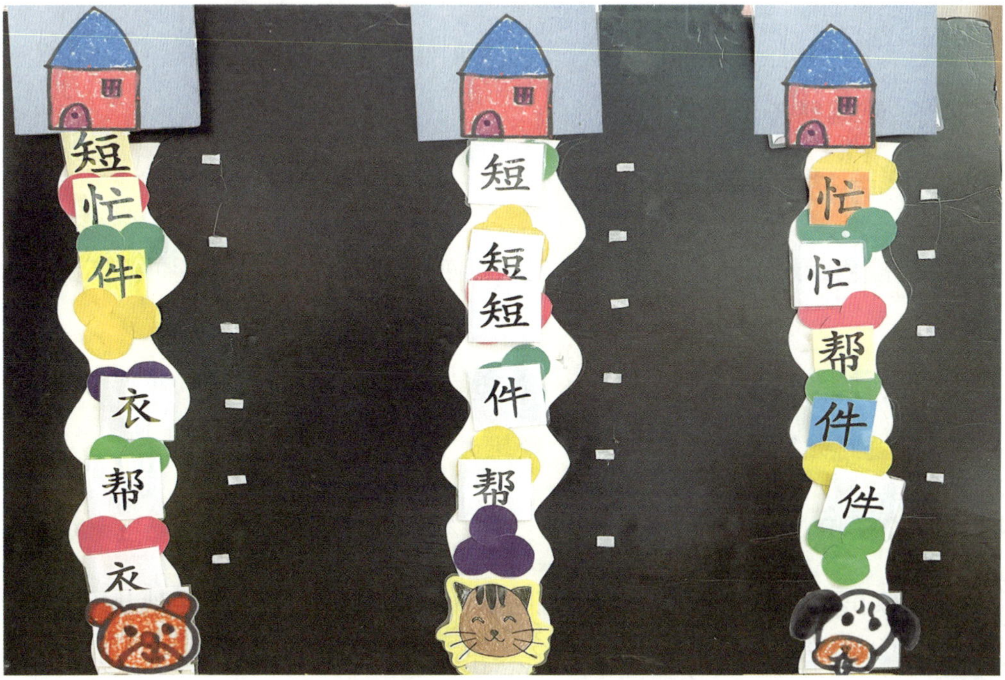

3 小蜗牛

环境名称

毛毛虫去旅行

设计意图

毛毛虫的可爱形象深受幼儿的喜爱。结合教学内容，创设“毛毛虫去旅行”的认读环境，将重点字词融入环境中，让幼儿在游戏时复习、巩固字词，提高幼儿的想象力和语言表达能力。

材料准备

黑色KT板1块、彩色卡纸若干、透明文件袋1个、打印字卡、打印儿歌、塑封纸若干、雌雄贴若干

制作方法

1. 把橙色、绿色、蓝色、黄色、紫色卡纸剪成圆形，制作成毛毛虫固定在黑色KT板上。

2. 将透明文件袋固定在黑色KT板空白处。

3. 将塑封儿歌和塑封字卡贴上雌雄贴，放进文件袋中。

建议玩法

幼儿取出字卡认一认，然后根据儿歌内容，把字卡完整有序地排列在毛毛虫的身体上，组合成儿歌，最后完整地念出儿歌。

参考照片

毛毛虫去旅行
小蜗牛
小蜗牛慢悠悠，
背着屋子出门去，
一边走一边看，
刮风下雨都不怕。
小触角，伸出来，
我是快乐小蜗牛。

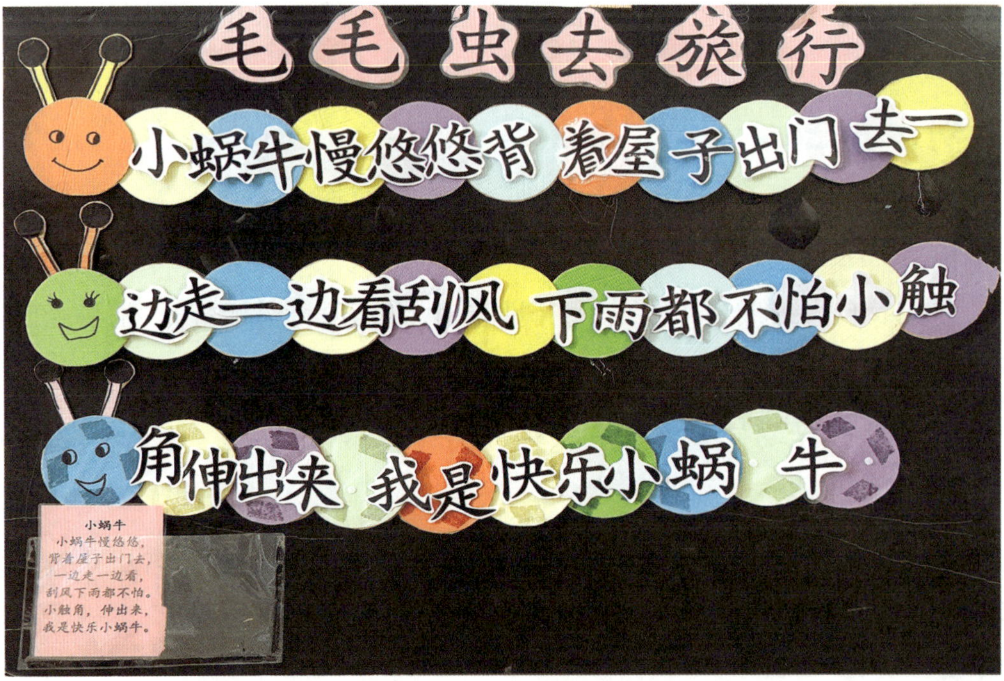
毛毛虫去旅行
小蜗牛慢悠悠背着屋子出门去一
边走一边看刮风下雨都不怕小触
角伸出来我是快乐小蜗牛
小蜗牛
小蜗牛慢悠悠，
背着屋子出门去，
一边走一边看，
刮风下雨都不怕。
小触角，伸出来，
我是快乐小蜗牛。

4 小鸭子学游泳

环境名称

鸭妈妈找宝宝

设计意图

儿歌中的小鸭子非常可爱，深受幼儿喜爱。根据儿歌内容，创设“鸭妈妈找宝宝”的认读环境，将儿歌中的重点字词融入环境中。幼儿在认读时可通过操作游戏提高认读的兴趣，用游戏的方式复习、巩固重点字词和儿歌。

材料准备

白色KT板1块、黄色海绵纸若干、彩色打印小鸭一家和房屋图片、打印字卡、塑封纸若干、小棒

制作方法

1. 将塑封鸭妈妈、小鸭和房屋固定在白色KT板左边，布置鸭妈妈找宝宝的场景。

2. 用黄色海绵纸制作蛋壳，每个鸭蛋对半剪开，可灵活打开，把蛋壳固定在白色KT板右边。

3. 把塑封字卡插在蛋壳中。

建议玩法

两名幼儿共同进行比赛游戏。当听到“开始”的指令后，一名幼儿做小老师，用小棒指一指蛋壳，另一名幼儿打开蛋壳并认读里面的字卡，比一比谁念的字宝宝多，多者获胜。

参考照片

5 动物运动会

环境名称

蜗牛散步

设计意图

蜗牛是幼儿生活中比较常见的小动物，幼儿喜欢观察蜗牛的形态，蜗牛身上的壳常常被称作“小屋子”。结合教学内容，创设“蜗牛散步”的认读环境，将重点字词融入环境中。幼儿在游戏中既能复习、巩固字词，又能提高认读兴趣。

材料准备

蓝色KT板1块、彩色打印蜗牛和房屋图片若干、打印字卡、塑封纸若干、雌雄贴若干

制作方法

1. 将塑封蜗牛和房屋分散贴在蓝色KT板中，蜗牛用雌雄贴固定。
2. 将塑封字卡贴在蜗牛身上。

建议玩法

两个幼儿同时游戏，幼儿找到两只贴有相同字卡的蜗牛，大声念出其壳上的字宝宝，如念对，就可以把相同字卡的蜗牛放在同一间小屋里休息一会儿。如念错，就要停止一次，最后看谁先把小蜗牛送回家。

参考照片

6 耳朵大比拼

环境名称

树叶宝宝回家

设计意图

将植物拟人化，富有童趣的游戏环境符合幼儿的心理需要。结合教学内容，创设“树叶宝宝回家”的认读环境，将重点字词融入环境中。幼儿在游戏中既能复习、巩固字词，又能提高认读的兴趣。

材料准备

蓝色KT板1块、彩色卡纸若干、打印字卡、塑封纸若干、雌雄贴若干

制作方法

1. 用绿色、蓝色、咖色卡纸制作大树和树叶，把它们贴在蓝色KT板上，布置风吹树叶的场景。
2. 把塑封小字卡贴在小树叶上。
3. 将塑封大字卡贴上雌雄贴备用。

建议玩法

两名幼儿合作游戏。一名幼儿念出小树叶上的字宝宝，另一名幼儿找出对应的大字卡，同时把大字卡粘贴在大树叶上，以此类推，交换游戏。

参考照片

7 春晓

环境名称

蝴蝶找花

设计意图

这首古诗描述了春天的景象。结合古诗内容，创设“蝴蝶找花”的认读环境，将古诗中的重点字词融入其中，让幼儿在操作过程中复习、巩固古诗中的字词，体验认读的趣味性。

材料准备

白色KT板1块、绿色海绵纸若干、彩色打印花朵和蝴蝶图片若干、打印字卡、塑封纸若干、雌雄贴若干

制作方法

1. 用绿色海绵纸制作草地，贴在蓝色KT板下方，将塑封花朵图片分散贴在草地上方，布置花园场景。

2. 将塑封字卡贴在塑封花朵上。

3. 将塑封字卡贴在塑封蝴蝶上，并用雌雄贴固定在草地上。

建议玩法

两名幼儿同时游戏，幼儿取一张蝴蝶图片，大声念出蝴蝶字卡上的字宝宝，念对了就能把字卡贴到对应的花朵上。游戏可以一名幼儿玩，也可以多名幼儿一起玩，看谁贴的蝴蝶最多，最多的幼儿获胜。

参考照片

8 早发白帝城

环境名称

早发白帝城

设计意图

这首古诗描绘了白帝城至江陵一带的风景。结合古诗内容，创设“早发白帝城”的认读环境，将古诗和重点字词融入环境中，让幼儿边游戏边念古诗，熟练掌握古诗中的字词。

材料准备

白色KT板1块、咖色卡纸若干、彩色打印小船和浪花图片若干、打印字卡、打印古诗

制作方法

1. 把咖色卡纸剪出山川的造型贴在白色KT板上方，布置河流山川的场景。
2. 塑封浪花和小船分散贴在河流中，小船用雌雄贴固定。
3. 将塑封字卡贴在浪花上。
4. 将塑封古诗贴在山川上。

建议玩法

幼儿手持小船，让小船跟着浪花的方向航行。幼儿一边让小船航行一边读浪花上的字宝宝，如念对，即可使船往前进，若念错，则要后退，谁先到达山川谁获胜。到达山川后朗诵古诗《早发白帝城》。

参考照片

朝辞白帝彩云间，
千里江陵一日还。
两岸猿声啼不住，
轻舟已过万重山。
早
发
白
帝
城
万
千
万
彩
彩
彩
云
云
千
万

朝辞白帝彩云间，
千里江陵一日还。
两岸猿声啼不住，
轻舟已过万重山。
早
发
白
帝
城
万
千
万
彩
彩
彩
云
云
千
万

9 明日歌

环境名称

太阳升起啦

设计意图

幼儿对于太阳的起落充满了好奇。结合古诗内容，创设“太阳升起啦”的认读环境，将古诗和重点字词融入环境中，让幼儿边游戏边念古诗，复习、巩固新学的字词。

材料准备

黄色KT板、彩色海绵纸若干、彩色打印太阳图片若干、打印字卡、打印古诗

制作方法

1. 用绿色、蓝色海绵纸制作草地、云朵，将之固定在黄色KT板上，布置天空场景。

2. 将塑封字卡贴在塑封太阳图片上，用雌雄贴贴在云朵四周。

3. 将塑封古诗用雌雄贴贴在草地上。

建议玩法

将古诗句在云朵上正确排序，贴好后手口一致指读古诗，复习、巩固古诗内容。

参考照片

日
明
明
日
明
日
万事成蹉跎。
明日复明日，
我生待明日，
明日何其多，

明
日
明日复明日，
明日何其多，
我生待明日，
万事成蹉跎。
明
日
明
日

10 小伞兵

环境名称

蒲公英

设计意图

春天是一个万物复苏的季节，百花齐放、草长莺飞。结合儿歌内容，设计“蒲公英”的认读环境。幼儿通过操作可活动的游戏材料，既能巩固认识的字词，又能激发认读的兴趣。

材料准备

黄色KT板1块、彩色海绵纸若干、彩色打印蒲公英和浇水壶图片若干、打印字卡、塑封纸若干、雌雄贴若干

制作方法

1. 用红色、蓝色、绿色海绵纸制作太阳、云朵和草地，把它们固定在黄色KT板上，布置大自然场景。

2. 将塑封字卡贴在塑封蒲公英卡通图片上，用雌雄贴固定在草地上。

3. 将塑封浇水壶用雌雄贴固定在空白处。

建议玩法

两名幼儿合作游戏，一名幼儿随机给蒲公英“浇水”，另一名幼儿大声念出蒲公英上对应的字宝宝，如果幼儿念对了，蒲公英就能飞到天空中。游戏可交换角色反复进行。

参考照片

11 雨滴的话

环境名称

收集小雨滴

设计意图

数的概念可以来源于生活经验。结合儿歌内容，创设“收集小雨滴”的认读环境，将儿歌内容渗透在环境中，通过摆放字词，幼儿可以在有趣的游戏中加深对儿歌内容的理解。

材料准备

黄色KT板1块、彩色卡纸若干、打印字卡、塑封纸若干、雌雄贴若干

制作方法

1. 用白色、蓝色卡纸制作云朵、雨滴和池塘，把它们贴在黄色KT板上，布置下雨的场景。

2. 将塑封字卡贴在雨滴上，雨滴用雌雄贴固定在天空中。

建议玩法

幼儿自由认读小雨滴上的字卡，将被读出的小雨滴取下，让它落到池塘里。最后数一数一共收集了多少小雨滴。

参考照片

12 符号小世界

环境名称

青蛙跳荷叶

设计意图

青蛙是幼儿非常熟悉的小动物。根据儿歌内容,创设“青蛙跳荷叶”的认读环境,将儿歌中的重点字词融入其中,让幼儿通过富有趣味性的操作认读,复习、巩固儿歌中的字词。

材料准备

黄色KT板1块、绿色卡纸若干、彩色打印青蛙图片若干、打印字卡、塑封纸若干、雌雄贴若干

制作方法

1. 将绿色卡纸剪成荷叶的形状,贴在黄色KT板上,布置荷塘的场景。
2. 将打印字卡贴在打印青蛙图片上,并用雌雄贴固定在荷叶下面。

建议玩法

两名幼儿合作游戏,一名幼儿扮演青蛙妈妈,一名幼儿扮演青蛙宝宝。当扮演青蛙妈妈的幼儿说“×字宝宝在哪里”时,扮演青蛙宝宝的幼儿要迅速拿起对应的汉字,交给扮演青蛙妈妈的幼儿。最后,扮演青蛙妈妈的幼儿把对应的汉字贴到荷叶上。游戏结束后,可交换角色再次进行游戏。

参考照片

13 夏娃娃

环境名称

我来浇水

设计意图

每天，幼儿来到班级后都会去自然角照顾动植物，为植物浇水，给小鱼换水。结合儿歌内容，创设“我来浇水”的认读环境，将儿歌中的重点字词融入其中，让幼儿复习、巩固儿歌中的字词，体验认读的趣味性。

材料准备

白色KT板1块、蓝色瓦楞纸若干、彩色打印水壶和花朵图片若干、打印字卡、塑封纸若干、雌雄贴若干、篮筐1个

制作方法

1. 将蓝色瓦楞纸制作成水滴，分散贴在白色KT板中间。

2. 将塑封水壶贴在水滴上方，塑封花朵贴在水滴下方，布置给花浇水的场景。

3. 将打印字卡贴上雌雄贴，一部分固定在花朵上，一部分放在篮筐中备用。

建议玩法

幼儿念读花朵上的字卡，读对了，字卡就能贴到雨滴上。然后拿取篮筐里的字卡，将它们组词并贴到花朵上。

参考照片

14 小水管

环境名称

接水管

设计意图

4—5岁的幼儿喜欢搭积木，他们能发挥想象力，用积木拼搭出各种造型。结合儿歌内容，创设“接水管”的认读环境，将儿歌里的字词融入环境中，不仅能够提升幼儿的动手能力，而且能够帮助幼儿复习、巩固字词。

材料准备

白色KT板1块、蓝色瓦楞纸若干、水管积木若干、打印字卡、塑封纸若干

制作方法

1. 用蓝色瓦楞纸剪出长方形背景，将之固定在白色KT板上。
2. 用塑料水管积木连接拼搭，将之固定在白色KT板上。
3. 拿取其中几段水管，贴上塑封字卡备用。

建议玩法

幼儿找到连接的水管积木，读一读上面的字，并进行组词游戏。如“管”，可以说“管——管道的管”；如“泪”，可以说“泪——眼泪的泪”。念对后进行接水管游戏，完成所有水管的拼接即获得成功。

参考照片

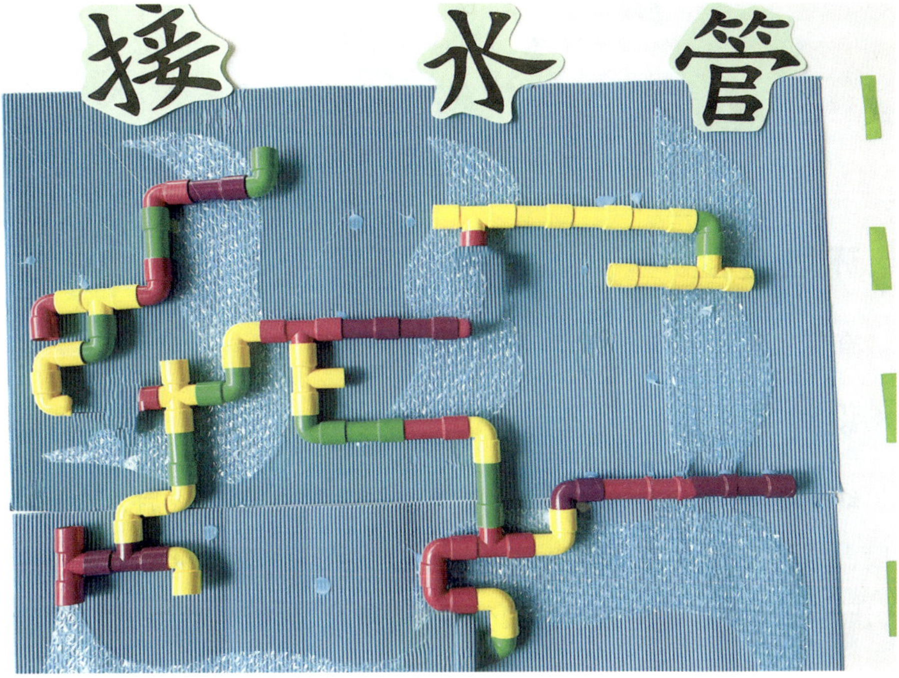

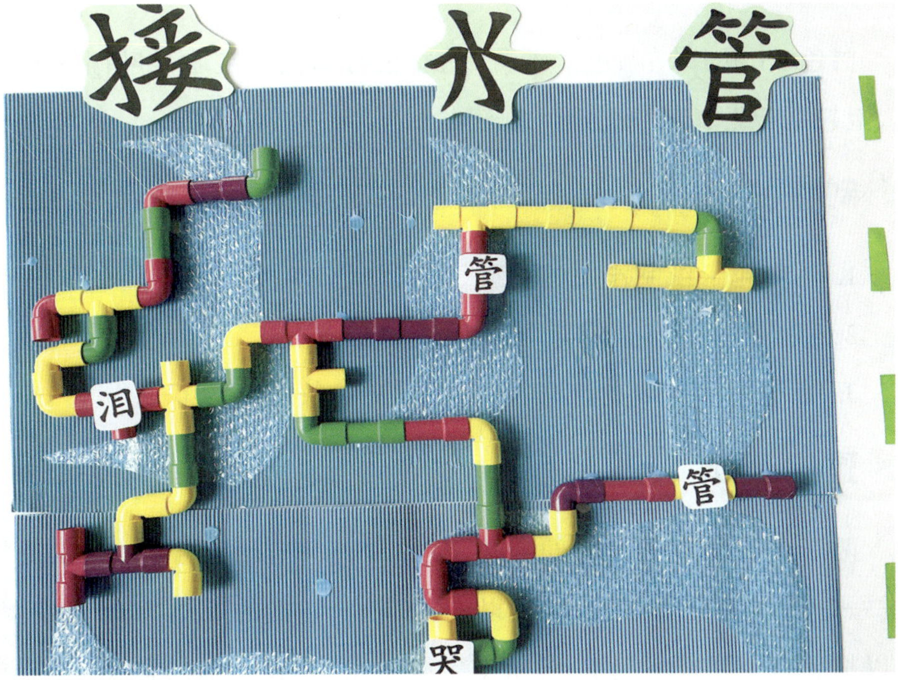

15 蚕姑娘

环境名称

蚕宝宝上山

设计意图

幼儿了解蚕宝宝的生长过程，知道它需要蜕皮四次后才会爬山进入结茧阶段。结合儿歌内容，创设“蚕宝宝上山”的认读环境，将儿歌里的字词融入其中，让幼儿通过富有趣味性的操作认读，复习、巩固儿歌中的字词。

材料准备

白色KT板1块、咖色卡纸若干、彩色打印蚕宝宝吃桑叶图片若干、打印字卡、塑封纸若干、雌雄贴若干、篮筐1个

制作方法

1. 用咖色卡纸制作山的造型，贴在白色KT板上。
2. 将塑封蚕宝宝吃桑叶图片四散贴在山上。
3. 将塑封字卡贴上雌雄贴，放在篮筐里备用。

建议玩法

两名幼儿同时游戏，幼儿拿起字卡，读一读并组词。如“蚕”，可以说“蚕——蚕豆的蚕”；如“娘”，可以说“娘——姑娘的娘”。如果说正确，幼儿就可以把字卡贴到蚕宝宝上，让蚕宝宝爬上山，谁爬上山的蚕宝宝多，谁就获胜。

参考照片

16 蝌蚪

环境名称

快乐的歌声

设计意图

圆圆的脑袋黑尾巴，绿绿的衣裳本领大，小蝌蚪和青蛙的形象深入人心。结合教学内容，创设“快乐的歌声”的认读环境，将重点字词融入环境中，引导幼儿进行趣味性的认读游戏，复习、巩固字词。

材料准备

黄色KT板1块、绿色卡纸若干、彩色打印青蛙图片若干、打印字卡、塑封纸若干、雌雄贴若干

制作方法

1. 用绿色卡纸制作荷叶，将它们分散贴在黄色KT板上。
2. 塑封青蛙贴在荷叶上，布置小青蛙跳荷叶的场景。
3. 塑封字卡用雌雄贴固定在黄色KT板空白处。

建议玩法

两名幼儿游戏，一名幼儿随机说出一个字宝宝，另一名幼儿快速找出相对应的字宝宝，并将它贴在相应的荷叶上，唱一唱好听的歌“呱呱”。以此类推，反复游戏，直到所有的字宝宝全部贴完。

参考照片

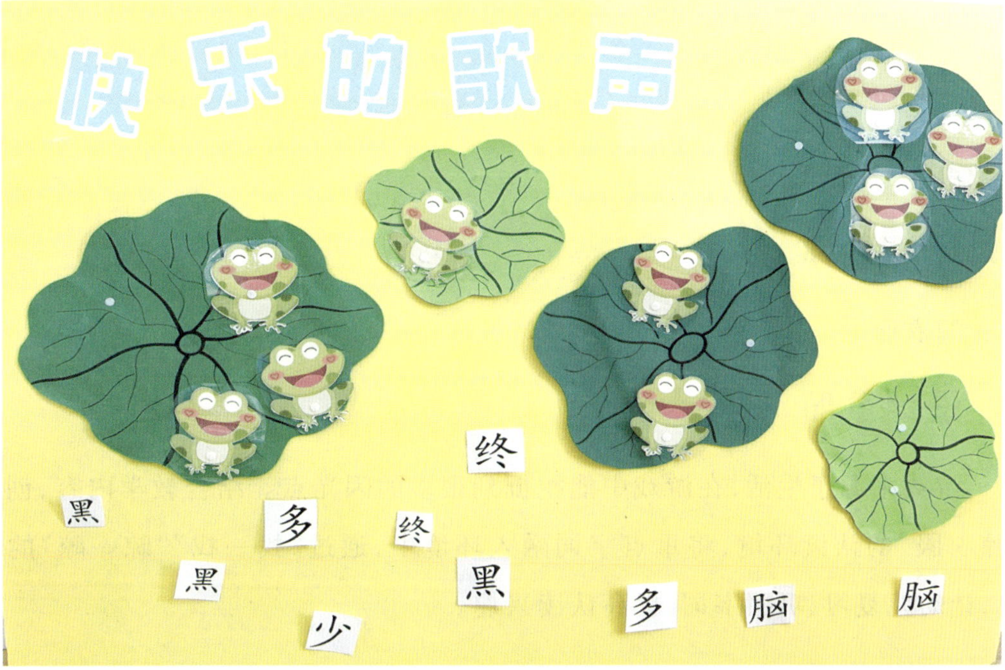

17 照镜子

环境名称

晾衣服

设计意图

游戏来源于生活，在游戏中能挖掘到很多的闪光点。结合教学内容，创设“晾衣服”的认读环境，将重点字词融入环境中，通过“找一找”“晾一晾”的游戏，让幼儿复习、巩固字词，提高认读兴趣。

材料准备

黄色KT板1块、绿色卡纸若干、麻绳若干、夹子若干、彩色打印服装和房屋图片若干、打印字卡、塑封纸若干

制作方法

1. 将塑封房屋图片分散贴在黄色KT板上，用绿色卡纸制作草地贴在黄色KT板下方，布置小区场景。

2. 将夹子固定在麻绳上，将麻绳固定在两幢房屋之间。

3. 将塑封字卡贴在塑封服装上，并用雌雄贴固定在草地上。

建议玩法

幼儿认读服装上的字词，大声读出来后，如果念对了，就把衣物夹在晾衣绳上。可以一名幼儿游戏，也可以两名幼儿轮流玩，晾衣服数量多的幼儿获胜。

参考照片

18 胖爸爸

环境名称

走小路

设计意图

迷宫游戏是一种具有挑战性的游戏，能够有效地提高幼儿的注意力。结合教学内容，创设“走小路”的认读环境，让幼儿在与墙面的互动中玩一玩、念一念，复习、巩固字词，提高认读的兴趣。

材料准备

蓝色KT板1块，彩色卡纸若干，彩色打印的小兔、小猫、小熊图片各3张，打印字卡

制作方法

1. 将白色卡纸制作成弯弯曲曲的小路造型贴在蓝色KT板上，并制作起点和终点。

2. 将绿色、红色、蓝色、黄色、咖色卡纸制作成小树和游乐设施，贴在白色小路两旁。

3. 塑封小兔、小猫、小熊图片，用雌雄贴固定在起点。

4. 将塑封字卡分散贴在小路上。

建议玩法

三名幼儿同时游戏，每名幼儿选择一个自己喜欢的小动物，从起点出发，轮流猜拳向前进。途中遇到字卡就读出对应的字，读对了就继续往前进，反之则暂停一次，谁先到终点谁就获胜。

参考照片

19 航天梦

环境名称

小小航天员

设计意图

很多幼儿梦想长大后当一名航天员。结合儿歌内容，创设“小小航天员”的认读环境，让幼儿在玩一玩、找一找的游戏中复习、巩固重点字词，提高认读的兴趣。

材料准备

蓝色KT板1块、黄色皱纹纸若干、彩色打印宇航员和火箭飞碟图片若干、打印字卡、塑封纸若干、雌雄贴若干

制作方法

1. 将塑封火箭和飞碟图片分散贴在蓝色KT板上方。
2. 将塑封宇航员图片，用雌雄贴分散贴在蓝色KT板下方。
3. 用黄色皱纹纸制作月亮，把它固定在蓝色KT板空白处。
4. 将塑封字卡贴在宇航员身上。

建议玩法

幼儿读一读宇航员身上的字词，念对字词，宇航员就能登上宇宙飞船。可一名幼儿游戏，也可多名幼儿比赛游戏。

参考照片

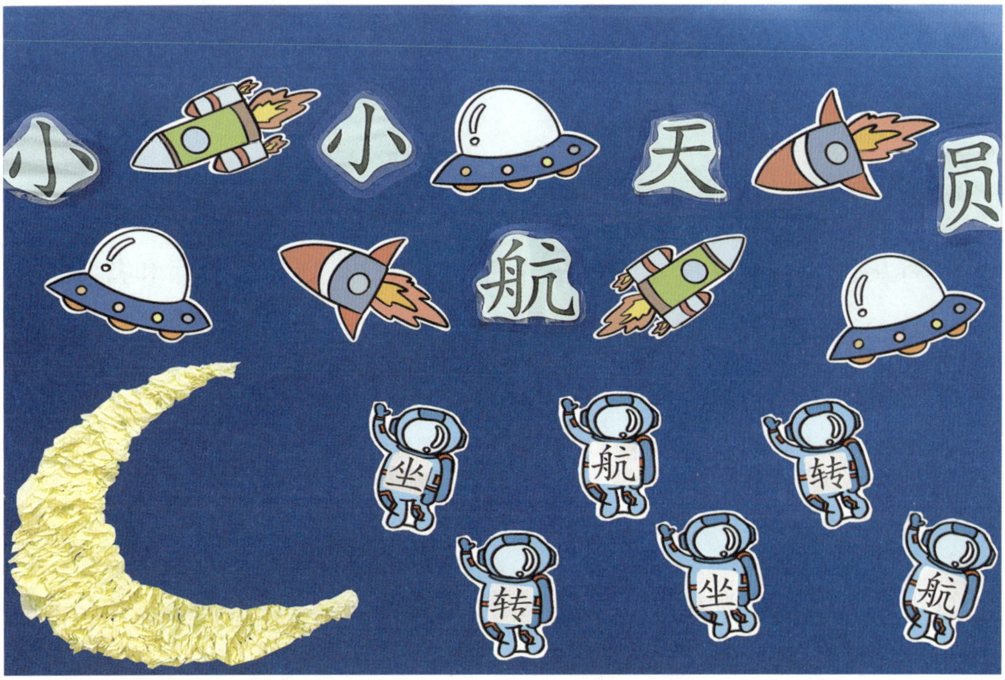

20 数一数

环境名称

今天吃什么

设计意图

许多幼儿都有过在饭店吃饭的生活经验。结合教学内容，创设“今天吃什么”的认读环境，将重点字词融入环境中，让幼儿通过上菜游戏复习、巩固字词，激发其认读的兴趣。

材料准备

黄色KT板1块、彩色打印各种人物和食物图片若干、彩色卡纸若干、打印字卡、塑封纸若干、雌雄贴若干

制作方法

1. 将灰色卡纸剪成长方形贴在黄色KT板右边，划分出餐厅和备餐区。

2. 将粉色卡纸制作成餐桌分散贴在黄色KT板左边，将塑封人物分散贴在餐桌四周，布置餐厅的场景。

3. 将塑封字卡贴在塑封食物图片上，并用雌雄贴固定在灰色备餐区。

建议玩法

幼儿扮演服务员为客人上菜，拿到一道菜后，读一读上面的字，若正确认读，则上菜成功。

参考照片

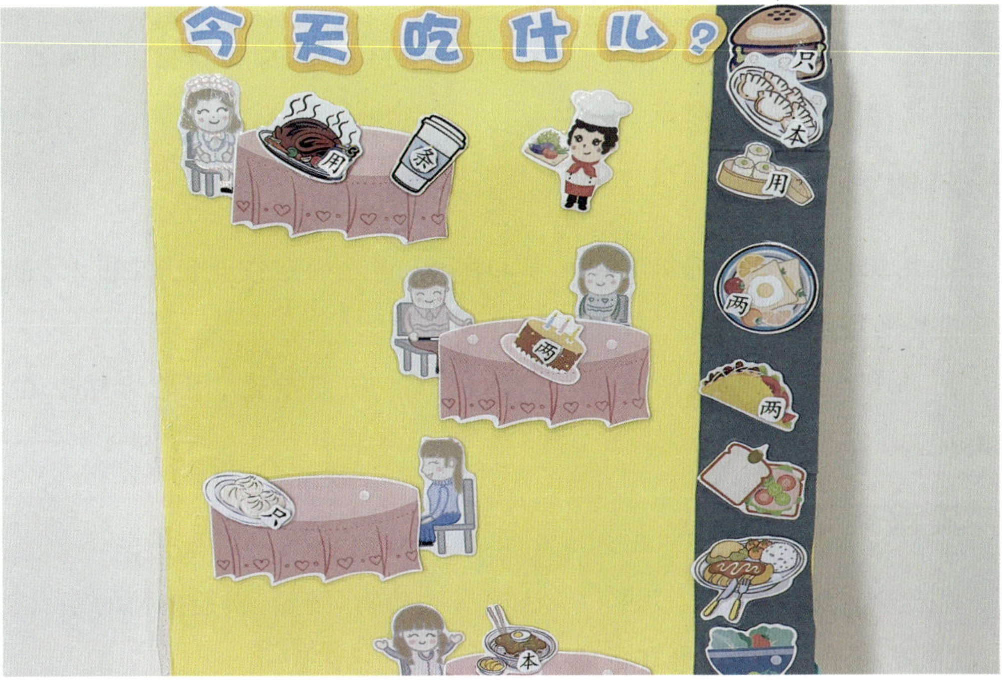

21 小小手

环境名称

海底世界

设计意图

海洋一直是幼儿比较向往的地方，海洋里有各种海洋动物。结合教学内容，创设“海底世界”的认读环境，将重点字词融入环境中，使幼儿在游戏中复习、巩固字词，提高认读兴趣。

材料准备

蓝色KT板1块、彩纸和海绵纸若干、彩色打印海洋动物和轮船图案若干、打印字卡、塑封纸若干、雌雄贴若干

制作方法

1. 用绿色、白色海绵纸制作水草和海浪，将之固定在蓝色KT板上，布置海底世界的场景。

2. 将塑封字卡贴在塑封海洋动物、邮轮、帆船上面，用雌雄贴贴在海洋里。

建议玩法

两名幼儿比赛游戏。幼儿一一认读海底动物、游轮、帆船上面的字，读对了，就拿下一个。比一比谁获得的多。

参考照片

22 刷牙歌

环境名称

欢乐菜园

设计意图

4—5岁的幼儿注意力时间比较短，操作性强的游戏能够吸引幼儿的注意力。结合教学内容，创设“欢乐菜园”的认读环境，将重点字词融入环境中，让幼儿在操作游戏中复习、巩固字词，提高认读兴趣。

材料准备

蓝色KT板1块、彩色卡纸若干、彩色打印萝卜苹果小竹篮图片若干、打印字卡、塑封纸若干、雌雄贴若干

制作方法

1. 用黄色、咖色、绿色卡纸制作泥土、果树、栅栏，将它们固定在蓝色KT板上，布置果园的场景。

2. 将塑封竹篮固定在蓝色KT板空白处。

3. 将塑封字卡贴在塑封苹果上，用雌雄贴固定在果树上。

4. 将塑封字卡贴在塑封萝卜上，用雌雄贴固定在泥土上。

建议玩法

两名幼儿共同游戏，幼儿指读苹果或萝卜上的字宝宝，读对了，就能把蔬菜贴在篮子中，最后看看谁收获的蔬果多。

参考照片

23 猫捉老鼠

环境名称

大风吹

设计意图

大风吹游戏是幼儿非常喜欢的户外游戏。结合儿歌内容，创设“大风吹”的认读环境，将幼儿熟悉的游戏与字词进行结合，通过念一念、找一找、贴一贴等步骤，让幼儿复习、巩固儿歌中的字词。

材料准备

白色KT板1块、彩色海绵纸若干、彩色打印蝴蝶和花朵图片若干、打印字卡、塑封纸若干、雌雄贴若干

制作方法

1. 将绿色海绵纸剪出小草的造型，粘贴在白色KT板下方。
2. 将蓝色海绵纸剪出云朵造型，粘贴在白色KT板上方。
3. 将塑封蝴蝶和花朵分散装饰在空白处。
4. 将塑封字卡用雌雄贴固定在草地上。

建议玩法

两名幼儿合作游戏，一名幼儿念儿歌：“大风吹，吹什么？”另一名幼儿随机说出一个生字，该名幼儿马上找到对应的字卡，把它粘贴到花朵上，游戏完成。

参考照片

24 小小熊

环境名称

小天使找家

设计意图

游戏是幼儿最真实的生活方式，好的游戏能够释放幼儿的天性。结合教学内容，创设“小天使找家”的认读环境，将重点字词融入环境中，让幼儿在化作风儿送小天使找家的过程中，复习、巩固字词，激发幼儿喜欢大自然的美好情感。

材料准备

黄色KT板1块、彩色卡纸若干、彩色打印天使和彩虹图片、打印字卡、打印儿歌、塑封纸若干、雌雄贴若干

制作方法

1. 将白色卡纸制作成云朵分散贴在黄色KT板上，布置天空场景。
2. 用绿色卡纸制作楼梯，把楼梯贴在两朵云之间。
3. 将塑封彩虹贴在云朵边装饰。
4. 将塑封天使用雌雄贴固定在黄色KT板下方。
5. 将塑封字卡贴上雌雄贴，备用。
6. 将塑封儿歌贴在云朵上。

建议玩法

幼儿拿取字卡，认一认、念一念，念对后将字卡随意粘贴在楼梯上。两名幼儿扮演小天使，从下向上爬楼梯，每爬一格就要念出对应的字宝宝，念对了就继续前进，反之则回到起点，比比哪个小天使先爬入云层。

参考照片

25 春夏秋冬

环境名称

秋天的大树

设计意图

带领幼儿散步的时候，经常能看到微风一吹，树叶从树上掉落下来的情景。结合教学内容，创设“秋天的大树”的认读环境，将重点字词融入环境中。幼儿在互动的游戏中既能复习、巩固字词，又能提高认读的兴趣。

材料准备

黑色KT板1块、硬纸板若干、黄色海绵纸若干、彩色打印树叶图片若干、打印字卡、塑封纸若干、雌雄贴若干

制作方法

1. 用硬纸板制作树干，用黄色海绵纸制作树冠，把它们固定在黑色KT板上，布置秋天的大树场景。

2. 将塑封字卡贴在塑封树叶上，用雌雄贴固定在大树上。

建议玩法

两名幼儿合作游戏，一名幼儿扮演风婆婆，一名幼儿扮演大树。扮演风婆婆的幼儿念儿歌：“大风吹，风吹走×字的小树叶。”另一名幼儿从大树上找到对应字卡，让树叶从树上飘落下来，直到所有树叶字卡都落下。游戏结束后可交换角色，继续游戏。

参考照片

4—5岁（下）

二 班级环创参考图集

1 主 题 环 境

结合五大领域相关主题活动课程，创设丰富多元的主题活动环境。在布置主题环境的过程中涉及相关字词，如主题标题、主题评价表、主题人物等等，将主题环境与汉字融合呈现，帮助幼儿在五大领域课程中接触汉字，了解字词的运用。

（1）我运动我健康

(2)身边的科学

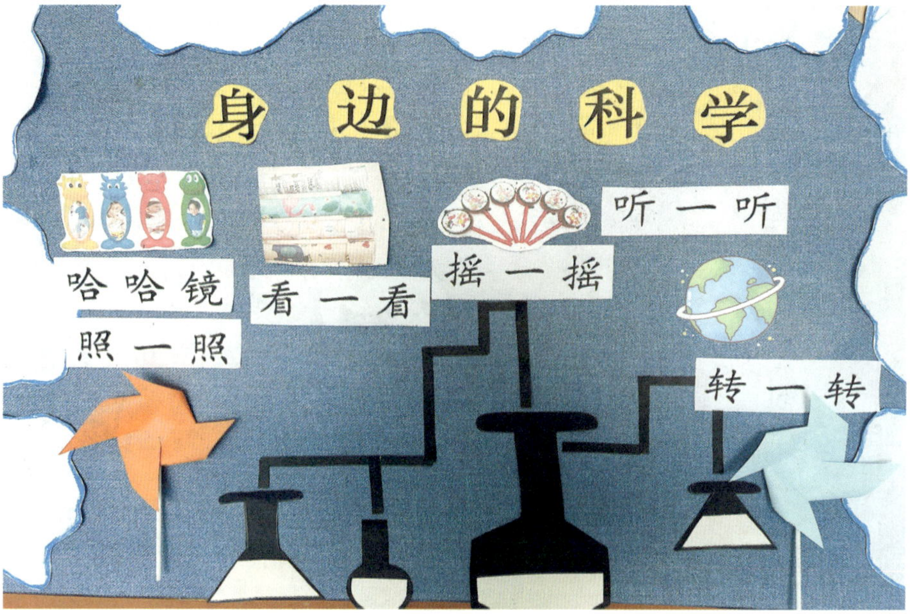

(3)海陆空出动

（4）动物乐园

（5）我爱家乡

2 创游环境

结合创造性游戏的需要，创设逼真有趣的角色游戏场景。在布置游戏环境的过程中涉及相关字词，如游戏标识、游戏规则、游戏价目表等等，将游戏环境与汉字巧妙融合，帮助幼儿在游戏中接触汉字、巩固汉字、运用汉字。

(1)小舞台

（2）火锅店

（3）照相馆

(4)加油站

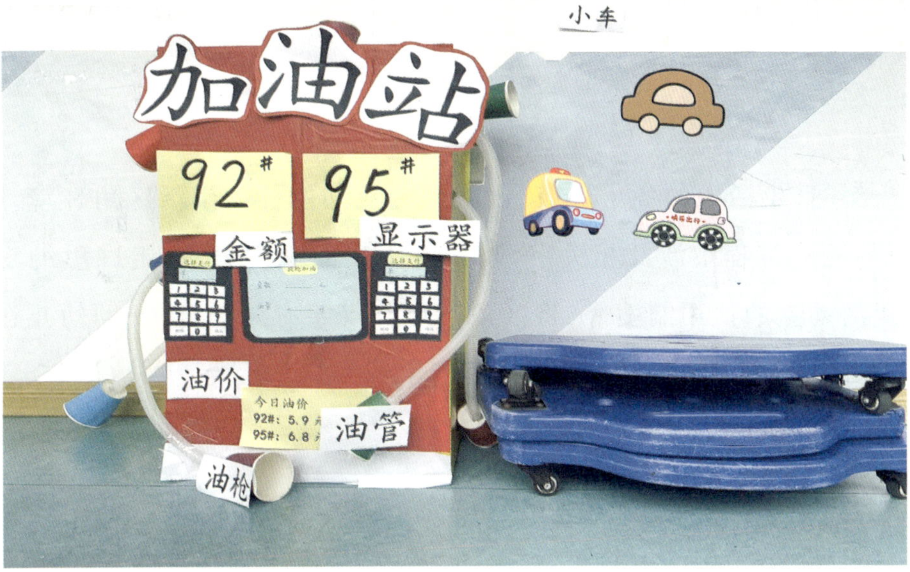

(5)停车场

3 区角环境

结合一日生活中的各个环节，创设生活化功能性的生活区角环境。在布置区角环境的过程中涉及相关字词，如盥洗室的洗手方法、走廊里的安全标志、专业活动室的使用制度等，将区角环境与汉字有效整合，帮助幼儿在日常生活中潜移默化地接触汉字，自然地巩固字词。

(1)盥洗室

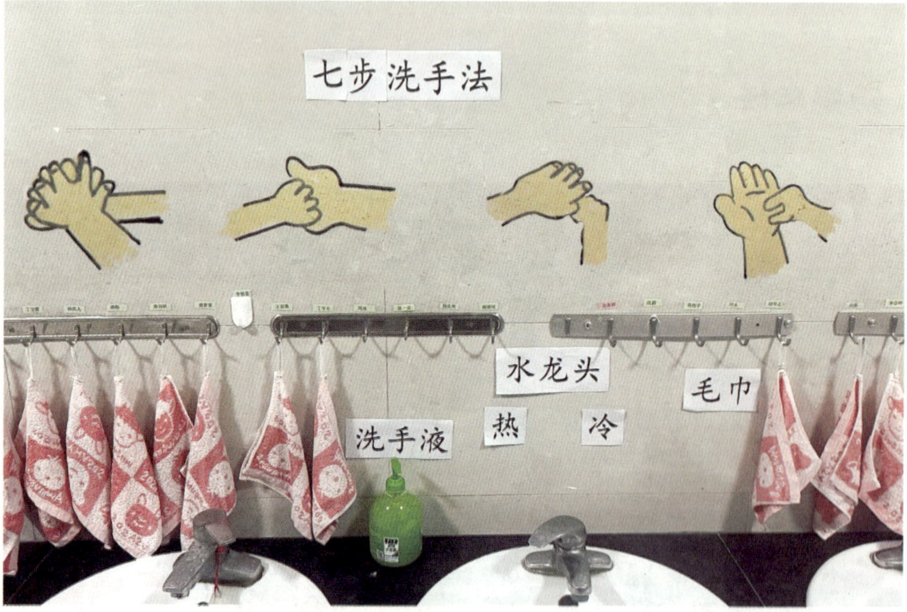

(2)泥工区

(3)数学区

（4）体能区

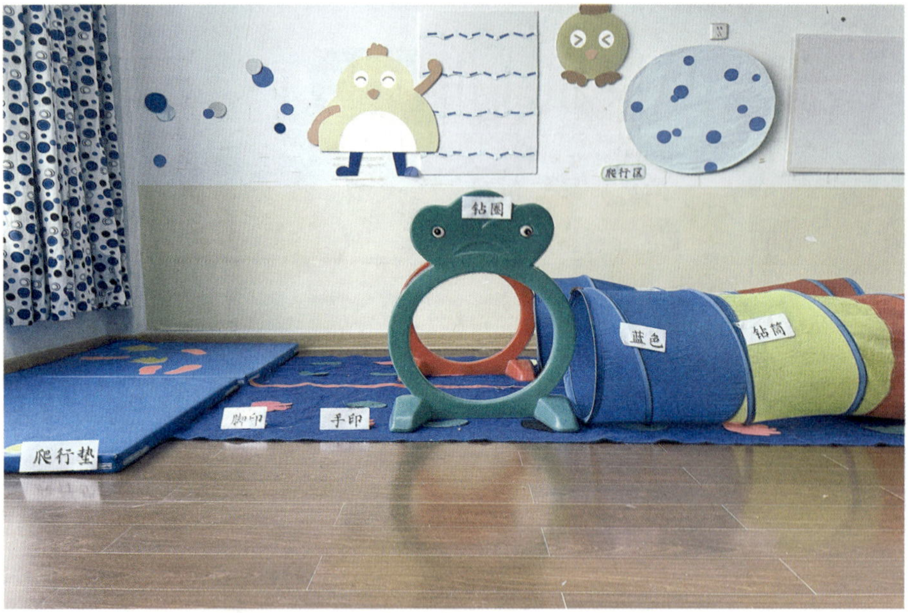

（5）棋类区

后记

苏州市实验小学教育集团各民办校(园)在徐天中校长的带领下,自2011年起,以“语言发展”为研究点开展“儿童语言发展小幼衔接的实验研究”。该课题研究的申报单位为苏州明珠学校。课题组由苏州明珠学校、苏州明珠幼儿园等四家单位组成,苏州明珠幼儿园主要承担完成了课题中3—6岁年龄段的实验研究。

徐天中校长是教育部首届骨干校长高级研修班成员,全国29位校长带头人之一,中国教育学会全国实验学校教育科学研究专业委员会副理事长,中国教育学会小学教育专业委员会副会长,全国骨干校长工作研究会副理事长,苏州市专家咨询团成员,教育部小学校长培训中心(北京师范大学校长培训学院)兼职教授,苏州大学兼职教授、硕士生导师,苏州市实验小学校教育集团原总校长。

徐天中校长创造性地提出了“生活认读”“环境认读”“游戏认读”“三步认读”四种模块的学习方式。四模块的学习,遵循了儿童的生理和心理发展规律,符合汉字、汉语文化的学习特征,将符号辨识和内容体验有机统一。四模块的学习,建立了小幼衔接语言教学共同体,儿童在活生生的多元动态环境中实现高效地识字、快速地阅读、流利地表达,从而充分开发儿童语言、思维等潜能,促进儿童全面可持续发展,为终身学习打下坚实的基础。

本丛书由徐天中校长担任编委会总主编,他对本丛书的指导思想、框架结

构、内容审定、文字撰写等方面做出了具体指导和详细安排。赵洪、丰新娜、丁文群、王莉、王静、过坚、朱月龙、屈雅琴、钱春玲、钱晶莹参与了本丛书各书册的编写与审校工作。谈莉莉、葛建平、宋怡、周莉、周璇、戴莉萍、沈琴、周玉婷、陆丽亚、范兰珍、顾敏娴、吴国英、程浏、杨斐、张雯婷、沈建芳、翁娟芳、潘宏参与了课题的教学研究工作。课题组全体成员在推进课题研究的过程中，展现了对孩子的认真观察、对教法的认真琢磨、对经验的认真提炼。本丛书中的每一篇活动设计、每一件游戏材料、每一个指导要求，都凝聚着教师们对于课题研究的独特观点。

课题研究开展期间，课题组得到了幼儿科学认读发起人，原江苏省教育委员会副主任、江苏省教育学会原会长周德藩先生，苏州大学朱月龙教授，以及北京师范大学、中国教育科学研究院、江苏省教育科学研究院等单位有关专家的指导。他们为课题研究提供了科学认读的成果借鉴、为课题推进提供了广阔的研究思路，也在丛书编写过程中提供了许多建设性的修改意见，我们在此表示衷心的感谢！

本丛书在编写过程中得到了很多专家、学者、老师的支持和帮助，在此向各位表示诚挚的谢意！

由于编者水平和时间的限制，丛书在理论的探索和实践的操作上还有提升的空间，不足之处敬请专家和读者不吝赐教！

编　者

2023年8月

儿童语言发展
小幼衔接的实验研究丛书

游戏认读

4—5岁

徐天中 总主编
本书编委会 编

浙江工商大学出版社
ZHEJIANG GONGSHANG UNIVERSITY PRESS
·杭州·

图书在版编目(CIP)数据

儿童语言发展小幼衔接的实验研究丛书. 4—5岁 3 游戏认读 / 徐天中总主编;本书编委会编. -- 杭州: 浙江工商大学出版社,2024. 10. -- ISBN 978-7-5178-6122-5

Ⅰ. G613.2

中国国家版本馆CIP数据核字第2024UL5683号

儿童语言发展小幼衔接的实验研究丛书

游戏认读(4—5岁)

YOUXI RENDU (4—5 SUI)

徐天中 总主编 本书编委会 编

策划编辑 周敏燕
责任编辑 周敏燕
责任校对 夏 佳
封面设计 蔡思婕
责任印制 祝希茜
出版发行 浙江工商大学出版社
(杭州市教工路198号 邮政编码310012)
(E-mail:zjgsupress@163.com)
(网址:http://www.zjgsupress.com)
电话:0571-88904980,88831806(传真)
排 版 杭州朝曦图文设计有限公司
印 刷 杭州捷派印务有限公司
开 本 787mm×1092mm 1/16
总 印 张 58
总 字 数 769千
版 印 次 2024年10月第1版 2024年10月第1次印刷
书 号 ISBN 978-7-5178-6122-5
总 定 价 200.00元(共六册)

序

一个人的语文素养根基在于阅读，儿时阅读兴趣的激发和习惯的养成至关重要。孩子是天生的学习者。脑科学研究成果表明，幼儿正处于语言学习的敏感期，充分利用汉字图形表意的优势，在儿童生活和游戏过程中，开展“随风潜入夜”式的认读活动，既能激发孩子的阅读兴趣，又有利于培养孩子的阅读习惯。

为此，我们曾组织几十所幼儿园和小学，以“科学认读”为课题进行早期阅读的实验研究。十数年的坚持，改变了我们汉字难学的认知，其实汉字存有认读和书写的相位差，可先认读不书写，或者后书写。阅读的入门并不难。据此，我们在幼儿园开展科学认读汉字词的活动，这激发了孩子们认读汉字词的热情。做得好的幼儿园，大班的孩子普遍可以认读近千个汉字。有些小学主动对接幼儿园继续实验，到二年级学年末，学生认读可超两千字，从而实现自主阅读。这项研究结题时，教育部原副总督学郭振有说，此项研究小切口、意义大。

结题之后，由于环境的影响，继续参与研究的很少。但是徐天中校长凭借他丰富的教育经历和学识，充分认定这项研究的价值，抓住小切口，依靠教育集团的优势，设计出小幼衔接的大文章，坚持做了十多年。他主持开展的江苏省教育科学“十二五”规划重点课题“儿童语言发展小幼衔接的实验研究”，抓住儿童口头语言发展的关键期，在不增加儿童学习负担的前提下，建立了一套

符合儿童身心发展特征、小幼间无缝对接的科学认读目标、内容、方法、评价体系，让3—6岁语言教学与小学语文教学在展示自身特色基础上实现无缝衔接，建立小幼衔接语言教学共同体，开发儿童语言思维等潜能，促进儿童全面可持续发展，为终身学习打下坚实的基础。

徐天中校长从“字”“人”“环境”这三个方面着手研究，创造性地在3—6岁阶段科学认读研究中提出了“生活认读”“环境认读”“游戏认读”“三步认读”四种模块的学习方式，在这些学习方式的互通与互补过程中，6岁幼儿轻松而高效地达到1000多个常见字的认读目标。正是通过抓住关键期，从3岁开始的有效语言教育，幼儿从3岁就逐步开始了自主阅读绘本、报纸、书册，到6岁积累了近10万字的阅读量。这充分开发了幼儿的学习潜能，促进了其形象思维、逻辑思维等的快速发展。3—6岁的早期认读和早期阅读成果，让幼儿进入小学一二年级后语文学习优势明显，轻松完成2500个常用字的学习，课外阅读量超100万字，这也很好地推进和提高了学生学习其他学科的兴趣、速度和质量，从而进一步全面提升了学生的综合素养。

徐天中校长领衔的这项课题成果丰硕，课题组编撰了《小幼衔接语言发展之科学认读》《小幼衔接语言发展之绘本阅读》《小幼衔接语言发展之口语讲述》等共计18册的系列丛书，制作了与之配套的电子课件、挂图卡片、音频视频、游戏盒子等学习辅助材料。这些课题研究成果集聚了严谨规范的教学流程、系统高效的教学方式、生动有趣的教学材料、多元灵活的教学评价，具有极大的实操性和可推广性。我希望这项课题研究能长期进行下去，它的探索和深化必将对基础教育体系改革产生重大意义！

周德藩

（原江苏省教委副主任）

目录

4—5岁(上)

4—5岁（下）

4—5岁（上）

一

桌面游戏

1 秋天的悄悄话

游戏名称

喝珍珠奶茶

设计意图

结合幼儿平时的生活经验，为幼儿创设“喝珍珠奶茶”的游戏情境，制作超大号的“珍珠”(字宝宝)，引导幼儿在“喝”奶茶的过程中趣味认读，加入同伴竞争游戏，使游戏更具挑战性。

材料准备

圆筒透明盒子、透明大吸管、彩色海洋球、自制字卡、咖啡色卡纸、黑色海绵纸

制作方法

1. 将圆筒透明盒子的盒盖挖一个直径等同大吸管的洞，将大吸管插进盒盖固定住，制作成“奶茶”桶。

2. 用咖啡色卡纸一边剪成波浪状贴在圆筒下半段，再将黑色海绵纸剪成多个圆形装饰在咖啡色卡纸上。

3. 彩色海洋球做“珍珠”，将字卡贴在海洋球上，放进圆筒内。

游戏玩法

【双人游戏】一名幼儿摇晃“奶茶”桶，倒出一粒“珍珠”，另一名幼儿认读上面的字卡，认读正确后，幼儿可将“珍珠”假装吃掉，认读错误则将“珍珠”放回桶内。幼儿交换游戏，直至桶内“珍珠”全部吃完，谁吃掉的“珍珠”多，谁就获胜。

参考照片

2 秋的来信

游戏名称

彩球连连看

设计意图

根据毛毛虫不同颜色的外形特点设计此游戏，使幼儿在认读字词、组装毛毛虫的过程中复习、巩固已学过的汉字。

材料准备

海洋球、眼睛贴纸、红色毛根、子母贴、自制字卡

制作方法

1. 在红色海洋球上贴上子母贴，将海洋球连接起来，做成毛毛虫的头部。
2. 在毛毛虫头部贴上眼睛贴纸，插上红色毛根做毛毛虫的触角。
3. 将剩余的海洋球两边都贴上自制字卡及子母贴。

游戏玩法

【双人游戏】两名幼儿轮流拿取一个海洋球认读，如认读正确，就将海洋球贴在毛毛虫头部后面，如认读错误，则不贴。两人依次游戏，直到贴完所有的海洋球，游戏结束。

参考照片

3 笑眯眯

游戏名称

落叶飘飘

设计意图

结合秋季的景色特征，设计“落叶飘飘”游戏，让幼儿在游戏操作过程中熟记字词，在与同伴进行双人游戏的过程中互相加深对于字词的记忆，复习、巩固所学内容。

材料准备

黑色和咖啡色卡纸、印有汉字的银杏叶图片、塑封纸、篮子图片、子母贴

制作方法

1. 用黑色卡纸作为背景板，把咖啡色卡纸做成树干，在树干上画年轮做装饰。

2. 将印有字词的银杏叶用子母贴贴在树的四周。

3. 把篮子图片贴在背景板的右下角。

游戏玩法

【双人游戏】一名幼儿先说出落叶上的汉字，另一名幼儿找到对应的落叶，认读正确后将落叶放进篮子里，认读错误则放回原位。两人依次进行游戏，直到落叶全部捡完，谁获得的树叶多谁获胜。

参考照片

4 捉迷藏

游戏名称

种花

设计意图

由益智游戏“种花”演变成的趣味认读游戏，将字宝宝与花朵结合在一起，让幼儿在游戏操作过程中不断复习字词，鼓励幼儿在相互竞争中掌握汉字，可变换多种游戏规则，提高幼儿的思维能力。

材料准备

各色不织布、彩纸、骰子、自制字卡

制作方法

1. 将白色不织布做成底板，用棕色不织布剪成条形，贴在白色不织布上布置成方格形状。

2. 用彩纸打印出小花若干，字卡贴在小花上，并进行塑封。

游戏玩法

【双人游戏】两名幼儿选择不同颜色的花朵代表自己。一名幼儿掷骰子，根据骰子的数字拿取相应数量的花朵进行认读，认读正确，可以将花朵放进格子中，认读错误则不放。两人依次游戏，当格子里的花朵“种”满后，放置颜色花朵较多的幼儿为胜。

参考照片

5 谜语歌

游戏名称

摩天轮

设计意图

根据幼儿喜欢的游乐场，为幼儿创设“摩天轮”的游戏情境，将字卡隐藏在摩天轮车厢里，引导幼儿在游戏过程中趣味认读，在与同伴竞争的游戏过程中多次认读，提升游戏的难度。

材料准备

纸盒、摩天轮图片、红色和蓝色不织布、自制字卡、子母贴

制作方法

1. 将摩天轮图片粘贴在纸盒两侧。

2. 将字卡贴在摩天轮的车厢上。

3. 将蓝色、红色不织布剪成颜色方块，用子母贴将不织布按照摩天轮车厢间隔摆放。

4. 用蓝色、红色不织布将小正方体制作成红蓝间隔的颜色骰子。

游戏玩法

【双人游戏】一名幼儿掷骰子，掷到哪个颜色，幼儿就随意选取哪个颜色的车厢，打开不织布，认读内部的字卡，认读正确得一分，错误不得分。两名幼儿轮流投掷，最终得分最多者获胜。

参考照片

b 小船儿

游戏名称

猫抓老鼠

设计意图

根据幼儿喜爱的“猫抓老鼠”游戏，创设角色扮演情境游戏，让幼儿复习、巩固所学字词，在与同伴一起快速认读字词时，体验认读游戏的乐趣。

材料准备

纸盒、玩具锤子、纸杯、黑色自粘纸、棒子、猫与老鼠的图片、自制字卡

制作方法

1. 用黑色自粘纸将纸盒包住，纸盒两边开口，猫与老鼠的图片贴在纸盒上，并贴上游戏名称。

2. 将棒子戳进纸杯里并用黑色自粘纸完整覆盖，贴上字卡当作可操控的老鼠。

游戏玩法

【双人游戏】一名幼儿操作贴有字卡的“老鼠”，让“老鼠”在洞口进退活动，另一名幼儿看到“老鼠”跑出洞口时用锤子迅速敲打，如敲到“老鼠”并正确认读上面的字卡，两名幼儿就互换角色，如没有敲到老鼠，两名幼儿则继续扮演之前的角色。以此反复游戏。

参考照片

7 做个好宝宝

游戏名称

投篮

设计意图

根据4—5岁幼儿的年龄特点，为幼儿创设“投篮”的游戏情境，引导幼儿在投篮的过程中熟悉所学汉字，增加幼儿认读汉字的趣味性。

材料准备

盒盖、白色保丽龙球、彩色纸杯、自制字卡、塑封纸、盘子、纸砖块

制作方法

1. 将彩色纸杯剪成6厘米高度的小杯子。

2. 将6个杯子按照底部3个、中间2个、顶部1个的三角形状粘贴在盒盖的内部，外面用纸砖块竖着固定。

3. 在每个纸杯的上方用塑封纸片贴成一个凹槽形状，方便将字卡插入其中。

游戏玩法

【单人游戏】幼儿在盘子中拿取保丽龙球，接着将它投入任意一个小杯子中，投进后并认读上方对应的字卡，认读正确就继续投篮，直至每个杯子都投满，游戏结束。

参考照片

8 爱国旗

游戏名称

寻宝

设计意图

结合幼儿年龄特点，设计“寻宝”的认读游戏，鼓励幼儿在“寻宝”过程中熟悉字词。

材料准备

纸盒、自制字卡、圆形纸板、宝箱图片

制作方法

1. 将宝箱图片粘贴在纸盒上，在纸盒的下角开一个小方口子。

2. 在圆形纸板上写“我要找”3个字，放置在宝箱的下方。

3. 将打印的汉字条放置在盒子的内部，可进行移动，其余小字卡放置在旁边备用。

游戏玩法

【双人游戏】一名幼儿拉动纸盒里的汉字条，根据出现的汉字，另一名幼儿快速找到对应的“宝贝”（小字卡），认读正确则字卡归其所有，认读错误则放回字卡，幼儿交换游戏，最后以寻“宝”最多的幼儿为胜者。

参考照片

9 数小猪

游戏名称

汉字捉迷藏

设计意图

幼儿非常喜欢玩捉迷藏的游戏，用字卡与数字玩捉迷藏游戏不仅能满足幼儿好奇、喜欢探索的需求，也能让幼儿在轻松快乐的氛围中巩固所学的内容。

材料准备

蓝色地垫、紫色和红色卡纸、黄色和绿色彩纸、塑封纸

制作方法

1. 在紫色和红色卡纸上打印出相等格子和汉字，用塑封纸塑封好当作棋盘面。

2. 将数字打印在黄色和绿色彩纸上，并剪成和棋盘面格子一样的方形，将上一边贴在棋面相应的格子上。

游戏玩法

【双人游戏】两名幼儿拿取不同颜色的数字地垫代表自己。一名幼儿说一个数字，另一名幼儿翻起自己地垫上相应的数字彩纸，并认读藏在下面的汉字，认读正确则掀起数字彩纸，不正确则盖上。两人依次游戏，谁先掀完数字彩纸谁获胜。

参考照片

1
2
3
4
5
6
7
8
9
10
11
12
1
2
3
4
5
6
7
8
9
10
11
12

1
2
3
五
5
7
8
猪
9
11
四
二
四
几
五
6
8
三
10
二
12

10 逛集市

游戏名称

棋谱乐园

设计意图

下棋是幼儿非常喜欢的一项游戏活动，因此设计字宝宝棋谱图。让幼儿在与同伴下棋的过程中，感受到下棋的规则和乐趣，同时又能在游戏环境中复习、巩固字宝宝。

材料准备

棋谱图、骰子、白色KT板、自制字卡、带有箭头的小人图片

制作方法

1. 将白色KT板裁成比棋谱图大一点的形状，把棋谱图放置在白色KT板上。

2. 将字卡贴在棋谱的方格上，带有箭头的小人图片放置在棋谱的左下角和右上角，分别作为两方的开始处。

游戏玩法

【双人游戏】两名幼儿选取一个小人图片代表自己轮流游戏。一名幼儿掷骰子，掷到数字几就走几步，走到字卡处认读上面的汉字，念错则返回起点，如走到没有汉字的格子，则不需要认读。两人依次进行，谁先到达小旗终点处，谁就获胜。

参考照片

11 小猫钓鱼

游戏名称

我来翻

设计意图

结合益智游戏“翻翻乐”，创设“我来翻”的竞技游戏，引导幼儿在玩的过程中熟悉所学汉字，增加认读汉字的趣味性。

材料准备

塑料瓶、白色KT板、自制字卡、绿色自粘纸

制作方法

1. 将绿色自粘纸剪成小长条贴在白色KT板上，贴成大小均匀的方格子，当作棋盘。

2. 将自制字卡粘贴在塑料瓶上。

游戏玩法

【双人游戏】两名幼儿选择不同颜色的塑料瓶，以剪刀石头布决定顺序，一名幼儿先翻对方的塑料瓶，认读上面的字卡，认读正确就能拿走对方的塑料瓶，如果认读错误，则要把字卡放回原处，两名幼儿依次进行游戏，最后比一比谁拥有对方的塑料瓶多，多的幼儿获胜。

参考照片

12 一起来数数

游戏名称

虎口拔牙

设计意图

根据《虎口拔牙》的故事情境设计桌面游戏，引导幼儿在拔一拔、装一装、读一读、放一放的游戏中，感受认读带来的乐趣。

材料准备

黄色KT板、金色自粘纸、狐狸彩色图片、自制字卡、粉色和黄色海绵纸、A4白纸

制作方法

1. 将黄色KT板刻成一个椭圆形，周围用金色自粘纸包上一层金边，将粉色海绵纸贴在上面，做成一个大嘴巴的底板。

2. 将狐狸图片贴在底板的左下方，用黄色海绵纸三边固定做一个口袋，贴在底板的右下方。

3. 用A4白纸剪成牙齿的形状，粘贴在嘴巴四周，然后将自制字卡放置在白色牙齿上。

游戏玩法

【单人游戏】幼儿依次认读“老虎”嘴巴里牙齿上的字卡，认读正确就可以将牙齿取下，放进小狐狸的口袋里，认读错误则不能取下。牙齿全部放进口袋则游戏结束。

参考照片

13 咏鹅

游戏名称

古诗接龙

设计意图

根据4—5岁幼儿的年龄特点，为幼儿创设“古诗接龙”的游戏情境，引导幼儿在翻一翻、念一念、排一排的过程中熟悉所学字词，增加认读字词的趣味性。

材料准备

鸡蛋托、仿真鸡蛋、自制字卡、A4白纸

制作方法

1. 打印古诗中的汉字制作成字卡，将字卡贴在仿真鸡蛋上。

2. 收集两个鸡蛋托，一个鸡蛋托里随意放置贴有字卡的鸡蛋，另一个空鸡蛋托作为操作摆法的道具。

游戏玩法

【单人游戏】幼儿根据古诗的内容，将仿真鸡蛋中的字词依次排列成古诗的顺序，放置在空的鸡蛋托里。全部排好则游戏结束。

参考照片

14 江南

游戏名称

欢乐海钓

设计意图

幼儿喜欢海底世界，由此创设“欢乐海钓”的游戏情境，鼓励幼儿在钓鱼游戏的过程中复习字词，在与同伴的竞争中获得更多学习的乐趣。

材料准备

彩色海绵纸、盘子、钓鱼竿、小鱼图片、回形针、塑封纸、硬纸板

制作方法

1. 把彩色海绵纸剪成相同大小的3个长方形，然后铺在硬纸板上，做成海底世界。

2. 将字卡贴在小鱼图案上，塑封成小鱼字卡，在小鱼字卡上别上回形针。

3. 将小鱼字卡放在池塘里，旁边放好钓鱼竿和装鱼的盘子。

游戏玩法

【双人游戏】两名幼儿分别拿起一个钓鱼竿和盘子。一名幼儿钓鱼，正确认读钓起的小鱼字卡，小鱼就为其所有，认读错误则要把字卡放回原位。两人轮流游戏，小鱼全部钓完，看谁钓的鱼多，多者为胜。

参考照片

15 梅花

游戏名称

字宝宝回家

设计意图

4—5岁幼儿已能熟读多首古诗，运用古诗填空的形式，为幼儿创设“字宝宝回家”的游戏情境。引导幼儿在为字宝宝找回家路的过程中熟悉所学字词，增加幼儿认读字词的趣味性。

材料准备

黄色KT板、彩色海绵纸、白色格子自粘纸、蓝色彩纸、自制字卡、塑封纸、子母贴

制作方法

1. 用白色格子自粘纸将KT板包边，用浅绿色海绵纸做树叶，深绿色海绵纸做树枝，紫色和橙色的海绵纸做两朵小花，装饰KT板。

2. 将古诗打印在蓝色彩纸上，空出汉字的位置。

3. 将古诗和字卡塑封后，分别贴好子母贴。

游戏玩法

【单人游戏】幼儿先分别念出古诗和汉字，然后根据古诗的内容，找出对应的字卡，将字卡贴在空格处，将古诗补充完整，完成后游戏结束。

参考照片

16 画

游戏名称

趣味小汽车

设计意图

4—5岁幼儿对汽车很感兴趣，创设“趣味小汽车”的游戏情境，鼓励幼儿在游戏过程中熟悉字词，将单字的字卡随机组合成四字的字卡，增加游戏认读的难度，让幼儿的认读活动更具挑战性。

材料准备

彩色海绵纸、自制字卡、A4白纸

制作方法

1. 用黄色、蓝色、绿色、红色、粉色海绵纸制作小汽车多辆，黑色海绵纸做车轮。

2. 白纸上打印数字，剪成圆形后粘贴在各色海绵纸上，并贴在小汽车顶部。

3. 自制字卡贴在小汽车上。

游戏玩法

【单人游戏】幼儿依次认读小汽车上的字卡，全部认读正确，小汽车就可以开走，认读错误，小汽车则留在原地。汽车全部开走则游戏结束。

参考照片

一
惊近画还
二
无惊远画
三
画远近还
四
惊近还画
五
近还无惊
六
还无惊近

一
惊近画还
二
无惊远画
三
画远近还
五
近还无惊
四
惊近还画
六
还无惊近

17 山行

游戏名称

小动物吃水果

设计意图

结合连连看的游戏内容，为幼儿创设“小动物吃水果”的游戏情境。用走迷宫的形式将字卡隐藏在水果中，引导幼儿在连线游戏中趣味认读字卡，激发幼儿认读的兴趣。

材料准备

动物图片（小羊、小猫、小狗、小兔子）、星星图片、蓝色KT板、绿色自粘纸、水果图片（苹果、葡萄、草莓、桃子）、自制字卡、子母贴

制作方法

1. 将绿色自粘纸剪成长条，在黄色KT板上贴出有4个出入口的迷宫线路。

2. 动物图片贴在星星图片上作为起点，字卡贴在水果图片上作为终点。

游戏玩法

【单人游戏】幼儿操作小动物沿着路线寻找水果，找到水果后，正确认读水果上的汉字，就能吃掉水果，认读错误，则要将水果放回原位。4只小动物都吃掉水果，则游戏结束。

参考照片

18 散步

游戏名称

拍苍蝇

设计意图

幼儿在谈话活动中知道苍蝇的害处，创设“拍苍蝇”的游戏情境，鼓励幼儿在拍苍蝇的过程中复习字词，在与同伴的竞争中，获得更多游戏的乐趣。

材料准备

苍蝇图片、塑封纸、自制字卡、苍蝇拍图片

制作方法

1. 将自制字卡贴在苍蝇图片上进行塑封。
2. 将自制苍蝇拍图片进行塑封。

游戏玩法

【双人游戏】一名幼儿拿苍蝇拍，拍到一只苍蝇后认读上面的汉字，正确认读后该苍蝇就归其所有，认读错误则要把苍蝇放回原位。苍蝇全部拍完，拍到的苍蝇多者获胜。

参考照片

19 小兔学本领

游戏名称

填洞洞

设计意图

游戏“填洞洞”形式富有趣味，深受幼儿的喜爱，将儿歌《小兔学本领》的内容与游戏相结合，鼓励幼儿在游戏中复习、巩固字词，让幼儿与同伴展开竞争，增加游戏的挑战性。

材料准备

自制字卡、海绵纸、KT板

制作方法

1. 一块KT板挖出若干圆形，与另一块相同大小的KT板覆盖粘贴固定，制作成洞洞底板。

2. 字卡打印成不同颜色，剪成圆形后贴在海绵纸上。

游戏玩法

【双人游戏】两名幼儿拿取不同颜色的洞洞字卡。一名幼儿拿一个洞洞字卡，如果正确认读上面的字词，就把字卡填入洞洞里，认读错误则要把字卡放回原位。两人轮流进行游戏，洞洞全部填满后，谁的洞洞字卡填得多谁就获胜。

参考照片

20 叠叠乐

游戏名称

双圈转盘

设计意图

将儿歌的内容与转盘游戏相结合,设计“双圈转盘”游戏。转盘游戏操作方便、富有趣味,教师鼓励幼儿在游戏中复习、巩固字词。在游戏中加入老师的角色,使幼儿的双人游戏更体现师幼互动的趣味性。

材料准备

圆形饼干盒、彩纸、大头钉、塑封纸、红色和粉色海绵纸、自制字卡

制作方法

1. 将粉色海绵纸裁剪成和2个饼干盒大小相同的圆形放在饼干盒上做底板。

2. 将彩纸裁剪成16个大小相同的扇形,把同颜色的扇形角对角放在饼干盒上,拼成一个由8片扇形组成的圆形。

3. 字卡塑封贴在每个扇形上作为内圈,在相对应的扇形上方随机贴一圈字卡作为外圈。

4. 用红色海绵纸做2个指针分别放在转盘上,用大头钉固定。

游戏玩法

【双人游戏】两名幼儿同时开始游戏。教师说出一个汉字,幼儿转动指针,指到内圈汉字,正确认读该汉字后,再找到外圈上的相同汉字,速度较快的幼儿获得积分。多次进行游戏,积分较高的幼儿获胜。

参考照片

21 小雨滴

游戏名称

盲盒

设计意图

盲盒具有神秘感，是幼儿非常喜欢的一种游戏形式，教师为幼儿创设“盲盒”猜字的游戏，增添认读汉字的趣味性。幼儿在操作游戏的过程中对《小雨滴》儿歌中的字词进行复习、巩固。

材料准备

九宫格盒子、黄色卡纸、塑封纸、自制字卡

制作方法

1. 把自制字卡裁剪成九宫格的格子大小，按照九宫格的位置分别将字卡放在九宫格盒子底部。

2. 将黄色卡纸覆盖在九宫格盒子上面，用胶带把黄色卡纸的边缘贴在九宫格盒子上，固定好。

游戏玩法

【单人游戏】幼儿在盲盒上选一个格子用手撕开，从盲盒里掏出一张字卡，如果正确认读字卡上的字，就继续选格子。如果认读错误，则由教师进行指导后继续游戏。把盲盒里的字卡全部掏出，游戏结束。

参考照片

22 冬天我不怕

游戏名称

花儿朵朵开

设计意图

结合《冬天我不怕》的儿歌内容，创设“花儿朵朵开”的游戏情境，鼓励幼儿在开放花朵的过程中复习、巩固字词，在与同伴竞争的过程中获得更多游戏的乐趣。

材料准备

绿色海绵纸、彩纸、塑封纸、子母贴、盘子

制作方法

1. 用绿色海绵纸制作2个草丛。
2. 将红色、蓝色、紫色、黄色、粉色彩纸做成圆形字卡，再塑封。
3. 将红色、蓝色、紫色、黄色、粉色彩纸打印成花朵图形，再塑封。
4. 把子母贴分别贴在花朵和字卡上，花朵贴在草丛上。

游戏玩法

【双人游戏】幼儿每人拿取一块草丛。两人同时开始，拿取盘中的圆形字卡，认读上面的汉字，认读正确就把字卡贴在相同颜色的小花上，认读错误就把字卡放回原位，字卡全部贴完则游戏结束。先贴完的幼儿获胜。

参考照片

23 猜数字

游戏名称

小车装苹果

设计意图

根据幼儿年龄特点，创设“小车装苹果”的游戏情境，引导幼儿在摘苹果的过程中熟悉所学的汉字，增加认读汉字的趣味性，同时增设幼儿小裁判的角色，让幼儿学会合作。

材料准备

红色和黄色海绵纸、自制字卡、粉色和绿色彩纸、塑封纸、子母贴

制作方法

1. 将黄色海绵纸做成底板，绿色彩纸做成果树，并画出树干，布置在底板的上方。粉色和绿色彩纸分别做成小推车，放置在底板下方。

2. 用红色海绵纸做成苹果图片，自制字卡贴在苹果上。

3. 用子母贴将苹果字卡贴在果树上。

游戏玩法

【多人游戏】两名幼儿各选择一辆小推车，另请一名幼儿当裁判。裁判说出汉字，两名幼儿找到对应汉字的苹果，正确认读后摘下苹果放进小推车中，认读错误则要把苹果放回原位。苹果全部摘完，游戏结束，谁的小推车苹果多谁就获胜。

参考照片

24 玩线球

游戏名称

四色图形棋

设计意图

棋类区投放的游戏“四色图形棋”，游戏方法多样，深受幼儿的喜爱，将儿歌《玩线球》中的内容与游戏相结合，鼓励幼儿在游戏中复习、巩固字词。多人的游戏方式，让幼儿在认读活动中学会竞争与合作。

材料准备

黑色KT板、黄色自粘纸、塑封纸、圆形瓶盖、彩纸、自制字卡

制作方法

1. 把黑色KT板做成四色图形棋的底板，将黄色自粘纸剪成12条，剪好的12条自粘纸横竖各6条粘贴，组成25个正方形，在每个正方形里交叉贴黄色自粘纸，棋盘完成。

2. 剪出绿色圆形、蓝色三角形、黄色正方形、粉色圆形，分别贴在瓶盖上做棋子。

3. 剪出绿色圆形、蓝色三角形、黄色正方形、粉色圆形各9个，分别贴在棋盘的每个正方形的角上。

4. 把字卡塑封后贴在36个图形处。

游戏玩法

【多人游戏】4名幼儿同时开始游戏，每人选择一个图形，找到自己所选图形的字宝宝并进行认读，认读准确，则可拿走字卡，认读错误，则不拿字卡。谁先拿走所有字卡谁就获胜。

参考照片

25 滑冰

游戏名称

小动物运萝卜

设计意图

根据幼儿喜欢的小兔拔萝卜的故事，为幼儿创设"小动物运萝卜"的游戏情境。引导幼儿在帮助小动物运萝卜的过程中熟悉所学汉字，增加认读汉字的趣味性。

材料准备

头饰（小青蛙、小兔）、彩色不织布、彩色卡纸、自制字卡、塑封纸、绘画笔

制作方法

1. 用蓝色卡纸和黄色卡纸做底板，用绘画笔在蓝色底板的下方画两辆小推车。
2. 用橘色和绿色不织布做10个大小相同的萝卜。
3. 将字卡塑封好后贴在萝卜上。
4. 将萝卜用子母贴贴在黄色的底板上。

游戏玩法

【双人游戏】两名幼儿戴好头饰，分别扮演小兔和小青蛙。一名幼儿认读萝卜上的字卡，认读正确后把萝卜放到小推车里，认读错误就放回原位。两人轮流游戏，萝卜全部被拿走则游戏结束。谁推车中的萝卜多谁就获胜。

参考照片

26 猫头鹰

游戏名称

火车开起来

设计意图

幼儿对开火车游戏非常感兴趣，由此创设“火车开起来”的游戏情境，将体育游戏的活动情节运用到认读游戏中，使幼儿在游戏操作中巩固所学的字词，体验与同伴合作游戏的快乐。

材料准备

红色KT板、淡黄色和红色卡纸、自制字卡、子母贴

制作方法

1. 用红色卡纸做火车头，用红色KT板做10节车厢，将子贴贴在车厢上，用红色卡纸裁剪出20个圆形做车厢轮子。

2. 淡黄色卡纸裁剪成与车厢一样大小的方块，背面贴上母贴。

3. 将字卡塑封后，贴在淡黄色卡纸上。

游戏玩法

【双人游戏】一名幼儿拿黄色字卡并认读汉字，另一名幼儿检查其念得是否正确，正确就可以把字卡放在火车车厢里，如错误则由另一名幼儿纠正。全部车厢都贴上字卡，火车才能开起来。两人交换，继续合作，完成游戏。

参考照片

4—5岁（上）

二

集体游戏

1 秋天的悄悄话

游戏名称

落叶飘飘

设计意图

结合儿歌内容创设“落叶飘飘”的游戏，引导幼儿在玩落叶游戏的过程中复习、巩固《秋天的悄悄话》中的字词。

材料准备

黄色树叶字卡

游戏过程

1. 请幼儿围坐成一个大圆圈。

2. 幼儿集体念儿歌《秋天的悄悄话》，当念到最后一个字时，教师将手里的树叶字卡往上撒，让字卡掉落到地上。

3. 幼儿就近捡起一张树叶字卡，认读树叶上的字。

4. 教师请幼儿开火车读出树叶上的字，如幼儿认读正确，则获得贴纸一枚，如幼儿认读错误，则教师收回树叶。

5. 待幼儿全部认读结束后，再集体认读念错的树叶字卡。

参考照片

2 秋的来信

游戏名称

送信

设计意图

结合儿歌内容创设“送信”的游戏，引导幼儿在连续送信的游戏过程中，复习、巩固《秋的来信》中的字词。

材料准备

信封、字卡

游戏过程

1. 幼儿围坐成一个大圆圈。

2. 教师出示信封和字卡，幼儿集体认读字卡。

3. 幼儿集体念儿歌“咚咚咚，谁呀？我是邮递员呀！哪里来的信呀？送给谁呀？送给……”。

4. 教师组织幼儿游戏，师幼一起念儿歌送信，当儿歌念完时，教师将信封送给幼儿，幼儿取出一张字卡进行认读，如果幼儿正确认读，就获得贴纸一枚，如果幼儿读错字卡，教师就请幼儿集体认读巩固。

5. 教师带领幼儿反复多次进行游戏。

参考照片

3 笑眯眯

游戏名称

贴树叶

设计意图

结合儿歌内容创设“贴树叶”游戏，引导幼儿在贴树叶字卡的游戏过程中复习、巩固《笑眯眯》中的字词。

材料准备

KT板制作小树、树叶字卡

游戏过程

1. 幼儿人手一张树叶字卡，围坐成一个大圆圈，将小树放置在中间。

2. 幼儿集体念儿歌《笑眯眯》，复习儿歌中的字宝宝。

3. 教师组织幼儿进行游戏：幼儿集体念儿歌，念完儿歌后教师发出口令，“……字树叶要回家”，幼儿根据教师念的字宝宝，将对应的树叶字卡贴到小树上。

4. 幼儿集体验证，如有贴错的树叶字卡，教师重点引导，认读巩固，游戏再次进行。

5. 三次游戏结束后，教师将树叶字卡取下，幼儿交换字卡，再次进行游戏。

参考照片

4 捉迷藏

游戏名称

马兰花

设计意图

结合幼儿熟悉的“马兰花”游戏进行改编，引导幼儿在游戏过程中复习、巩固《捉迷藏》中的字词。

材料准备

小花字卡、小树背景板

游戏过程

1. 幼儿将座位摆成一个圆形，将小树放置在椅子上。

2. 幼儿集体学念儿歌“马兰花，马兰花，风吹雨打都不怕，勤劳的人们在说话，请你马上就开花”。

3. 幼儿人手一张小花字卡，一边跟教师走一边念儿歌《马兰花》。

4. 幼儿问教师“开什么花？”教师回答后，幼儿根据口令将对应的小花字卡贴在小树上。

5. 幼儿集体验证，如有贴错的小花字卡，教师重点引导，认读巩固，游戏再次进行。

6. 游戏反复进行，贴完全部字卡后，教师再次取下所有字卡，幼儿交换游戏。

参考照片

5 谜语歌

游戏名称

拍拍一二三

设计意图

结合幼儿熟悉的“拍拍一二三”游戏进行改编，引导幼儿在游戏过程中复习、巩固《谜语歌》中的字词。

材料准备

字卡、纸砖、音乐

游戏过程

1. 教师出示字卡，幼儿集体认读。

2. 教师将纸砖围成圆圈放在地上，将字卡间隔地放在纸砖中间。

3. 幼儿围圆圈站在字卡旁，音乐开始，幼儿跟节奏进行跳纸砖游戏。

4. 教师背对幼儿喊“拍拍一二三”，当教师喊道“三”时，教师转身，幼儿停止跳跃，看一看跳在哪个字卡旁，然后认读字卡。

5. 教师验证，如认读错误则幼儿被淘汰，游戏反复进行。

参考照片

6 小船儿

游戏名称

开小船

设计意图

结合儿歌内容设计“开小船”的游戏，以小组竞赛的方式引导幼儿在游戏过程中复习、巩固《小船儿》中的字词。

材料准备

字卡、小椅子、小组竞赛牌

游戏过程

1. 幼儿集体念儿歌《小船儿》，复习儿歌中的字词。

2. 教师将幼儿分成三组，每轮游戏中每组派2名幼儿参加。

3. 教师在地面上设置起点，幼儿在起点处做小船状。教师在终点放置椅子，椅子上贴好字卡。

4. 教师作为裁判，发起游戏开始口令，幼儿同时摇“小船”向终点前进，最先到达的小组认读字卡。

5. 幼儿集体验证，如果认读正确，小组竞赛牌的“小人”就往上爬一格，若读错则不动。

6. 当幼儿全部完成比赛时，师幼统计各组得分，爬得最高的小组获得贴纸。

参考照片

7 做个好宝宝

游戏名称

片片小花瓣

设计意图

结合幼儿喜欢同伴间互动游戏的特点创设“片片小花瓣”的游戏，引导幼儿在游戏的过程中复习、巩固《做个好宝宝》中的字词。

材料准备

大字卡、黑色轮胎、花瓣字卡

游戏过程

1. 幼儿佩戴花瓣字卡，围成一个大圆圈坐好。

2. 幼儿围坐着集体念儿歌《做个好宝宝》，当儿歌结束后，教师出示字卡，放置在轮胎内侧。

3. 请幼儿看看自己手上的花瓣字卡，如果是相同汉字的，就站到轮胎的外侧念出汉字当花瓣。

4. 教师逐一地进行检查，看看当花瓣的幼儿手上的字卡是不是与轮胎内的汉字一致，不对的幼儿进行集体纠正。

5. 教师与幼儿多次反复进行游戏。

参考照片

8 爱国旗

游戏名称

传小旗

设计意图

结合儿歌内容，创设“传小旗”的游戏，引导幼儿在与同伴互动的过程中，复习儿歌中的字词。

材料准备

字卡、自制小旗

游戏过程

1. 幼儿分男女生坐成两竖排。

2. 幼儿集体念儿歌《爱国旗》，复习儿歌中的字词。

3. 教师播放音乐，由第一位幼儿将小旗传递给旁边的幼儿。

4. 教师让音乐停下来，请手握小旗的幼儿读出小旗上的汉字，认读正确，该组就能得到一个奖励贴纸，认读不正确则集体进行纠正。

5. 教师与幼儿依次继续游戏，比比哪组最后得到的奖励贴纸最多。

参考照片

9 数小猪

游戏名称

球儿滚滚

设计意图

幼儿对球非常感兴趣，在晨间锻炼中，经常会玩滚球的游戏。本次设计“球儿滚滚”的游戏，让幼儿在游戏中复习、巩固《数小猪》中的字词。

材料准备

皮球、字卡

游戏过程

1. 幼儿围坐成一个大圆圈。

2. 幼儿集体念儿歌《数小猪》，儿歌结束后，教师出示带有字卡的球，给一名幼儿认读。

3. 教师请第一位幼儿认读完球上的字卡，再将球滚给对面的一名幼儿进行认读。如果有幼儿未能认读出上面的字，请幼儿集体认读。

4. 换新字卡后再开启一轮。

参考照片

10 逛集市

游戏名称

发水果

设计意图

“发水果”的情境游戏贴近幼儿的生活，让幼儿能在轻松有趣的游戏氛围中提高参与性，让幼儿在游戏的过程中复习《逛集市》中的字词。

材料准备

字卡、篮子、水果道具

游戏过程

1. 幼儿围成一个大圆圈坐好。

2. 教师请一名幼儿扮演“发水果的人”，站在圈中央，手提水果篮子。

3. 全体幼儿一起念儿歌《逛集市》，念完儿歌，“发水果的人”走到一名坐着的幼儿面前，拿出贴有字卡的水果，请坐着的这名幼儿念出上面的字，念正确了便能得到水果。若没有念正确则不能获得字卡，幼儿集体帮助纠正。

4. 游戏持续进行，等水果篮里的水果都发完后，收回水果，交换一名幼儿，游戏反复进行。

参考照片

11 小猫钓鱼

游戏名称

数字六宫格

设计意图

幼儿平时都很喜欢玩棋类游戏，因此创设“数字六宫格”的游戏，引导幼儿在棋类游戏的过程中复习《小猫钓鱼》中的字词。

材料准备

字卡、地垫、骰子

游戏过程

1. 幼儿围成一个大圆圈坐好，将自制的数字棋垫子，字卡朝下，数字朝上摆放。

2. 幼儿集体念儿歌《小猫钓鱼》，儿歌结束，游戏开始。

3. 教师请一名幼儿掷骰子，并念出朝上面的数字。

4. 教师根据幼儿念出的数字翻出字卡，请幼儿集体认读。

5. 教师请不同的幼儿来掷骰子，重复游戏，直至地上的字卡都念完。

参考照片

12 一起来数数

游戏名称

保龄球手

设计意图

借鉴保龄球的玩法，将体育游戏与认读结合在一起，让幼儿在有趣的、动起来的情境中主动学习《一起来数数》中的字词。

材料准备

字卡、饮料瓶、球、铃鼓

游戏过程

1. 教师将幼儿分成男生和女生两组。

2. 教师示范打保龄球的方法。

3. 教师请两组幼儿站在线外，第一位幼儿拿起球，把球用力地沿地板滚出去，如果球击中饮料瓶，幼儿也将击倒瓶子上的字正确地认读出来，那么小组就得1分。认读不正确则不得分。

4. 所有幼儿都参加完则游戏结束，比比哪组的得分高。

参考照片

13 咏 鹅

游戏名称

去小鹅家做客

设计意图

结合古诗内容创设“去小鹅家做客”的游戏情境，引导幼儿在与同伴玩游戏的过程中复习、巩固《咏鹅》中的字词。

材料准备

贴有字卡的蓝色地垫、小鹅图片

游戏过程

1. 教师将幼儿分成6人一组。

2. 幼儿集体念古诗《咏鹅》，复习古诗中的字词。

3. 教师组织幼儿排好队按顺序进行游戏，依次认读垫子上的汉字。如果认读错误，就自动退回到队伍最后一个，下一名幼儿出发。

4. 全部认读正确的幼儿坐在贴有小鹅家的椅子上。

5. 教师组织其他组的幼儿依次完成游戏。

参考照片

14 江南

游戏名称

小汽车旅行记

设计意图

结合幼儿兴趣点创设“小汽车旅行记”的游戏，引导幼儿在游戏过程中复习、巩固《江南》中的字词。

材料准备

小汽车字卡、呼啦圈

游戏过程

1. 幼儿手拿小汽车字卡，教师手拿呼啦圈。
2. 幼儿认读自己小汽车上的字。
3. 幼儿开着小汽车上马路，听教师的指令：红灯停，绿灯行。
4. 幼儿到达“停车场”的时候，教师邀请……字的小汽车停车。
5. 师幼集体检查幼儿停放的汽车字卡是否正确。
6. 教师带领幼儿反复进行游戏，直到每个幼儿都停好车。

参考照片

15 梅花

游戏名称

男生女生冲冲冲

设计意图

结合幼儿喜欢竞赛的特点创设“男生女生冲冲冲”的游戏，引导幼儿在游戏的过程中复习、巩固《梅花》中的字词。

材料准备

男生和女生卡通图片、字卡

游戏过程

1. 幼儿分男生组、女生组两边坐好，集体认读字卡。

2. 教师出示一张字卡，同时出示男生或者女生角色卡，幼儿根据角色认读。如教师出示男生卡，则由男生进行认读，认读正确可得1分。

3. 游戏反复进行，最后得分多的小组获胜。

4. 玩法建议二：教师可用“开火车”的方式，将角色卡指向一名幼儿，该幼儿认读字卡，游戏依次进行，幼儿轮流进行字卡认读。

参考照片

16 画

游戏名称

火车火车咕噜噜

设计意图

结合儿歌内容创设“火车火车咕噜噜”的游戏，引导幼儿在玩小火车的游戏过程中复习、巩固《画》中的字词。

材料准备

小火车字卡

游戏过程

1. 幼儿坐成一个半圆形。

2. 教师将小火车车厢字卡放在地上，幼儿选择一个小火车车厢字卡。

3. 教师手持火车头带领幼儿进行游戏，当教师念到“……字车厢快跟上”时，手持相应字车厢的幼儿念出该字，并跟上火车头，直至所有车厢都跟上。

4. 教师指导幼儿集体认读在游戏中念错的车厢字卡。

5. 教师带领幼儿进行多次游戏。

参考照片

17 山行

游戏名称

水果蹲

设计意图

结合幼儿兴趣点创设“水果蹲”的游戏，引导幼儿在水果蹲游戏过程中复习、巩固《山行》中的字词。

材料准备

水果字卡

游戏过程

1. 幼儿选择一个水果字卡站成一排，集体念出所有水果字卡上的字。

2. 幼儿集体念水果蹲儿歌。

3. 教师组织幼儿进行第一轮游戏，幼儿念出水果名称玩水果蹲游戏。哪个幼儿蹲错了，就认读所有水果字卡。

4. 教师组织幼儿进行第二轮游戏，幼儿念出字卡玩水果蹲游戏。哪个幼儿蹲错了，就认读所有水果字卡。

5. 教师组织幼儿反复交换字卡多次进行。

参考照片

18 散步

游戏名称

小猫吃鱼

设计意图

结合幼儿兴趣点创设“小猫吃鱼”的游戏，引导幼儿在喂小猫游戏过程中复习、巩固《散步》中的字词。

材料准备

小鱼字卡、小猫图片、呼啦圈

游戏过程

1. 幼儿排队跟着教师入场，来到鱼摊前。

2. 幼儿集体念出所有小鱼字卡上的字。

3. 教师将幼儿分成两组，让幼儿依次上前购买鱼，并进行认读。正确读出小鱼字卡上的字后，幼儿可以买小鱼去喂小猫。没有认读出来的小鱼，幼儿进行集体念读。

4. 教师带领幼儿多次进行游戏。

参考照片

19 小兔学本领

游戏名称

大骰子变变变

设计意图

结合幼儿熟悉的“大骰子”游戏进行改编，引导幼儿在游戏过程中复习、巩固《小兔学本领》中的字词。

材料准备

大骰子、字卡

游戏过程

1. 幼儿将座位摆成大圆圈，教师带着骰子坐在幼儿中间。

2. 幼儿在教师的带领下，念出骰子上所有的字。

3. 幼儿集体念儿歌“大骰子、大骰子，真有趣，咕噜噜、咕噜噜，会转圈”。

4. 教师组织幼儿进行游戏，幼儿集体念完儿歌后，教师将大骰子扔向空中，等骰子落下后，教师请幼儿念出骰子朝上一面的字。

5. 教师请念对的幼儿上前掷骰子，并请另一个幼儿读出骰子上的字。

6. 教师组织幼儿反复多次进行游戏。

参考照片

20 叠叠乐

游戏名称

叠罗汉

设计意图

“叠罗汉”是一个传统的民间游戏，结合儿歌内容设计“叠罗汉”游戏，引导幼儿在游戏的过程中复习、巩固字词。

材料准备

字卡、绿色贴纸、红色贴纸

游戏过程

1. 教师请贴绿色贴纸的男生和贴红色贴纸的女生坐成两组集体念儿歌，念儿歌结束后，教师随机出示字卡，幼儿集体认读。

2. 教师组织幼儿进行游戏，教师随机出示字卡，先请一名男生认读，再请一名女生认读，正确认读的男生或女生往上叠一层字卡，念错的一方则不能往上叠。

3. 幼儿念完所有字后比一比男生和女生哪一组叠的字卡多，多的那组为获胜者。

参考照片

21 小雨滴

游戏名称

小鱼过桥洞

设计意图

结合幼儿的兴趣创设“小鱼过桥洞”的游戏，幼儿通过游戏复习、巩固《小雨滴》中的字词。

材料准备

字卡、彩色拱门

游戏过程

1. 教师请幼儿站成一条纵队，彩色拱门做桥，幼儿贴好字卡做小鱼，依次站好。

2. 教师出示字卡，贴有该字卡的幼儿做小鱼，钻过桥洞念出身上的字卡。正确念对字卡的幼儿可以顺利通过桥洞，不能正确认读，幼儿集体帮助纠正。

3. 所有的幼儿都念完后，教师组织幼儿交换字卡，继续游戏。

参考照片

22 冬天我不怕

游戏名称

雪花飞飞

设计意图

通过平时的体育游戏“雪花飞飞”，激发幼儿对认读游戏的兴趣，在锻炼幼儿反应能力的基础上复习、巩固字词。

材料准备

雪花字卡、呼啦圈

游戏过程

1. 幼儿佩戴小雪花胸牌，手拉手围成一个大圆圈站好。

2. 幼儿围圆念儿歌《冬天我不怕》，儿歌结束后，教师出示所有字卡，幼儿集体认读。

3. 教师组织游戏，游戏开始，教师随机出示一个字卡，佩戴相应雪花字卡的幼儿迅速站到圆圈内，并大声念出自己身上的雪花字卡，教师检查后游戏继续。

4. 教师组织幼儿互换字卡，请一名幼儿当小老师继续“雪花飞飞”的游戏。

参考照片

23 猜数字

游戏名称

变冰人

设计意图

幼儿对“变冰人”的游戏规则是有一定经验的，在此体育游戏的基础上加入字词玩法，让幼儿在具有挑战性的游戏中复习、巩固所学的字词。

材料准备

字卡、呼啦圈

游戏过程

1. 教师请幼儿手拿字卡，集体念手里的字卡。

2. 幼儿扮演冰人，手拿字卡与教师一起围圈走，集体念儿歌《猜数字》。

3. 教师组织幼儿进行游戏，师幼一起边走边念儿歌，念儿歌结束，教师随机念字卡，拿该字卡的幼儿停止自己的动作，表示变成冰人，做错的幼儿停止一次游戏。

4. 幼儿互换字卡，教师将呼啦圈放在地上，教师念字卡，对应的冰人听到后立即站在呼啦圈内静止，做对的冰人可获得一枚小贴纸。做错的冰人则停止一次游戏。

参考照片

24 玩线球

游戏名称

小动物玩球

设计意图

结合儿歌内容加入一些运动的元素，将锻炼双手的协调能力结合到认读游戏中，在锻炼的过程中让幼儿复习、巩固《玩线球》中的字词。

材料准备

呼啦圈、字卡、小动物胸牌（小猫、小狗）

游戏过程

1. 幼儿佩戴小猫、小狗胸牌，围圆圈站好，幼儿集体认读所有字卡。

2. 教师将字卡排好，在终点放一个呼啦圈，幼儿依次在呼啦圈的后面排队。

3. 幼儿双手滚球，依次将球滚向字卡，并读出上面的字，正确认读后将球给后面的幼儿进行游戏。若念读不正确，则集体帮助他。

4. 教师组织幼儿进行多次游戏。

参考照片

25 滑冰

游戏名称

织围巾

设计意图

“织围巾”游戏中，同一个字会出现多次，教师让幼儿在寻找同一个字的过程中加深对字词的认识和记忆，那些能找到字词的幼儿会很有成就感。

材料准备

围巾字卡

游戏过程

1. 幼儿手拿字卡坐成半圆形。

2. 幼儿念儿歌《滑冰》，念儿歌结束后，幼儿认读字卡。

3. 幼儿开始织围巾游戏，幼儿排队依次织围巾，将自己的围巾字卡依次排在地上，每排一个，大家认读一次，直到大围巾织完。

4. 教师请幼儿依次认读大围巾上的所有字卡。

5. 教师组织幼儿交换字卡后，反复多次游戏。

参考照片

26 猫头鹰

游戏名称

老鼠笼

设计意图

幼儿对于角色扮演游戏有着极高的兴趣，因此设计“老鼠笼”的游戏，增加每个幼儿游戏的机会，也能让幼儿复习、巩固儿歌中的字词。

材料准备

老鼠字卡

游戏过程

1. 幼儿手拉手围成一个大圆圈站好，念儿歌《猫头鹰》，集体认读字卡。

2. 男生手拉手举高，围成圆圈站好，搭出老鼠笼，女生佩戴字卡扮演小老鼠，站在圈外。

3. 幼儿一起念儿歌“老鼠老鼠坏东西，偷吃粮食偷吃米，我们一起抓住它”，念儿歌的时候女生钻进、钻出老鼠笼，当儿歌念到“抓住它”时，男生一起蹲下，抓住老鼠。被抓住的老鼠念对身上的字卡后可以做老鼠笼继续游戏，如没有念对则会被淘汰。

4. 两轮游戏过后，幼儿交换角色再次游戏。

参考照片

4—5岁（上）

三

亲子游戏

1 欢乐蹦蹦跳

材料准备

跳舞毯、箭头图片、字卡“秋、树、蝴、蝶、洞、穿、送、落”

游戏玩法

家长为幼儿准备一个跳舞毯，在跳舞毯上贴上字卡并排列好。

玩法一：

1. 幼儿看字卡进行跳舞。

2. 幼儿根据家长提供的字卡，读出字卡并找出跳舞毯上相同字卡的位置，跟随音乐节拍用脚踩字卡。

3. 以此类推完成舞蹈。

玩法二：

1. 幼儿看标记进行跳舞。

2. 幼儿根据家长提供的箭头标记用脚踩对应的位置，并大声念出字卡。

3. 跟随音乐节拍完成舞蹈。

2 顶砖

材料准备

道具砖若干、超级玛丽头饰1个、字卡“时、旗、看、见、祖、国、蚯、蚓、蜜、蜂”

游戏玩法

家长用纸箱制作游戏道具砖，幼儿扮演超级玛丽的角色。将砖穿在线上，并将字词贴在砖上，将砖挂起来，幼儿跳起来用头顶到砖。

玩法一：

1. 将砖排列成一条直线。

2. 家长随机读出砖上面的汉字，幼儿就去找到对应的汉字。

3. 幼儿找到汉字后用自己的头顶一下砖，并大声地将汉字读出来。

玩法二：

1. 家长播放音乐，幼儿在砖下面自由行走。

2. 家长随机将音乐暂停，幼儿立马站立，用头顶到砖，同时大声地念出砖上的字。

3. 家长再次播放音乐，幼儿再次出发，循环此游戏。

3 动物连连看

材料准备

动物图片若干、地垫1块、字卡“猪、姨、栗、梨、柿、桃、伸、考”2套

游戏玩法

在家里创设动物连连看的情境。将汉字贴在动物卡片的背面，家长和幼儿各坐在地垫的两端。

玩法一：

1. 将汉字面朝下，动物面朝上放，家长与幼儿轮流把动物卡片翻过来读一读后面的字。

2. 幼儿和家长比比谁读得又快又准确。

玩法二：

1. 将汉字面朝上，动物面朝下放，找到相同的字卡认读，然后消除（拿走）。

2. 幼儿和家长比一比两人谁读得又正确又快速。

4 打猎

材料准备

猎人头饰2份、小鸟玩偶若干、小筐2个、字卡“鹅、清、莲、南、梅、惊、停、远”

游戏玩法

家长与幼儿扮演“猎人”，设置“打猎”的游戏情境，把字卡贴在玩偶(小鸟)身上，家长与幼儿一起玩“打猎”游戏。

玩法一：

1. 幼儿和家长一起去“打猎”。

2. 小鸟玩偶身上贴有字卡，幼儿和家长一起轮流进行“打猎”游戏。如果能成功读出小鸟玩偶身上的字卡，就能把对应的小鸟玩偶放进小筐里。

3. 数量多的一方获胜。

玩法二：

1. 家长把贴有字卡的小鸟玩偶朝后摆放。

2. 幼儿扮演猎人，猎人打中哪只小鸟，家长就把哪只小鸟玩偶朝前放。幼儿如果能读对字宝宝，就能把小鸟玩偶放入小筐里。

3. 幼儿和家长交换轮流进行游戏，打到小鸟数量多的为获胜方。

5 眼疾手快

材料准备

一次性纸杯若干、字卡“行、路、真、问、念、知、闪、品、海、旁”

游戏玩法

家长准备若干一次性纸杯，将字卡贴在纸杯的底部。

玩法一：

1. 把一次性纸杯倒过来放在桌子上，字卡朝上。

2. 一名家长当裁判，另一名家长和幼儿玩游戏。

3. 当裁判说出一个汉字时，幼儿和家长立即找出纸杯上的字，并大声读出该汉字。

4. 谁读出的汉字多谁就获胜。

玩法二：

1. 将杯子朝上放置，汉字压在杯底。

2. 幼儿与家长轮流将杯子翻过来，迅速读出杯子上的汉字，读对后，杯子上的汉字就归其所有。

3. 谁得到的杯子多为获胜者。

6 揪尾巴

材料准备

红色长绳若干、字卡“空、数、圆、线、滚、很、睡、觉、鹰、该”

游戏玩法

家长为幼儿准备一些红绳，在红绳另一边贴上字卡，并把红绳挂在家长的腰上当尾巴。

玩法一：

1. 将字卡尾巴挂在一位家长的腰上。

2. 幼儿根据另外一位家长说出的字，快速地追奔跑的家长，找到和家长说的字一样的小尾巴后就将其揪下来。

3. 直到所有尾巴被揪下，游戏结束。

玩法二：

1. 将字卡尾巴挂在家长和幼儿的腰上。

2. 幼儿和家长互相转着玩揪尾巴，揪下尾巴后需读出字卡，若读不出则还给对方，游戏继续进行。

3. 幼儿和家长比一比最后谁的尾巴最先被揪完，尾巴多的一方获胜。

4—5岁（下）

一 桌面游戏

1 爱妈妈

游戏名称

射门高手

设计意图

幼儿十分喜欢体育类的游戏，为幼儿创设“射门高手”的游戏情境。将户外的游戏活动运用到认读游戏中，引导幼儿在将小球射进门洞的过程中熟悉所学汉字，增加幼儿认读汉字的趣味性。

材料准备

鞋盒、绿色彩纸、纸筒芯、一次性筷子、瓶盖、自制字卡、塑封纸、粉色和绿色自粘纸

制作方法

1. 将鞋盒左右两边各割出长方形，在绿色彩纸上画上足球场地图样，把它贴在鞋盒里，做成足球场。

2. 将纸筒芯一分为二，分别用粉色和绿色的自粘纸装饰后抠出一个小洞，将一根一次性筷子插进去，做成篮网。

3. 将自制字卡贴在瓶盖上，做成足球。

4. 将足球和篮网放在足球场上。

游戏玩法

【双人游戏】一名幼儿用篮网圈住足球，并认读足球上的汉字，认读正确，这名幼儿就能够射进对方球门，认读错误，则要把足球放回原位。两人轮流进行游戏，将所有足球射完，游戏结束。谁射进对方球门的足球多，谁就获胜。

参考照片

2 请你帮点忙

游戏名称

翻翻乐

设计意图

为幼儿创设“翻翻乐”的游戏情境，引导幼儿在翻字卡猜一猜的过程中熟悉所学汉字，增加幼儿认读汉字的趣味性。在同伴竞争游戏中，让幼儿更有挑战性地进行认读游戏。

材料准备

泡沫地垫、银色自粘纸、红色和蓝色不织布、自制字卡、塑封纸

制作方法

1. 将泡沫地垫用银色自粘纸平均分成4×4的方格。
2. 将红色不织布剪成方形，蓝色不织布剪成圆形。
3. 自制字卡，塑封好，把它们粘贴在各种形状的不织布上。
4. 将同色的不织布放在同一个泡沫地垫的16个格子中。

游戏玩法

【双人游戏】两名幼儿各取一块翻翻乐游戏板。将卡片带汉字的一面朝下，两人同时开始翻卡片认读，认读正确可以将卡片拿走，认读错误则要把卡片放回原位，直到所有卡片都被拿走，游戏结束。谁先结束游戏谁就获胜。

参考照片

3 小蜗牛

游戏名称

小蜗牛吃树叶

设计意图

为幼儿创设“小蜗牛吃树叶”的游戏情境，引导幼儿在给小蜗牛喂不同树叶的过程中熟悉所学汉字，增加认读汉字的趣味性。在同伴竞争的游戏过程中，让幼儿的认读游戏更具挑战性。

材料准备

绿色KT板、酸奶盒、橙色彩纸、A4白纸、塑封纸

制作方法

1. 白纸上打印出数字1—8、汉字和蜗牛形象，并分别进行塑封。
2. 用橙色彩纸剪出树叶，将字卡粘贴在树叶上。
3. 数字卡贴在酸奶盒外侧，蜗牛图案贴在酸奶盒内侧。
4. 将装饰好的酸奶盒贴在绿色KT板上。

游戏玩法

【单人游戏】幼儿按照数字从小到大的顺序给小蜗牛送树叶。如果幼儿正确认读树叶上的汉字，就可将树叶喂给一只小蜗牛吃，直到树叶全部送完。若不能正确认读，则教师进行指导后继续游戏。

参考照片

4 小鸭子学游泳

游戏名称

一圈即中

设计意图

套圈是幼儿生活中比较喜欢的一种游戏形式，为幼儿创设“一圈即中”的套圈游戏情境，引导幼儿在套圈、取字、读字的过程中熟悉所学汉字，增加认读汉字的趣味性。

材料准备

纸筒芯、彩色吸管、彩色扭扭棒、自制字卡、塑封纸、蓝色自粘纸

制作方法

1. 把纸筒芯包上蓝色的自粘纸，作为套圈的底座。
2. 将彩色扭扭棒两根首尾相连固定变成套圈。
3. 将自制字卡剪成正方形塑封好，贴在彩色吸管上。
4. 将字卡吸管插进套圈的底座里。

游戏玩法

【双人游戏】一名幼儿拿圈套一个纸筒芯，另一名幼儿从该纸筒芯里随意拿出一个吸管字卡给其认读，如果幼儿能够正确认读上面的汉字，吸管就归其所有，若认读错误，则要把吸管放回原位。两人轮流进行游戏，吸管全部取完则游戏结束。谁的吸管多谁就获胜。

参考照片

5 动物运动会

游戏名称

小猴爬树

设计意图

小猴是幼儿比较喜欢的动物形象，为幼儿创设“小猴爬树”的游戏情境，引导幼儿在小猴爬高树的过程中熟悉所学汉字，增加认读汉字的趣味性。同伴的竞争使认读游戏更具挑战性。

材料准备

A4白纸、子母贴、塑封纸

制作方法

1. 在白纸上打印大树图案，进行塑封，在每棵大树上贴子贴。

2. 在白纸上打印小猴图案和汉字，一起塑封，制作成小猴字卡。在小猴字卡背面贴上母贴。

游戏玩法

【双人游戏】两名幼儿每人拿三棵树。一名幼儿拿取小猴字卡，正确认读，就可以把小猴贴在大树上，认读错误就放回原位。两人轮流进行游戏，小猴字卡全部拿完则游戏结束。谁树上的小猴多谁就获胜。

参考照片

6 耳朵大比拼

游戏名称

小货车嘟嘟嘟

设计意图

货车小司机是幼儿比较喜欢的一种角色扮演形象，为幼儿创设“小货车嘟嘟嘟”的游戏情境，引导幼儿在装货物的过程中熟悉所学汉字，增加认读汉字的趣味性。

材料准备

A4白纸、塑封纸、彩色海绵纸、银色自粘纸

制作方法

1. 用灰色海绵纸制作货车的车头和车身，用黑色海绵纸制作货车的4个车轮，用黄色海绵纸制作货车的灯，用蓝色海绵纸制作货车的窗户，用塑封纸在窗户下方贴一个插入字卡的口袋，用银色自粘纸在货车的车厢部位制作方格线。

2. 在白纸上打印出西瓜、草莓、葡萄等不同的水果图案和汉字，并一起塑封，制作成水果字卡。

游戏玩法

【双人游戏】两名幼儿各拿一辆货车，根据货车窗户下方的字，找到贴有相同字的水果，把它放在货车上。全部放完后，两人互相检查，看货车上的水果放得是否正确，如有错误，相互改正。

参考照片

7 春晓

游戏名称

趣味地鼠

设计意图

打地鼠是幼儿十分喜欢的一种游戏，为幼儿创设“趣味地鼠”的游戏情境，引导幼儿在打地鼠的过程中反复巩固认读。同时，双人的合作游戏会增加认读游戏的趣味性。

材料准备

纸箱、长纸筒管、黑色自粘纸、自制字卡、玩具榔头

制作方法

1. 将纸箱挖三个相同宽度的方形，当作地鼠洞。
2. 用黑色自粘纸装饰长纸筒管，作为抽拉杆。
3. 打印地鼠图片及汉字，一起进行塑封，并固定在纸筒管的一头。

游戏玩法

【双人游戏】一名幼儿操作地鼠，地鼠一出洞，另一名幼儿用玩具榔头敲击地鼠，并认读该地鼠身上的字卡，认读正确后，继续游戏。若认读不正确，则两人交换角色。游戏可反复进行。

参考照片

8 早发白帝城

游戏名称

向前冲

设计意图

棋类游戏一直是幼儿热爱的游戏，轮流闯关好玩又刺激。因此创设“向前冲”的游戏情境，让幼儿在快乐的游戏过程中认读、巩固字词。同时，同伴间的竞争可以增加认读游戏的趣味性。

材料准备

纸盒盖、绿色卡纸、自制字卡、骰子、棋子、黄色海绵纸、红色自粘纸

制作方法

1. 将绿色卡纸画成棋谱，贴在纸盒盖上，制作成棋盘。

2. 自制字卡塑封好，并贴在棋盘格子里。

3. 将红色自粘纸制作成箭头，作为起点，黄色海绵纸制作成皇冠，作为终点。

游戏玩法

【多人游戏】4名幼儿每人拿一个颜色棋子。以剪刀石头布决定出发顺序，轮流掷骰子，掷到数字几就走几格，念出相应格子中的汉字可前进，认读错误则返回原位。四人轮流进行游戏，谁先走到终点谁就获胜。

参考照片

9 明日歌

游戏名称

滚球闯关

设计意图

结合幼儿年龄特点，为幼儿创设“滚球闯关”的游戏情境，引导幼儿在游戏过程中熟悉所学汉字，增加认读汉字的趣味性。

材料准备

纸盒、白色KT板、彩色自粘纸、泡沫球、自制字卡

制作方法

1. 将纸盒作为底板，在纸盒四周用彩色自粘纸做成各种小树、房子等，进行装饰。

2. 把白色KT板割成小长条，分布在纸盒中，组装成闯关路线。

3. 将自制字卡塑封好后贴在底板上。

游戏玩法

【双人游戏】一名幼儿操作闯关盒，使小球从起点开始前进，沿着路线进行闯关游戏，到达字卡处，正确认读后继续前进，小球到达终点并且认读全部汉字则闯关成功，如认读错误则闯关不成功。两人轮流进行游戏。

参考照片

10 小伞兵

游戏名称

蒲公英旅行

设计意图

根据4—5岁幼儿的年龄特点，为幼儿创设“蒲公英旅行”的游戏情境，引导幼儿在游戏的过程中趣味认读。

材料准备

绿色和黄色不织布、橘色海绵纸、自制字卡、蒲公英图片、热气球图片、塑封纸

制作方法

1. 用绿色、黄色不织布制作成网格图。

2. 用橘色海绵纸做成箭头，贴在网格图里。

3. 将自制字卡做成圆形，贴在网格图里。

4. 将蒲公英和热气球图片塑封好，将热气球贴在网格图右下方，作为终点。

游戏玩法

【单人游戏】幼儿手拿一朵蒲公英，按照箭头的方向前进，并正确认读出前进过程中的汉字，最后到达热气球处，游戏结束。

参考照片

11 雨滴的话

游戏名称

毛毛虫要长大

设计意图

毛毛虫是幼儿非常感兴趣的动物形象，由此设计“毛毛虫要长大”的游戏情境，让幼儿在帮助毛毛虫长大的游戏过程中，巩固对字词的认识。同时，同伴的竞争可以增加认读游戏的趣味性。

材料准备

泡沫地垫、毛毛虫头部图片、绿色彩纸、自制字卡

制作方法

1. 在泡沫地垫上贴上毛毛虫的头部。
2. 将绿色彩纸制作成圆形身体，把字卡粘贴在圆形身体上，一起塑封。

游戏玩法

【双人游戏】两名幼儿分别选取1个毛毛虫的头部和7个圆形身体字卡。幼儿同时拿取圆形身体字卡，认读上面的汉字，认读正确就可以拼接上毛毛虫的身体，认读错误则不能拼接。谁的毛毛虫身体字卡先拼接完谁就获胜。

参考照片

12 符号小世界

游戏名称

青蛙垒垒高

设计意图

搭建类的游戏是幼儿经常玩的桌面游戏，为幼儿创设“青蛙垒垒高”的游戏情境，引导幼儿在垒高青蛙杯的游戏过程中熟悉所学汉字，增加认读汉字的趣味性。

材料准备

一次性纸杯、绿色彩纸、彩色卡纸、塑封纸

制作方法

1. 在绿色彩纸上打印青蛙字卡并进行塑封。
2. 将青蛙字卡粘贴在一次性纸杯上。
3. 在纸杯底座写上不同的数字。
4. 在彩色卡纸上画出数字排列卡。

游戏玩法

【单人游戏】幼儿选择一张数字排列卡。根据排列卡上的数字，选取相应的青蛙数字杯，幼儿只有正确认读青蛙数字杯上的汉字，才能获得杯子。最后按照杯子垒高图示进行搭建，游戏即完成。多次更换选择排列卡，可进行多次游戏。

参考照片

13 夏娃娃

游戏名称

有趣的苹果

设计意图

苹果是幼儿比较熟悉的食物，把苹果与苹果树作为道具，创设“有趣的苹果”的游戏情境，鼓励幼儿在摘取苹果的游戏过程中熟悉字词。同时，同伴的竞争可以增加认读活动的趣味性。

材料准备

白色KT板、纸盒、绿色海绵纸、红色彩纸、自制字卡、子母贴、塑封纸

制作方法

1. 把绿色海绵纸剪成小树，粘贴在白色KT板上，将母贴贴在小树上。

2. 将绿色小树与纸盒粘贴组装在一起。

3. 将红色彩纸制作成苹果，把自制字卡贴在苹果上，进行塑封，将子贴贴在苹果字卡背面。

4. 将苹果字卡贴在小树上。

游戏玩法

【双人游戏】两名幼儿同时比赛摘苹果。摘一个苹果，并读出苹果上的汉字。认读正确就可以将苹果放进自己的盒子里，认读错误则不摘。最先把苹果全部摘下的幼儿获胜。

参考照片

夏
变
变
戏
水
戏
戏
变
水
夏
夏
水
KAMWAH
THE PENINSULA

变
变
戏
水
变
水
KAMWAH
THE PENINSULA
戏
夏
戏
夏
水
夏

14 小水管

游戏名称

争夺彩杯

设计意图

结合幼儿年龄特点，创设“争夺彩杯”的游戏，让幼儿通过抢夺纸杯的游戏复习、巩固已学的字词。同时，同伴间的竞争可以增加认读游戏的趣味性。

材料准备

纸盒、A4白纸、彩色杯子、塑封纸

制作方法

1. 根据12个纸杯口的大小排列，将纸盒裁剪为底板。

2. 将白纸打印后制作成与杯口一样大小的圆形字卡，进行塑封，再固定在纸盒上。

3. 将各色圆形字卡用杯子盖住。

游戏玩法

【双人游戏】一名幼儿翻开杯子，认读杯底的汉字，正确认读就可以得到杯子，认读错误则要把杯子放回原位。两人轮流进行游戏，杯子全部被拿走则游戏结束。谁的杯子多谁就获胜。

参考照片

15 蚕姑娘

游戏名称

送动物回家

设计意图

帮助小动物是幼儿非常喜欢的一个游戏情节，由此设计“送动物回家”的桌面游戏，将《蚕姑娘》儿歌中的汉字融在小动物的形象中，在游戏操作的过程中增加幼儿的认读兴趣。

材料准备

A4白纸、绿色KT板、自制字卡

制作方法

1. 将绿色KT板作为底板，在白纸上打印房子图，把它贴在底板上，作为小熊的家。

2. 在白纸上打印粉、紫、蓝、棕四色小熊头像，每一栋房子上贴不同颜色的小熊头像。

3. 将自制字卡和不同颜色小熊头像贴在一起，塑封后制作成小熊字卡。

游戏玩法

【单人游戏】幼儿选择一种颜色小熊字卡，正确认读小熊字卡上的汉字后，把小熊字卡贴在对应颜色小熊的房子上，将小熊送回家。四种颜色的小熊全部送回家后，游戏结束。

参考照片

16 蝌蚪

游戏名称

瓶盖流浪记

设计意图

迷宫游戏具有挑战性，是幼儿所喜欢的游戏。设计“瓶盖流浪记”的迷宫游戏，为幼儿创设一个故事情节。引导幼儿在操作游戏过程中，边玩边巩固汉字，边念边匹配图文关系，增加游戏的趣味性。

材料准备

绿色KT板、A4白纸、塑料瓶盖、塑封纸、塑料小棒、自制字卡

制作方法

1. 将绿色KT板镂空雕刻出路线，制作成迷宫底板。

2. 用白纸打印与汉字对应的图片，塑封好后贴在迷宫底板的每一个路口处。

3. 自制字卡，塑封好后粘贴在瓶盖上，瓶盖凹进端贴在塑料小棒上。

游戏玩法

【单人游戏】幼儿选取一个瓶盖小棒，在迷宫板上滑动，在每个与该汉字匹配的图片路口停留，一一匹配，念出瓶盖上的汉字。将所有瓶盖小棒都走一遍迷宫后游戏结束。

参考照片

17 照镜子

游戏名称

吃吃吃

设计意图

吃美味的食物是幼儿非常感兴趣的游戏场景。制作一个可以流动的“面条”和“卤蛋”游戏材料，创设“吃吃吃”的情境，让幼儿通过操作游戏复习、巩固字词。

材料准备

A4白纸、绿色KT板、白纸、绘画笔

制作方法

1. 将绿色KT板作为底板，在白纸上画一个小朋友头像（嘴巴处割出缝隙）和一个大碗，按轮廓剪下，贴在KT板上。

2. 用白纸打印汉字，制作出若干小字卡（卤蛋）和一条长字条（面条）。

3. 将长字条（面条）插入小朋友头像的嘴巴缝隙中。

4. 将小字卡（卤蛋）放置在大碗周围。

游戏玩法

【单人游戏】幼儿用手将长字条（面条）喂进卡通人物嘴巴里，每当推一个字进嘴巴时，就拿出对应的小字卡（卤蛋）放进碗里并认读，全部长字条（面条）喂完，游戏结束。

参考照片

18 胖爸爸

游戏名称

趣味翻翻卡

设计意图

幼儿喜欢挑战类的游戏，对益智区的棋类非常感兴趣。结合《胖爸爸》的儿歌内容，设计“趣味翻翻卡”的棋类游戏，提高幼儿的认读兴趣。同时，同伴间的竞争可以增加认读活动的趣味性。

材料准备

绿色KT板、白色自粘纸、彩纸

制作方法

1. 绿色KT板作为底板，将白色自粘纸剪成长条，交叉粘贴成方格。
2. 把汉字打印在彩纸上，制作成方形的字卡。
3. 将所有的方块字卡反扣在底板上的方格中。

游戏玩法

【双人游戏】一名幼儿翻动字卡认读，认读正确，字卡归其所有，认读错误，则把字卡放回原处。两人轮流进行，全部字卡拿走则游戏结束。谁得到的字卡多谁就获胜。

参考照片

19 航天梦

游戏名称

拔萝卜

设计意图

幼儿对于《小兔拔萝卜》的故事情节非常感兴趣，将认读游戏活动与故事情节相结合，引导幼儿感受小兔拔萝卜的乐趣。在情境式游戏材料的操作过程中，幼儿在玩中学，在学中玩。

材料准备

纸盒、A4白纸、绿色和橘色卡纸

制作方法

1. 纸盒反过来放置，割出缝隙，作为拔萝卜的底板。
2. 用绿色和橘色卡纸做出胡萝卜。
3. 在白纸上打印汉字，将汉字贴在胡萝卜上，制作成胡萝卜字卡。
4. 将胡萝卜字卡插进底板缝隙中。

游戏玩法

【单人游戏】幼儿将胡萝卜字卡从“地里”拔出来，并认读胡萝卜上的汉字，认读正确，将胡萝卜放在桌上，认读错误，则将胡萝卜放回原位。全部拔出则游戏结束。

参考照片

20 数一数

游戏名称

坐满校车

设计意图

幼儿有丰富的坐车经验，因此创设一个“坐满校车”的游戏情境，让幼儿在颜色匹配、汉字认读的游戏操作过程中，做到玩一玩、读一读、认一认，在不断重复的游戏中巩固所学内容。

材料准备

黑色KT板、绿色卡纸、A4白纸、塑封纸、街景图片

制作方法

1. 将黑色KT板作为马路的底板。
2. 在底板上方用楼房、红绿灯等街景图片布置出马路场景。
3. 把绿色卡纸剪成草坪形状贴于底板下方。
4. 打印6辆校车，把6种颜色的圆形分别贴在6辆校车的车窗位置。
5. 用与圆形相同的6种颜色打印汉字并塑封好，贴在绿色草坪上。

游戏玩法

【单人游戏】幼儿拿取草坪上的颜色字卡，只有找到颜色相同的校车，并正确认读字卡上的汉字，才能让字卡“坐”上校车。所有颜色字卡全部“坐”上匹配的校车后，游戏结束。

参考照片

21 小小手

游戏名称

小猫跳格子

设计意图

户外游戏“跳格子”深受幼儿喜爱，创设“小猫跳格子”的游戏情境，将户外游戏跳格子融入桌面游戏中，幼儿可以通过比赛跳格子巩固认读的汉字，在玩中学，在学中玩。

材料准备

黑色KT板、橙色自粘纸、绿色卡纸、小猫图片、自制字卡、塑封纸

制作方法

1. 将橙色自粘纸剪成房子的形状，贴在黑色KT板上作为底板。
2. 把绿色卡纸剪成大小相同的12个小正方形，贴在小房子内做成格子。
3. 将字卡塑封好贴在格子里。
4. 将小猫图片放置在房子下方。

游戏玩法

【双人游戏】两名幼儿各拿取一张小猫图片代表自己。一名幼儿说口令，如“向上跳一格”或者“向右跳两格”，另一名幼儿手持小猫按要求跳格子，并认读格子里的汉字，认读正确得1分，认读错误不得分。两人轮流进行游戏，最后谁得分较高，谁就获胜。

参考照片

22 刷牙歌

游戏名称

车位PK

设计意图

结合幼儿的生活经验，创设“车位PK”的游戏情境，让幼儿通过掷骰子找车位的方式来巩固所学字词。

材料准备

纸盒、彩色自粘纸、自制字卡、小汽车玩具、骰子、塑封纸

制作方法

1. 将纸盒作为“停车场”的底板。

2. 把彩色自粘纸剪成细条状，将“停车场”的四周进行等分，制作成“停车场”内的“停车位”。

3. 将自制字卡塑封好后，贴在小汽车玩具上，车位前写好数字。

游戏玩法

【多人游戏】一名幼儿做裁判，两名幼儿各选两种颜色字卡的汽车，一个为蓝、绿色，一个为红、黄色。裁判掷骰子，两名幼儿从中间停车场挑选一辆汽车并正确认读汉字，然后根据骰子上的点数找到对应数字的车位停好。若认读错误，则不能停放在车位上。如果掷到的数字车位上已经有字卡，那么裁判需要重新掷骰子。两人依次进行游戏，谁先停满汽车谁获胜。

参考照片

23 猫捉老鼠

游戏名称

小小外送员

设计意图

生活中经常会见到外送员，因此设计“小小外送员”的情境游戏，通过外送员配送“食物”的游戏方式，帮助幼儿在游戏情境中操作游戏材料，加深对所学汉字的记忆。

材料准备

壁挂式收纳袋、塑封纸、自制字卡、食品图片、房间号、楼号

制作方法

1. 将壁挂式收纳袋剪成屋顶形状。
2. 用白纸打印房间号、楼号，并把它们贴在每个房间及楼顶上。
3. 用白纸打印带有房间号的食物图片并塑封好，作为外送单。
4. 将自制彩色字卡塑封好后贴在外送单上。

游戏玩法

【多人游戏】一名幼儿做裁判，两名幼儿各选一种颜色的字卡。裁判报出房间号，两名幼儿找到对应房间号的外送单并念出上面的汉字，如果认读正确，就可以送货，并将外送单插进相应的房间格子里，若认读错误，则要把外送单放回原位。游戏依次进行，谁先将外送单全部送完谁获胜。

参考照片

就 402
摇 401
摇 302
就 301
就 102
它 201
就 101
它 202
1 2 3 4
401 402 403 404
301 302 303 304
201 202 203 204
101 102 103 104
摇 403
摇 303
就 304
就 404
摇 204
它 203
它 104
它 103

1 2 3 4
摇 401
就 402
摇 403
就 404
就 301
摇 302
摇 303
就 304
它 201
它 202
它 203
摇 204
就 101
就 102
它 103
它 104

24 小小熊

游戏名称

小鱼吹泡泡

设计意图

结合幼儿年龄特点，创设“小鱼吹泡泡”的游戏情境，通过吹一吹、念一念的游戏方式巩固认读。

材料准备

彩色海绵纸、粉色不织布、自制字卡、小鱼图片

制作方法

1. 打印小鱼图片两张。

2. 将橙色、绿色、黄色海绵纸剪成大小相等的圆形做泡泡，自制字卡并塑封好，贴在泡泡上。

游戏玩法

【双人游戏】两名幼儿分别选择一条小鱼，同时开始吹泡泡。幼儿拿取一个泡泡，认读泡泡上的字卡，认读正确，可将泡泡放在小鱼后面，认读错误，则要将泡泡放回原位。谁先吹完所有泡泡谁获胜。

参考照片

25 春夏秋冬

游戏名称

母鸡下蛋

设计意图

母鸡下蛋是深受幼儿喜欢的体育游戏,创设“母鸡下蛋”的游戏情境,让幼儿通过为母鸡妈妈寻找蛋宝宝的游戏方式,巩固对所学汉字的认识,在反复的游戏操作过程中体验认读活动的趣味性。

材料准备

仿真鸡蛋、蛋托、塑料盘子、A4白纸、塑封纸

制作方法

1. 用白纸打印字卡,塑封好后贴在仿真鸡蛋上,鸡蛋放于塑料盘子内。
2. 两个鸡蛋托并列摆放。

游戏玩法

【单人游戏】幼儿随机拿取盘子里的鸡蛋,认读鸡蛋上的汉字,认读正确,可以把鸡蛋放进母鸡妈妈的蛋托里,认读错误,则要把鸡蛋放回盘子里。鸡蛋全部放进鸡蛋托里后,游戏结束。

参考照片

4—5岁（下）

二

集体游戏

1 爱妈妈

游戏名称

妈妈咪呀

设计意图

结合幼儿喜欢互动游戏的特点，创设“妈妈咪呀”的游戏，引导幼儿在集体游戏的过程中复习、巩固《爱妈妈》中的字词。

材料准备

字卡

游戏过程

1. 教师与幼儿一起念读儿歌《爱妈妈》。

2. 教师与幼儿一起认读礼物大字卡。

3. 教师将幼儿分成两组，一组坐着，为选礼物的幼儿，一组背对背站着，为猜礼物的幼儿。

4. 教师组织幼儿进行游戏。教师将代表“妈妈礼物”的那张字卡出示给坐着选礼物的幼儿看，幼儿看完点头示意。教师组织两组幼儿交换位置，让猜礼物的幼儿每人选一个字卡礼物坐在座位上。猜礼物的幼儿集体询问站着的选礼物的幼儿“……，……，是礼物？”如果不是，站在他身后的幼儿回答：“……，……，它不是。”如果是，站着的幼儿上前指认字卡并回答：“……，……，它就是,妈妈咪呀!"

5. 教师调换作为礼物的字卡,组织幼儿多次进行游戏。

6. 教师调换幼儿的分组,组织幼儿多次进行游戏。

参考照片

2 请你帮点忙

游戏名称

妈妈的信

设计意图

结合幼儿喜欢互动游戏的特点，创设“妈妈的信”的游戏，引导幼儿在集体游戏的过程中复习、巩固《请你帮点忙》中的字词。

材料准备

字卡球、自制信箱、盘子

游戏过程

1. 教师与幼儿一起念读儿歌《请你帮点忙》。

2. 教师出示一个信箱，从里面摸出字卡与幼儿一起集体念读。

3. 教师组织幼儿分两组站好，每组前面放一个信箱和一个盘子。

4. 两组幼儿同时开始游戏，每组的首位幼儿从箱内摸出一个字卡球，认读球上的字卡，认读正确的幼儿将字卡球放到盘子里，回到队尾。认读错误的幼儿由小组成员帮助认读，认读正确后再将字卡球放回箱内。幼儿依次认读，最先念完信箱中字卡球的队伍获胜。

5. 教师可调整信箱里的字卡，反复多次进行游戏。

参考照片

3 小蜗牛

游戏名称

小蜗牛运粮食

设计意图

结合幼儿喜欢爬行游戏的特点，创设“小蜗牛运粮食”的游戏，引导幼儿在集体游戏的过程中复习、巩固《小蜗牛》中的字词。

材料准备

字卡、地垫

游戏过程

1. 教师与幼儿一起念读儿歌《小蜗牛》。

2. 教师出示大字卡，引导幼儿集体念读。

3. 教师让幼儿分三组站好，每组幼儿前面铺好地垫，地垫的另一边放好等量的字卡。三组幼儿同时开始游戏，每队的首位幼儿爬到地垫另一头，拿起字卡并念出汉字，就可以将字卡带回起点，排到队尾。念错的幼儿，小组其他幼儿帮忙认读后可拿回字卡，回到起点，排到队尾。幼儿依次进行游戏，最先运回所有字卡的队伍获胜。

4. 教师可调整地垫前的字卡，组织幼儿多次进行游戏。

参考照片

4 小鸭子学游泳

游戏名称

小动物找食物

设计意图

结合幼儿喜欢互动游戏的特点，创设“小动物找食物”的游戏，引导幼儿在集体游戏的过程中复习、巩固《小鸭子学游泳》中的字词。

材料准备

字卡、小动物头饰

游戏过程

1. 教师与幼儿一起念读儿歌《小鸭子学游泳》。

2. 教师出示大字卡，引导幼儿集体念读。

3. 教师组织幼儿戴上小动物头饰，排队站立并闭上眼睛。教师将字卡当作食物藏在教室的不同地方供幼儿寻找。教师藏好后，请幼儿去寻找字卡，找到字卡并能正确认读的幼儿可以获得字卡。

4. 幼儿找到所有字卡后游戏结束，比比谁找到的字卡多。

5. 教师可调整藏字卡的不同位置，反复多次进行游戏。

参考照片

5 动物运动会

游戏名称

谁会跳

设计意图

结合幼儿喜欢互动游戏的特点，创设“谁会跳”的游戏，引导幼儿在集体游戏的过程中复习、巩固《动物运动会》中的字词。

材料准备

字卡、呼啦圈

游戏过程

1. 教师与幼儿一起念读儿歌《动物运动会》。

2. 教师出示大字卡，引导幼儿集体念读。

3. 教师将呼啦圈四散放在地上，在呼啦圈前面放上一张字卡。幼儿围站在呼啦圈的四周。

4. 教师组织幼儿进行游戏，教师说出一个汉字，幼儿迅速寻找该字卡，然后跳进对应的呼啦圈里，最先跳进呼啦圈中的幼儿获得贴纸奖励。幼儿认读完所有字卡后，游戏结束。

5. 教师可替换呼啦圈里的字卡，组织幼儿多次进行游戏。

参考照片

6 耳朵大比拼

游戏名称

悄悄话

设计意图

结合幼儿喜欢互动游戏的特点，创设“悄悄话”的游戏，引导幼儿在集体游戏的过程中复习、巩固《耳朵大比拼》中的字词。

材料准备

字卡

游戏过程

1. 教师与幼儿一起念读儿歌《耳朵大比拼》。

2. 教师出示大字卡，引导幼儿集体念读。

3. 教师组织幼儿进行游戏，幼儿站成一排，首位幼儿面朝教师，其他幼儿面朝反方向。教师将字卡给首位幼儿看，首位幼儿拍下一位幼儿的肩膀，并将字卡上的汉字轻轻地告知该幼儿，剩余幼儿依次用悄悄话的形式进行游戏。最后一位幼儿念出听到的汉字，念对即为胜利。

4. 教师更换字卡，组织幼儿多次进行游戏。

参考照片

7 春晓

游戏名称

春笋多多

设计意图

结合课文内容创设“春笋多多”的游戏情境，引导幼儿在拔春笋的集体游戏过程中复习、巩固《春晓》中的字词。

材料准备

春笋字卡、积木

游戏过程

1. 教师请幼儿围坐成U字形，集体念古诗《春晓》。

2. 教师将春笋字卡布置在架子上，引导幼儿集体念读字卡。

3. 教师扮演农夫，请一名幼儿拔出一个春笋，将春笋字卡大声认读，并将字卡展示给其他幼儿看。如果幼儿念对，其余幼儿就拍手赞同；如果念错，其余幼儿就帮忙纠正。教师邀请幼儿轮流进行游戏，所有春笋字卡被拔完后，游戏结束。

4. 教师可请幼儿来做农夫多次进行游戏。

参考照片

8 早发白帝城

游戏名称

芝麻开门

设计意图

结合古诗内容创设“芝麻开门”的游戏，引导幼儿在集体游戏的过程中复习、巩固《早发白帝城》中的字词。

材料准备

字卡、拱门

游戏过程

1. 教师与幼儿一起念读古诗《早发白帝城》。

2. 教师将字卡贴在拱门上，引导幼儿认读拱门上的字卡。

3. 教师与幼儿集体念儿歌：芝麻门儿快点开，我带朋友一起去。儿歌念完后，幼儿依次认读拱门上的字卡，幼儿认读正确后可钻进拱门，若认读错误，则其余幼儿帮忙后再钻进拱门，直到每位幼儿都钻过拱门，游戏结束。

4. 教师可调整拱门上的字卡，组织幼儿反复进行游戏。

参考照片

9 明日歌

游戏名称

种太阳

设计意图

幼儿喜欢《种太阳》这首歌曲，结合幼儿同伴互动的特点，创设“种太阳”的游戏，引导幼儿在游戏的过程中复习、巩固《明日歌》中的字词。

材料准备

太阳字卡

游戏过程

1. 幼儿围成一个大圆圈坐好，教师带领幼儿念《明日歌》。

2. 教师出示太阳字卡，幼儿集体念读。

3. 教师组织幼儿进行游戏，教师出示一张太阳字卡，第一个抢答正确的幼儿可以去“种”下太阳字卡。幼儿认读完所有太阳字卡后，游戏结束。

参考照片

10 小伞兵

游戏名称

小小蒲公英

设计意图

根据幼儿熟悉蒲公英的特点，由此设计“小小蒲公英”的游戏情境，引导幼儿在集体游戏的过程中复习、巩固《小伞兵》中的字词。

材料准备

字卡

游戏过程

1. 教师与幼儿集体念读儿歌《小伞兵》。

2. 幼儿每人手拿一张字卡，进行自由认读。

3. 教师组织幼儿进行游戏，幼儿并靠在一起蹲下，扮演蒲公英。教师做吹风的动作，风吹向哪个幼儿，哪个幼儿就站出来认读字卡上的字宝宝。幼儿念对了，其余幼儿一起说“蒲公英飞飞飞”；幼儿念错了，集体纠正。幼儿认读完所有字卡后游戏结束。

4. 教师组织幼儿互相交换字卡，游戏重复进行。

参考照片

11 雨滴的话

游戏名称

春雨沙沙

设计意图

结合儿歌的雨季内容，创设“春雨沙沙”的集体游戏，引导幼儿在与同伴游戏的过程中复习、巩固《雨滴的话》中的字词。

材料准备

雨滴字卡、雨伞

游戏过程

1. 教师与幼儿一起念读儿歌《雨滴的话》。

2. 教师将字卡贴在雨伞上，幼儿集体认读。

3. 一名幼儿手撑雨伞站在中间，其余幼儿围圈站好。

4. 幼儿集体念儿歌《雨滴的话》，念完儿歌，围圈的幼儿取下一个雨滴认读。认读正确，下面的幼儿一起说“滴答滴答”；认读错误，集体纠正。幼儿认读完所有字卡后游戏结束。

5. 教师更换雨伞上的雨滴字卡，组织幼儿反复进行游戏。

参考照片

12 符号小世界

游戏名称

青蛙捉害虫

设计意图

幼儿了解青蛙的很多特性，结合科学知识的内容开展“青蛙捉害虫”的集体游戏，在游戏情境中复习、巩固《符号小世界》中的字词。

材料准备

害虫字卡、青蛙手偶

游戏过程

1. 教师与幼儿集体念读儿歌《符号小世界》。

2. 幼儿围圈而坐，教师将害虫字卡分散在地上，引导幼儿集体认读。

3. 教师戴上手偶扮演青蛙，示范如何抓害虫，并请幼儿念出抓到的害虫身上的汉字。

4. 教师组织幼儿进行游戏，教师将青蛙手偶随机给一名幼儿，让他扮演青蛙，幼儿抓到害虫后念出汉字，若认读正确要将害虫拿走，若认读错误则要留下害虫。幼儿轮流扮演青蛙，参与游戏，直到害虫全部抓完。

参考照片

13 夏娃娃

游戏名称

跳水坑

设计意图

结合幼儿喜欢玩水的天性，创设“跳水坑”的游戏情境，引导幼儿在与同伴集体游戏的过程中复习、巩固《夏娃娃》中的字词。

材料准备

字卡、呼啦圈

游戏过程

1. 教师与幼儿一起念读儿歌《夏娃娃》。

2. 教师与幼儿一起认读大字卡。

3. 教师将呼啦圈作为水坑放置在地上，字卡放在呼啦圈里。

4. 教师组织幼儿进行游戏，幼儿在圈外一边走动一边念儿歌《夏娃娃》，念完儿歌，幼儿跳进一个水坑，并念出自己所站水坑中的汉字。

5. 教师进行验证。幼儿认读正确，继续跳水坑；认读错误，其他幼儿帮助后继续跳水坑。

6. 教师组织幼儿反复进行游戏。

参考照片

14 小水管

游戏名称

点兵点将

设计意图

结合4—5岁幼儿的年龄特点，创设“点兵点将”的游戏，引导幼儿在与同伴集体游戏的过程中复习、巩固《小水管》中的字词。

材料准备

字卡

游戏过程

1. 教师与幼儿一起念读儿歌《小水管》。

2. 教师与幼儿一起念读大字卡，教师再将字卡背面朝上依次排列在地上。

3. 教师引导幼儿念儿歌：点兵点将，谁是我的好老将。幼儿随意选一张字卡开始游戏，边念儿歌边用手指从左向右数字卡，在数到最后一个“将”字时，翻看字卡并正确认读该字则可取走字卡，如不能正确认读则要留下字卡。

4. 幼儿依次进行认读游戏，所有字卡都被领取完，游戏结束，取回字卡最多的幼儿获胜。

参考照片

15 蚕姑娘

游戏名称

垫子翻翻乐

设计意图

结合4—5岁幼儿的年龄特点，创设“垫子翻翻乐”的游戏，引导幼儿在集体游戏的过程中复习、巩固《蚕姑娘》中的字词。

材料准备

地垫字卡（标有数字）、贴纸

游戏过程

1. 教师与幼儿一起念读《蚕姑娘》。

2. 教师出示地垫字卡，引导幼儿一起认读。

3. 教师将地垫字卡依次排列在架子上。

4. 教师和幼儿通过对念儿歌的形式进行游戏。师：123。幼儿：456。师：谁来翻？幼儿：我来翻。师：……，翻几号？幼儿：老师，翻……号。教师根据幼儿说的数字将字卡翻过来，该幼儿念出字卡上的字。若幼儿认读正确可获得一张贴纸，若认读错误则集体帮助认读。幼儿认读完所有字卡后，游戏结束。

5. 教师调整地垫后的字卡，组织幼儿反复进行游戏。

参考照片

16 蝌蚪

游戏名称

打电话

设计意图

结合幼儿喜欢角色扮演的特点，创设“打电话”的集体游戏，引导幼儿在与同伴游戏的过程中复习、巩固《蝌蚪》中的字词。

材料准备

字卡、电话

游戏过程

1. 教师与幼儿一起念读儿歌《蝌蚪》。

2. 教师与幼儿一起认读字卡。

3. 幼儿手拿字卡围成圆圈坐好，教师坐中间玩打电话游戏。

4. 教师组织幼儿进行游戏，教师边做打电话的动作，边说：“叮铃铃、叮铃铃。”幼儿问：“喂喂喂，你找谁？”教师回答：“喂喂喂，我找……”拿对应字卡的幼儿站起来，举起字卡说：“我是……”幼儿集体验证，如字卡正确，幼儿全体认读，如字卡错误，幼儿帮助纠正。全部幼儿认读字卡后，游戏结束。

5. 教师组织幼儿更换字卡后多次进行游戏。

参考照片

17 照镜子

游戏名称

看谁站得快

设计意图

结合4—5岁幼儿的年龄特点，创设“看谁站得快”的游戏，引导幼儿在游戏的过程中复习、巩固《照镜子》中的字词。

材料准备

字卡、呼啦圈

游戏过程

1. 教师与幼儿一起念读儿歌《照镜子》。

2. 教师与幼儿一起认读大字卡。

3. 教师将呼啦圈围成一圈摆放，每个呼啦圈中放一张字卡。

4. 教师组织幼儿进行游戏，幼儿站在呼啦圈外围圆走。教师发出指令：一二一，站圈圈，看谁站到一个小圈圈。教师念完指令，幼儿快速站到一个圈圈里，并念出圈里的字，能正确认读的幼儿继续游戏，认读错误的幼儿淘汰。留到最后的幼儿获胜。

5. 教师更换圈里的字卡，组织幼儿多次进行游戏。

参考照片

18 胖爸爸

游戏名称

找朋友

设计意图

结合4—5岁幼儿的年龄特点，创设“找朋友”的游戏，引导幼儿在集体游戏的过程中复习、巩固《胖爸爸》中的字词。

材料准备

呼啦圈、字卡

游戏过程

1. 教师与幼儿一起念读儿歌《胖爸爸》。

2. 教师与幼儿一起认读大字卡。

3. 教师将呼啦圈围成圈摆在地上，将字卡放在呼啦圈里。

4. 教师组织幼儿进行游戏。幼儿手拉手围成一个圆圈，站在呼啦圈外面。教师给出指令“……小朋友找……字”，被点到名的幼儿站到有对应字卡的呼啦圈里，取出呼啦圈里的字卡。寻找正确的幼儿继续游戏，寻找错误的幼儿淘汰。幼儿认读完所有字卡后，游戏结束。

5. 教师可指多名幼儿同时站到呼啦圈里，游戏反复多次进行。

参考照片

19 航天梦

游戏名称

蚂蚁搬豆

设计意图

结合4—5岁幼儿的年龄特点，创设“蚂蚁搬豆”的游戏，引导幼儿在集体游戏的过程中复习、巩固《航天梦》中的字词。

材料准备

豆豆字卡、蚂蚁图片

游戏过程

1. 教师与幼儿集体念读儿歌《航天梦》。

2. 教师出示豆豆字卡，幼儿集体认读。

3. 幼儿胸前贴蚂蚁图片扮演小蚂蚁，教师将豆豆字卡散落在地面。

4. 教师组织幼儿进行游戏，幼儿念儿歌：小蚂蚁，来搬豆，搬回洞中好囤粮。念完儿歌后，幼儿拿取一个豆豆字卡进行认读。若认读正确，则把豆豆搬运回洞；若认读错误，则集体帮助后把豆豆搬回洞里。

5. 教师可调整豆豆字卡位置，组织幼儿多次进行游戏。

参考照片

20 数一数

游戏名称

摘果果

设计意图

4—5岁幼儿喜欢抢答游戏，因此设计“摘果果”的游戏，引导幼儿在集体游戏中复习、巩固《数一数》中所学的字词。

材料准备

字卡、果树背景板

游戏过程

1. 幼儿围成一个大圆圈坐好，教师手持果树坐在对面。

2. 幼儿拍手念儿歌《数一数》，儿歌结束后，教师出示果子字卡，幼儿集体认读。

3. 教师随机说出想要摘下的果子字卡，幼儿比赛摘果子，先摘到正确果子的幼儿可获得这个果子。摘对果子的幼儿可以代替教师成为下一位出题的人，游戏反复进行，直到果子全部被摘下，游戏结束。

4. 教师可调整果子字卡的位置，组织幼儿多次进行游戏。

参考照片

21 小小手

游戏名称

双手拍拍

设计意图

结合儿歌《小小手》的内容，创设"双手拍拍"的游戏，引导幼儿通过集体游戏巩固对汉字的认读，同时享受与同伴一起游戏的快乐。

材料准备

字卡2套、手印游戏板

游戏过程

1. 教师与幼儿一起念读儿歌《小小手》。

2. 教师将手印游戏板放于中间，字卡贴在四周，幼儿4人一组分别坐在游戏板的四周。

3. 教师指读手印游戏板上的字卡，幼儿集体认读。

4. 教师组织幼儿进行游戏，教师出示大字卡，幼儿根据教师出示的汉字及时找到游戏板上对应的汉字，并用手将其遮住，同时读出该字。第一个找到字卡且认读正确的幼儿可以获得贴纸一枚，认读不正确则集体纠正，不获得贴纸。

5. 教师组织幼儿反复多次进行游戏，最终获得贴纸最多的幼儿获胜。

6. 教师可调整手印游戏板上字卡的顺序，组织幼儿多次进行游戏。

参考照片

22 刷牙歌

游戏名称

捉迷藏

设计意图

根据幼儿喜欢与同伴玩躲猫猫的特点，由此设计“捉迷藏”的游戏，引导幼儿在集体游戏中复习、巩固《刷牙歌》中所学的字词。

材料准备

字卡

游戏过程

1. 教师与幼儿一起念读儿歌《刷牙歌》。

2. 教师与幼儿一起集体念读字卡。

3. 幼儿围成一个大圆圈坐好。教师将字卡分散在教室的各个角落。

4. 教师组织幼儿进行游戏，教师带领幼儿拍手念儿歌《刷牙歌》，儿歌念完后，幼儿去寻找藏在教室四周的字卡。幼儿找到字卡后大声认读，若认读正确，可获得该字卡，若认读错误，则要把字卡放回原位。

5. 教师组织幼儿反复进行游戏，直到所有字卡都被找到，游戏结束，最后获得字卡最多的幼儿获胜。

6. 教师可调整藏字卡的不同位置，组织幼儿多次进行游戏。

参考照片

23 猫捉老鼠

游戏名称

大风吹

设计意图

结合4—5岁幼儿好动的年龄特点，创设“大风吹”的游戏，引导幼儿在集体游戏的过程中复习、巩固《猫捉老鼠》中所学的字词，体验认读活动的快乐。

材料准备

树叶字卡、大树背景板

游戏过程

1. 教师与幼儿一起念读儿歌《猫捉老鼠》。

2. 教师与幼儿一起认读树叶字卡。

3. 教师准备一棵大树，幼儿围着大树坐好。

4. 教师组织幼儿进行游戏，教师念口诀：大风吹，大风吹，大风吹来树叶落。教师随后晃动大树，幼儿捡起飘落的树叶并认读字卡。认读正确的幼儿可拿取树叶，认读错误的幼儿则要把树叶放回原位。

5. 幼儿认读完所有树叶字卡后，游戏结束，最后比比谁捡的树叶多。

参考照片

24 小小熊

游戏名称

我是口令员

设计意图

4—5岁幼儿具有较强的反应能力，由此创设“我是口令员”的反应类游戏，引导幼儿通过集体游戏，复习、巩固《小小熊》中所学的字词。

材料准备

字卡

游戏过程

1. 教师与幼儿集体念读儿歌《小小熊》。

2. 幼儿每人手拿一张字卡，围成圆圈站好，幼儿自由认读字卡。

3. 教师组织幼儿进行游戏，教师随机发出口令：我是小小口令员，……字宝宝请出列。幼儿根据教师提到的汉字及时做出反应，该幼儿站到圆圈中间，其他幼儿验证，如有错误及时纠正。所有幼儿都认读完字卡后，游戏结束。

4. 教师组织幼儿更换字卡后反复进行游戏。

5. 教师让幼儿做小小口令员，组织幼儿多次进行游戏。

参考照片

25 春夏秋冬

游戏名称

剪刀石头布

设计意图

幼儿喜欢玩辨别反应能力类的游戏，由此创设“剪刀石头布”的游戏，引导幼儿通过集体游戏，复习、巩固《春夏秋冬》中已学的字词。

材料准备

字卡

游戏过程

1. 幼儿围半圆而坐，教师带领幼儿拍手念儿歌《春夏秋冬》。

2. 教师与幼儿集体认读大字卡。

3. 教师将大字卡放在地上排成两竖排，幼儿分成两组站在字卡旁边。

4. 教师组织幼儿进行游戏，幼儿一组一组依次进行。双方幼儿根据教师的开始口令，做出“剪刀石头布”的动作，赢的幼儿可以先念字卡，念对了就能往前跳一格，念错了则停留在原地。先完成所有字卡认读的幼儿获胜。第二组幼儿按照同样的规则进行游戏，直到最后一组幼儿完成认读，游戏结束。

5. 教师更换地面排列的字卡，组织幼儿反复进行游戏。

6. 教师更换幼儿的组队顺序，组织幼儿反复进行游戏。

参考照片

4—5岁（下）

三

亲子游戏

1 打桌球

材料准备

纸箱制作的台球桌、乒乓球、纸卷制成的三角形、字卡“班、屋、到、辛、苦、喝、杯、帮、短、件”

游戏玩法

家长在家收集废旧盒子和乒乓球，制作斯诺克玩具，将字卡贴在球上，家长与幼儿一起玩打桌球游戏。

玩法一：

1. 摆放桌球时，幼儿和家长轮着放球。

2. 幼儿轮到放球的时候只要大声读出球上面的汉字就可以把球放进去。

3. 家长轮到放球的时候也要大声读出球上面的汉字才可以把球放进去。

4. 幼儿和家长比一比谁放的球多。

玩法二：

1. 家长和幼儿每人各拿一根台球杆。

2. 玩“剪刀石头布”，赢的先开始，把球打入台球桌上的洞里，并大声读出台球上面的汉字。

3. 幼儿和家长轮流进行打球，打入洞中多者获胜。

2 铃铛保卫战

材料准备

方格棋盘、铃铛1个、字卡“怎、样、翅、膀、谁、处、升、彩”

游戏玩法

家长为幼儿准备一系列游戏卡，卡上贴有对应的汉字。

玩法一：

1. 家长和幼儿手持数量相等的游戏卡，进行“你拿我读”的游戏。

2. 先熟悉游戏卡上的内容。

3. 幼儿和家长进行抢铃环节，按铃前倒数三二一，谁先按到铃铛，谁就有抢先回答的机会，正确读出汉字者获胜。

玩法二：

1. 将游戏卡字朝下叠放在一起。

2. 家长和幼儿轮流翻游戏卡，认读正确，字卡归自己，认读错误，则把字卡放回去。

3. 游戏可重复进行，最后游戏卡多的一方获胜。

3 飞行棋

材料准备

飞行棋1套、字卡“明、日、地、英、梦、滴、麦、瓜、诗、号”

游戏玩法

家长为幼儿准备一张飞行棋图纸，在纸上贴上字卡并排列好。

玩法一：

1. 家长与幼儿各持一种颜色的飞机棋，骰子摇到6，飞机就可以出发。

2. 骰子摇到数字几，飞机就飞几步，当飞机飞到有字卡的格子里时，需读出对应的汉字，飞机才可以继续前进。

3. 若不能念出对应的汉字，则一方暂停一次。

玩法二：

1. 留一个飞行棋在出发点，其余几个飞行棋贴上字宝宝分散在飞行棋图纸上。

2. 家长与幼儿各持一种颜色的飞行棋，骰子摇到6，飞机就可以出发。

3. 当碰见有字卡的飞行棋时，只要大声读出汉字，就可以带着飞行棋一起游戏。

4. 谁拥有的棋子最多谁获胜。

4 指手画脚

材料准备

废旧台历、字卡“管、哭、泪、脑、黑、多、终、戏、夏、走”

游戏玩法

准备一个废旧台历和若干字卡，将字卡分别贴在台历的每一页上。

玩法一：

1. 家长手拿字卡板，与幼儿面对面站立。

2. 幼儿根据家长手中的字卡板上的字词，用肢体动作表演，家长根据幼儿的动作猜出对应的字词。

3. 全部猜完字卡板上的字，游戏结束。

玩法二：

1. 家长手拿字卡板，幼儿读字词，家长做动作。

2. 家长手拿字卡板，与幼儿面对面站立。

3. 幼儿把字卡板上的字词读出来，家长根据幼儿读的字词，做出相应动作。

4. 幼儿全部读完字卡板上的字，家长做出相应的动作，游戏结束。

5 纸杯消消乐

材料准备

纸杯若干、字卡“边、最、怪、坐、身、体、转、用、两、条”2套

游戏玩法

家长提供若干纸杯，在纸杯上贴上字卡，再将纸杯垒成宝塔状。

玩法一：

1. 家长和幼儿进行PK游戏。

2. 家长从上到下每读正确一个汉字，幼儿找到正确汉字后消除一个纸杯，找错不能消除纸杯。

3. 家长和幼儿轮流读汉字和消除纸杯，最后将纸杯全部消除完的一方获胜。

玩法二：

1. 将四根绳子对称地系在皮筋上。

2. 幼儿和家长分别拉两根绳子，相互配合，拉开绳子，套住自己选定汉字的纸杯，移动纸杯，找到相同汉字的纸杯套上去。

3. 幼儿和家长合作把全部的纸杯套完，游戏结束。

6 卡片大战

材料准备

扑克牌、双面胶、字卡“离、摇、就、哪、温、暖、凉、寒、冷、团”

游戏玩法

在扑克牌上贴字卡，家长和幼儿各拿一份，张数可以自定。

玩法一：

1. 家长和幼儿各出一张字卡，认一认、读一读上面的字宝宝。

2. 家长和幼儿可以轮流读，如果能正确读出来，两张卡片都归自己，如不能读出来，卡片就归对方。

3. 比比谁的字卡多，多者获胜。

玩法二：

1. 家长和幼儿各出一张字卡，抢读上面的汉字。

2. 读得又快又正确的一方收回字卡，慢的一方字卡不回收字卡。

3. 比比谁的字卡多，扑克牌多的是最后的胜利者。

后记

苏州市实验小学教育集团各民办校(园)在徐天中校长的带领下,自2011年起,以“语言发展”为研究点开展“儿童语言发展小幼衔接的实验研究”。该课题研究的申报单位为苏州明珠学校。课题组由苏州明珠学校、苏州明珠幼儿园等四家单位组成,苏州明珠幼儿园主要承担完成了课题中3—6岁年龄段的实验研究。

徐天中校长是教育部首届骨干校长高级研修班成员,全国29位校长带头人之一,中国教育学会全国实验学校教育科学研究专业委员会副理事长,中国教育学会小学教育专业委员会副会长,全国骨干校长工作研究会副理事长,苏州市专家咨询团成员,教育部小学校长培训中心(北京师范大学校长培训学院)兼职教授,苏州大学兼职教授、硕士生导师,苏州市实验小学校教育集团原总校长。

徐天中校长创造性地提出了“生活认读”“环境认读”“游戏认读”“三步认读”四种模块的学习方式。四模块的学习,遵循了儿童的生理和心理发展规律,符合汉字、汉语文化的学习特征,将符号辨识和内容体验有机统一。四模块的学习,建立了小幼衔接语言教学共同体,儿童在活生生的多元动态环境中实现高效地识字、快速地阅读、流利地表达,从而充分开发儿童语言、思维等潜能,促进儿童全面可持续发展,为终身学习打下坚实的基础。

本丛书由徐天中校长担任编委会总主编,他对本丛书的指导思想、框架结

构、内容审定、文字撰写等方面做出了具体指导和详细安排。赵洪、丰新娜、丁文群、王莉、王静、过坚、朱月龙、屈雅琴、钱春玲、钱晶莹参与了本丛书各书册的编写与审校工作。谈莉莉、葛建平、宋怡、周莉、周璇、戴莉萍、沈琴、周玉婷、陆丽亚、范兰珍、顾敏娴、吴国英、程浏、杨斐、张雯婷、沈建芳、翁娟芳、潘宏参与了课题的教学研究工作。课题组全体成员在推进课题研究的过程中，展现了对孩子的认真观察、对教法的认真琢磨、对经验的认真提炼。本丛书中的每一篇活动设计、每一件游戏材料、每一个指导要求，都凝聚着教师们对于课题研究的独特观点。

课题研究开展期间，课题组得到了幼儿科学认读发起人，原江苏省教育委员会副主任、江苏省教育学会原会长周德藩先生，苏州大学朱月龙教授，以及北京师范大学、中国教育科学研究院、江苏省教育科学研究院等单位有关专家的指导。他们为课题研究提供了科学认读的成果借鉴、为课题推进提供了广阔的研究思路，也在丛书编写过程中提供了许多建设性的修改意见，我们在此表示衷心的感谢！

本丛书在编写过程中得到了很多专家、学者、老师的支持和帮助，在此向各位表示诚挚的谢意！

由于编者水平和时间的限制，丛书在理论的探索和实践的操作上还有提升的空间，不足之处敬请专家和读者不吝赐教！

编　者

2023年8月

儿童语言发展
小幼衔接的实验研究丛书

三步认读

4—5岁

徐天中 总主编
本书编委会 编

浙江工商大学出版社
ZHEJIANG GONGSHANG UNIVERSITY PRESS
·杭州·

图书在版编目(CIP)数据

儿童语言发展小幼衔接的实验研究丛书. 4—5岁 4 三步认读 / 徐天中总主编;本书编委会编. -- 杭州: 浙江工商大学出版社,2024. 10. -- ISBN 978-7-5178 -6122-5

Ⅰ. G613.2

中国国家版本馆CIP数据核字第2024SV7671号

儿童语言发展小幼衔接的实验研究丛书
三步认读(4—5岁)
SANBU RENDU (4—5 SUI)
徐天中 总主编 本书编委会 编

策划编辑 周敏燕
责任编辑 周敏燕
责任校对 夏 佳
封面设计 蔡思婕
责任印制 祝希茜
出版发行 浙江工商大学出版社
(杭州市教工路198号 邮政编码310012)
(E-mail:zjgsupress@163.com)
(网址:http://www.zjgsupress.com)
电话:0571-88904980,88831806(传真)
排 版 杭州朝曦图文设计有限公司
印 刷 杭州捷派印务有限公司
开 本 787mm×1092mm 1/16
总 印 张 58
总 字 数 769千
版 印 次 2024年10月第1版 2024年10月第1次印刷
书 号 ISBN 978-7-5178-6122-5
总 定 价 200.00元(共六册)

序

一个人的语文素养根基在于阅读，儿时阅读兴趣的激发和习惯的养成至关重要。孩子是天生的学习者。脑科学研究成果表明，幼儿正处于语言学习的敏感期，充分利用汉字图形表意的优势，在儿童生活和游戏过程中，开展“随风潜入夜”式的认读活动，既能激发孩子的阅读兴趣，又有利于培养孩子的阅读习惯。

为此，我们曾组织几十所幼儿园和小学，以“科学认读”为课题进行早期阅读的实验研究。十数年的坚持，改变了我们汉字难学的认知，其实汉字存有认读和书写的相位差，可先认读不书写，或者后书写。阅读的入门并不难。据此，我们在幼儿园开展科学认读汉字词的活动，这激发了孩子们认读汉字词的热情。做得好的幼儿园，大班的孩子普遍可以认读近千个汉字。有些小学主动对接幼儿园继续实验，到二年级学年末，学生认读可超两千字，从而实现自主阅读。这项研究结题时，教育部原副总督学郭振有说，此项研究小切口、意义大。

结题之后，由于环境的影响，继续参与研究的很少。但是徐天中校长凭借他丰富的教育经历和学识，充分认定这项研究的价值，抓住小切口，依靠教育集团的优势，设计出小幼衔接的大文章，坚持做了十多年。他主持开展的江苏省教育科学“十二五”规划重点课题“儿童语言发展小幼衔接的实验研究”，抓住儿童口头语言发展的关键期，在不增加儿童学习负担的前提下，建立了一套

符合儿童身心发展特征、小幼间无缝对接的科学认读目标、内容、方法、评价体系，让3—6岁语言教学与小学语文教学在展示自身特色基础上实现无缝衔接，建立小幼衔接语言教学共同体，开发儿童语言思维等潜能，促进儿童全面可持续发展，为终身学习打下坚实的基础。

徐天中校长从"字""人""环境"这三个方面着手研究，创造性地在3—6岁阶段科学认读研究中提出了"生活认读""环境认读""游戏认读""三步认读"四种模块的学习方式，在这些学习方式的互通与互补过程中，6岁幼儿轻松而高效地达到1000多个常见字的认读目标。正是通过抓住关键期，从3岁开始的有效语言教育，幼儿从3岁就逐步开始了自主阅读绘本、报纸、书册，到6岁积累了近10万字的阅读量。这充分开发了幼儿的学习潜能，促进了其形象思维、逻辑思维等的快速发展。3—6岁的早期认读和早期阅读成果，让幼儿进入小学一二年级后语文学习优势明显，轻松完成2500个常用字的学习，课外阅读量超100万字，这也很好地推进和提高了学生学习其他学科的兴趣、速度和质量，从而进一步全面提升了学生的综合素养。

徐天中校长领衔的这项课题成果丰硕，课题组编撰了《小幼衔接语言发展之科学认读》《小幼衔接语言发展之绘本阅读》《小幼衔接语言发展之口语讲述》等共计18册的系列丛书，制作了与之配套的电子课件、挂图卡片、音频视频、游戏盒子等学习辅助材料。这些课题研究成果集聚了严谨规范的教学流程、系统高效的教学方式、生动有趣的教学材料、多元灵活的教学评价，具有极大的实操性和可推广性。我希望这项课题研究能长期进行下去，它的探索和深化必将对基础教育体系改革产生重大意义！

周德藩

（原江苏省教委副主任）

目 录

4—5岁(上)

4—5岁（下）

4—5岁（上）

一 认读活动

1 秋天的悄悄话

秋天的悄悄话

秋婆婆睁开了双眼，
大树说起了悄悄话，
它说树叶落下来了，
就像蝴蝶飞起来了。

认一认

秋

树

蝴蝶

念一念

秋千、树木、蝴蝶结

说一说

公园里可以荡秋千。
我们要爱护花草树木。
姐姐有一个蝴蝶结发夹。

活动设计

教学目标

1. 正确认读“秋、树、蝴、蝶”4个生字，读准音，认清形。

2. 能够正确、熟练地朗读、背诵儿歌。

教学准备

字卡、课件

教学过程

一、读一读(8分钟)

师：现在是什么季节？你喜欢秋天吗？一起来学儿歌《秋天的悄悄话》。

1. 初读儿歌。

(1)范读。

——教师指读两遍。

(2)领读。

——教师读一句，幼儿跟着读一句。

(3)随读。

——教师小声读，幼儿大声读。

2. 去字留图读。

师：闭上眼睛变魔术，1、2、3，红字宝宝不见啦。

——教师指，幼儿齐读。

3. 去图去字读。

师:闭上眼睛变魔术,1、2、3,图片宝宝不见啦。

——教师指,幼儿分组轮流读。

4. 去图留字读。

师:闭上眼睛变魔术,1、2、3,红字宝宝出来啦。让我们一起边拍手边读儿歌吧。

——教师指,幼儿拍手齐读。

5. 教师提问。

师:秋天到了,你觉得秋天的景色有什么变化?

师:你觉得秋天的落叶像什么?

6. 背诵儿歌。

(1)小组接龙背。

——幼儿一组一组轮流背。

(2)男女搭档背。

——男生背一句,女生背一句,大家合作背诵。

(3)点名点将背。

——教师点到哪个幼儿,哪个幼儿就站起来背。

二、认一认(6分钟)

1. 看图认字。

(1)回忆认字。

——教师出示字卡“秋、树、蝴、蝶”,请幼儿依次认读。

(2)打招呼认字。

——教师把字卡拿到幼儿面前,幼儿边拍字卡边念。

2. 去图认字。

(1)抽牌认字。

——教师抽出一张字卡,幼儿快速念出字卡。

(2)叫醒认字。

——教师把字卡一字排开,每拿出一张字卡,幼儿念出汉字,叫醒它。

三、玩一玩(6分钟)

游戏一:种树。

师:这些小树应该种在哪里?帮助有字宝宝的小树找到正确的坑,就能成功种树哦。

游戏二:捡落叶。

师:小朋友,地上都是落叶,如果你能读出叶子上的字宝宝,你就可以把落叶捡起来,看谁捡得多。

游戏三:摘果子。

师:秋天的果子成熟了,如果你能正确读出果子上的汉字,你就可以把果子摘走啦。

游戏四:小树长高。

师:小朋友,请你用字宝宝说出好听的词语或是好听的话,我们的小树会长高哦。

2 秋的来信

秋的来信

秋姑娘，她来了，
拿着树叶送信忙。
告诉鼹鼠打好洞，
告诉小熊备好粮，
告诉燕子飞南方，
告诉我们快快穿衣裳。

认一认

洞

快

穿

念一念

山洞、快乐、穿过

说一说

山洞里黑漆漆的。

祝大家中秋节快乐，花好月圆。

火车飞速地穿过了山洞。

活动设计

教学目标

1. 正确认读“洞、快、穿”3个生字，读准音，认清形。

2. 能够正确、熟练地朗读儿歌，了解儿歌的意思。

教学准备

字卡、课件

教学过程

一、读一读(8分钟)

师：秋姑娘寄来了一封信，告诉我们秋天来了。一起来听一听《秋的来信》。

1. 初读儿歌。

(1)范读。

——教师指读两遍。

(2)领读。

——教师读一句，幼儿跟着读一句。

(3)随读。

——教师轻声读，幼儿跟着大声读。

2. 去字留图读。

师：瞧！调皮的红字宝宝，和我们玩起了捉迷藏的游戏，1、2、3，红字宝宝不见了。

——教师指，幼儿齐读。

3. 去图去字读。

师：看，图片宝宝也想和我们玩捉迷藏了，1、2、3，图片宝宝也不见了。

——教师指，小组轮流读。

4. 去图留字读。

师：看来小朋友们都很厉害，红字宝宝出来啦，让我们一起边拍手边读儿歌。

——教师指，幼儿拍手齐读。

5. 教师提问。

师：儿歌里发生了什么事情？

师：哪些小动物收到了秋的来信？

师：如果让你写信，你会写给谁呢？

6. 背诵儿歌。

(1)击鼓传花。

——幼儿听鼓声传花，鼓声停，拿花的幼儿背诵。

(2)大小声。

——幼儿根据教师的手势背诵，教师的手举高表示大声背，教师的手放低表示小声背。

(3)男生女生接龙背。

——男生背一句，女生背一句。

二、认一认(6分钟)

1. 看图认字。

(1)回忆认字。

——出示字卡，认读“洞、快、穿”。

(2)打招呼认字。

——教师把字卡拿到幼儿面前，幼儿边打招呼边念字卡。

2. 去图认字。

(1)抢答认字。

——教师快速拿出字卡,幼儿抢答。

(2)捉迷藏认字。

——教师把字卡一字排开,幼儿闭上眼睛,教师拿走其中一张字卡,把它藏在背后,幼儿说出“躲”起来的字卡。

三、玩一玩(6分钟)

游戏一:乒乓球比赛。

师:请两位小朋友来打乒乓球,只要你们能正确念出乒乓球上的字宝宝,乒乓球就可以顺利打到对面,快来对战吧!

游戏二:砸金蛋。

师:小朋友快看,这里有好多金蛋呀,你喜欢哪一个金蛋?快来砸一下吧。砸开金蛋,会出现不同的字宝宝,你能念出来吗?

游戏三:你能射中吗。

师:你玩过射击游戏吗?只要你能正确认出汉字,就可以射中靶心。

游戏四:好朋友,手牵手。

师:这些字宝宝的好朋友不见了,你们要大声地把字宝宝读出来,这样好朋友就会出来啦!

3 笑眯眯

笑眯眯

小动物们交朋友，
先来互相问名字，
再来握手点点头，
最后一起送礼物，
每个朋友笑眯眯。

认一认

每

名　　送

念一念

名单、运送、每天

说一说

小明在这次的获奖名单上。
货车能够运送货物。
我每天早早地来到幼儿园。

活动设计

教学目标

1. 正确认读“名、送、每”3个生字，读准音，认清形。

2. 能够正确、熟练地朗读儿歌，了解儿歌的意思。

教学准备

字卡、课件

教学过程

一、读一读（8分钟）

师：你知道怎样交朋友吗？今天我们一起来学一首儿歌《笑眯眯》。

1. 初读儿歌。

（1）范读。

——教师指读两遍。

（2）领读。

——教师读一句，幼儿跟着读一句。

（3）随读。

——教师大声读，幼儿轻声读。

2. 去字留图读。

师：红字宝宝可开心了，和我们玩起了捉迷藏的游戏。看！红字宝宝不见啦。

——教师指，幼儿齐读。

3. 去图去字读。

师:看,图片宝宝也想和我们玩捉迷藏了。

——教师指,小组轮流读。

4. 去图留字读。

师:小朋友们都很厉害,看! 红字宝宝们都出来啦。

——教师指,幼儿拍手齐读。

5. 教师提问。

师:小动物之间是怎样交朋友的呢?

师:交到朋友后你的心情是怎样的?

6. 背诵儿歌。

(1)跷跷板。

——教师做跷跷板,哪边的手翘起来了就由哪边的幼儿背诵。

(2)我是小组长。

——请一位幼儿做领背,小组跟着一起背诵。

(3)小组接龙背。

——教师指到哪组幼儿,哪组幼儿就背诵第一句,接下来被指到的小组依次背诵第二句、第三句等。

二、认一认(6分钟)

1. 看图认字。

(1)回忆认字。

——出示字卡,认读“名、送、每”。

(2)变声认字。

——教师把字卡放右边,幼儿用妈妈的声音念。教师把字卡放左边,幼儿用爸爸的声音念。

2. 去图认字。

(1)抢答认字。

——教师快速拿出字卡,幼儿抢答。

(2)捉迷藏认字。

——教师把字卡一字排开,幼儿闭上眼睛,教师拿走其中一张字卡,把它藏在背后,幼儿说出“躲”起来的字卡。

三、玩一玩(6分钟)

游戏一:升小旗。

师:小猴子要升小旗,旗杆上出现了很多字宝宝,我们把字宝宝念出来。一起帮助小猴子升小旗吧。

游戏二:捉迷藏。

师:小朋友,你们看,调皮的字宝宝们躲到了幼儿园的大树下,谁能念出字宝宝,谁就能把它找出来。

游戏三:搭积木。

师:小朋友,你们喜欢搭积木吗?我们来玩字宝宝搭积木的游戏吧。念出积木上的字宝宝,就可以成功拼搭积木。

游戏四:找气球。

师:小朋友,快来看,这里有好多气球。你们能找出藏有字宝宝的气球吗?找到并正确念出字宝宝,气球就会变大哦!

4 捉迷藏

捉迷藏

秋风起了天气凉，
树叶落入小池塘，
小鱼游来望一望，
把它用来捉迷藏。

认一认

了

落入

（门）把

念一念

落叶、入口、扫把

说一说

落叶好像一只只美丽的黄蝴蝶。

请你从入口标记处进来。

阿姨拿起扫把搞卫生。

活动设计

教学目标

1. 正确认读“了、落、入、把”4个生字，读准音，认清形。

2. 能够正确、熟练地朗读儿歌，了解儿歌的意思。

教学准备

字卡、课件

教学过程

一、读一读(8分钟)

师：秋天到了，树叶都掉进了池塘，小鱼拿它捉迷藏。一起来听一听儿歌《捉迷藏》。

1. 初读儿歌。

(1)范读。

——教师指读两遍。

(2)领读。

——教师读一句，幼儿跟着读一句。

(3)随读。

——教师大声读，幼儿小声读。教师小声读，幼儿大声读。

2. 去字留图读。

师：闭上眼睛变魔术，1、2、3，红字宝宝不见啦。

——教师指，幼儿齐读。

3. 去图去字读。

师:闭上眼睛变魔术,1、2、3,图片宝宝不见啦。

——教师指,小组相互读。

4. 去图留字读。

师:闭上眼睛变魔术,1、2、3,红字宝宝出来啦。

——教师指,拍手齐读。

5. 教师提问。

师:儿歌里,落叶分别落在什么地方?

师:哪些小动物看到了? 它们把落叶变成了什么?

6. 背诵儿歌。

(1)接龙背。

——幼儿分成四组,一组背一小段。

(2)男女生背。

——男生背一二句,女生背三四句。

(3)小组轮流背。

——小组按顺序轮流背。

二、**认一认(6分钟)**

1. 看图认字。

(1)回忆认字。

——出示字卡"了、落、入、把",依次认读。

(2)机器人认字。

——教师变成机器人,把字卡分别放在手上、腿上等部位。教师动一动身体哪个部位,幼儿就要把哪个部位的字宝宝念出来。

2. 去图认字。

(1)抢答认字。

——教师快速拿出字卡,幼儿抢答。

(2)翻翻乐认字。

——教师把字卡全部反过来遮住,并标上数字。幼儿翻到几号数字,就说出几号数字卡片上的字宝宝。

三、玩一玩(6分钟)

游戏一:捡落叶。

师:秋天到了,地上有好多落叶,只要你能正确念出汉字,你就可以把落叶捡起来。

游戏二:落叶宝宝找朋友。

师:只要你能正确读出汉字,你就可以帮助落叶找到它的好朋友。

游戏三:落叶飘飘。

师:一阵秋风吹过,树叶宝宝都飘下来啦,快找找树叶宝宝上都藏着哪些字宝宝。

游戏四:小树叶找妈妈。

师:小树叶要去找妈妈了,我们快来念出字宝宝,这样就可以帮助小树叶啦!

5 谜语歌

谜语歌

有时弯弯像镰刀，
有时圆圆像草帽，
夜晚高高挂天上，
天亮悄悄去睡觉。

认一认

时（间）

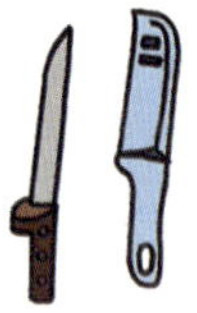

刀

念一念

时候、剪刀

说一说

天黑的时候月亮出来了。

用剪刀时要注意安全。

活动设计

教学目标

1. 正确认读“时、刀”2个生字，读准音，认清形。

2. 能够正确、熟练地朗读儿歌，了解儿歌的意思。

教学准备

字卡、课件

教学过程

一、读一读(8分钟)

师：今天，老师给小朋友带来了一首有趣的儿歌《谜语歌》。

1. 初读儿歌。

(1)范读。

——教师指读两遍。

(2)领读。

——教师读一句，小朋友跟着读一句。

(3)随读。

——教师小声读，幼儿大声读。

2. 去字留图读。

师：红字宝宝看见这么多小朋友，可开心了。它和我们玩起捉迷藏的游戏，1、2、3，红字宝宝不见啦。

——教师指，幼儿齐读。

3. 去图去字读。

师:看,图片宝宝也想和我们玩捉迷藏了。1、2、3,图片宝宝不见啦。

——教师指,幼儿分组轮流读。

4. 去图留字读。

师:看来小朋友们都很厉害,字宝宝都被找到了。1、2、3红字宝宝出来啦。

——教师指,幼儿拍手齐读。

5. 教师提问。

师:你知道儿歌里说的是什么吗?

师:你觉得月亮还像什么?

6. 背诵儿歌。

(1)跷跷板。

——教师做跷跷板,哪边的手翘起来了就由哪边的幼儿背诵。

(2)我是小组长。

——请一位幼儿做领背,小组跟着一起背诵。

(3)大小声。

——幼儿根据教师的手势背诵,教师的手举高表示大声背,教师的手放低表示小声背。

二、认一认(6分钟)

1. 看图认字。

(1)回忆认字。

——教师出示字卡,认读“时、刀”,请幼儿依次认读。

(2)拍字卡认字。

——教师把字卡拿到幼儿面前,幼儿边拍字卡边念。

2. 去图认字。

(1)抢答认字。

——教师快速拿出字卡,幼儿抢答。

(2)捉迷藏认字。

——教师把字卡一字排开,幼儿闭上眼睛,教师拿走其中一张字卡,把它藏在背后,幼儿说出“躲”起来的字卡。

三、玩一玩(6分钟)

游戏一:种小花。

师:小朋友,我们一起种小花吧,只要你能正确念出汉字,你就可以种一朵花。

游戏二:摘苹果。

师:小猫家种了几棵苹果树,这几天树上的苹果都成熟了,我们帮小猫摘苹果吧! 念出苹果上的字,苹果就会装进篮筐。

游戏三:吹泡泡。

师:小朋友,你们喜欢吹泡泡吗? 小熊猫也喜欢吹泡泡,我们来和它一起吹出大泡泡吧! 念出泡泡上的字,泡泡就会变大。

游戏四:小星星亮晶晶。

师:这颗小星星孤孤单单的,很难过,我们一起来帮它找朋友吧! 组词成功后,星星就会闪一闪。

6 小船儿

小船儿

小船弯弯水上漂，
两头尖尖像在笑，
娃娃坐在小船里，
看见小鱼哈哈笑。

认一认

船

弯

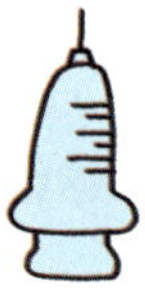

尖

看见

念一念

轮船、转弯、尖锐

说一说

轮船行驶在大海上。

在转弯处不要超车。

鲨鱼的牙齿非常尖锐。

活动设计

教学目标

1. 正确认读“船、弯、尖、看、见”5个生字，读准音，认清形。

2. 能够正确、熟练地朗读儿歌，了解儿歌的意思。

教学准备

字卡、课件

教学过程

一、读一读(8分钟)

师：小朋友，你们坐过船吗？让我们听一首儿歌《小船儿》。

1. 初读儿歌。

(1)范读。

——教师指读两遍。

(2)领读。

——教师读一句，幼儿跟着读一句。

(3)随读。

——教师小声读，幼儿大声读。

2. 去字留图读。

师：睁大眼睛，仔细瞧，红字宝宝不见啦。

——教师指，幼儿齐读。

3. 去图去字读。

师:睁大眼睛,仔细瞧,图片宝宝也不见啦。

——教师指,幼儿轮流读。

4. 去图留字读。

师:睁大眼睛,仔细瞧,红字宝宝出来啦。

——教师指,幼儿边踏步边齐读。

5. 教师提问。

师:儿歌里提到的船是什么样的?

师:你喜欢这艘船吗?为什么?

6. 背诵儿歌。

(1)开火车。

——幼儿一句一句接着背。

(2)我是小老师。

——指名幼儿当小老师领背。

(3)大小声。

——幼儿根据教师的手势背诵,教师的手举高表示大声背,教师的手放低表示小声背。

二、**认一认(6分钟)**

1. 看图认字。

(1)回忆认字。

——出示字卡,认读“船、弯、尖、看、见”,请幼儿念一念。

(2)拍字卡认字。

——教师把字卡拿到幼儿面前,幼儿边拍字卡边念。

2. 去图认字。

(1)捉迷藏认字。

——教师把字卡一字排开，幼儿闭上眼睛，教师拿走其中一张字卡，把它藏在背后，幼儿说出“躲”起来的字卡。

(2)快速抢答认字。

——教师快速拿出字卡，幼儿及时抢答。

三、玩一玩(6分钟)

游戏一：种子发芽。

师：你们喜欢吃苹果吗？我们来种苹果吧。只要你能念对图片上的汉字，种子就能发芽。

游戏二：果树开花。

师：果园里的苹果树要开花了，我们一起来念字宝宝，见证果树开花吧。念出字，花朵就能出现。

游戏三：鸟儿抓虫。

师：哎呀，不得了了，苹果树上来了很多小虫子，我们请小鸟来帮忙吧。请你念出小虫子对应的字宝宝，小鸟就会飞过来把虫子抓掉。

游戏四：果子丰收。

师：苹果成熟啦！装箱的时候，我们遇到了难题。我们只有把苹果上的词组念出来，才能把苹果装进箱子。

7 做个好宝宝

做个好宝宝

我要像蜜蜂一样勤劳，
我要像蚯蚓一样坚韧，
我要像鱼儿一样欢快，
我要做一个好宝宝，
像解放军叔叔一样爱祖国。

认一认

蜜蜂

蚯蚓

鱼

爱

祖国

念一念

金鱼、爱心、国旗

说一说

鱼缸里养了很多金鱼。
幼儿园举行了爱心捐赠活动。
我们会在操场上升国旗。

活动设计

教学目标

1. 正确认读"蜜、蜂、蚯、蚓、鱼、爱、祖、国"8个生字，读准音，认清形。

2. 能够正确、熟练地朗读、背诵儿歌。

教学准备

字卡、课件

教学过程

一、读一读(8分钟)

师：你们知道怎样做一个好宝宝吗？今天我们来学一学新的儿歌《做个好宝宝》。

1. 初读儿歌。

(1)范读。

——教师指读两遍。

(2)领读。

——教师读一句，幼儿跟着读一句。

(3)随读。

——教师小声读，幼儿大声读。

2. 去字留图读。

师：闭上眼睛变魔术，1、2、3，红字宝宝不见啦。

——教师指，幼儿齐读。

3. 去图去字读。

师:闭上眼睛变魔术,1、2、3,图片宝宝不见啦。

——教师指,同组幼儿相互读。

4. 去图留字读。

师:闭上眼睛变魔术,1、2、3,红字宝宝出来啦。

——教师指,幼儿拍肩齐读。

5. 教师提问。

师:读了这首儿歌,你发现了哪些小动物?

师:我们要向解放军叔叔学习什么?

6. 背诵儿歌。

(1)我们真是好搭档。

——同组幼儿相互背。

(2)回声背。

——男女生模仿回声,男生背一句,女生模仿背一句。

(3)我来开头你来接。

——男生背前半句,女生背后半句。

二、认一认(6分钟)

1. 看图认字。

(1)回忆认字。

——出示字卡,认读“蜜、蜂、蚯、蚓、鱼、爱、祖、国”,幼儿念一念。

(2)大小声认字。

——教师把字卡举高,幼儿大声念;教师把字卡放低,幼儿小声念。

2. 去图认字。

(1)抢答认字。

——教师快速拿出字卡,幼儿抢答。

(2)躲藏认字。

——教师把字卡一字排开,幼儿闭上眼睛,教师拿走其中一张字卡,把它藏在背后,幼儿说出“躲”起来的字卡。

三、玩一玩(6分钟)

游戏一:连一连。

师:请小朋友把这些字宝宝和相应的图片连在一起,谁来挑战?

游戏二:小树长高了。

师:小树喜欢字宝宝,如果你念对了,小树就会长高,谁来试一试?

游戏三:火眼金睛。

师:小朋友,我们来比一比谁的眼睛最厉害,谁能快速念出字宝宝。

游戏四:爱心变大了。

师:这颗爱心上面有字宝宝,当我们大声念出爱心上的字宝宝时,爱心就会变大。

8 爱国旗

爱国旗

红红的国旗真美丽，
金黄的星星亮闪闪，
高高地飘在天空里，
甜美的歌声送给您。

认一认

的

旗

金

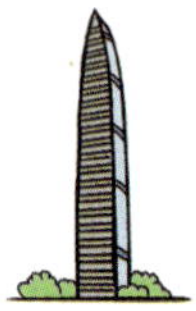

高

念一念

彩旗、金色、高低

说一说

彩旗在空中迎风飘扬。

秋天的田野像一片金色的海洋。

这里有许多高低不同的山。

活动设计

教学目标

1. 正确认读“的、旗、金、高 ”4个生字,读准音,认清形。

2. 能够正确、熟练地朗读、背诵儿歌。

教学准备

字卡、课件

教学过程

一、读一读(8分钟)

师:小朋友,你们见过国旗吗?它是什么样子的?让我们一起学一学儿歌《爱国旗》。

1. 初读儿歌。

(1)范读。

——教师指读儿歌两遍。

(2)领读。

——教师读一句,幼儿跟读一句。

(3)随读。

——教师大声读,幼儿跟着小声读。

2. 去字留图读。

师:闭上眼睛变魔术,1、2、3,红字宝宝不见啦。

——教师指,幼儿齐读。

3. 去图去字读。

师:闭上眼睛变魔术,1、2、3,图片宝宝不见啦。

——教师指,分组接龙读。

4. 去图留字读。

师:闭上眼睛变魔术,1、2、3,红字宝宝出来啦。

——教师指,幼儿边拍手边齐读。

5. 教师提问。

师:你知道中国的国旗是什么颜色的吗?

师:国旗上面有什么?

6. 背诵儿歌。

(1)师生碰碰车。

——教师背前半句,幼儿背后半句。

(2)点名接龙背。

——一名幼儿站起来背,其余幼儿拍手打节奏,背完之后该幼儿再选一名幼儿继续背。

(3)小组接龙背。

——幼儿按小组顺序背。

二、认一认(6分钟)

1. 看图认字。

(1)回忆认字。

——出示字卡,认读"的、旗、金、高",请幼儿依次认读。

(2)爆炸认字。

——幼儿跟随教师念,声音越念越大,最后师生一起做出爆炸的手势。

2. 去图认字。

(1)回家认字。

——教师把字卡一字排开,幼儿闭上眼睛,教师拿走一张字卡,幼儿说出“……回家了”。

(2)拍照认字。

——教师拿出一张字卡,说“大相机,拍出谁?”幼儿回答“拍出……”。

三、玩一玩(6分钟)

游戏一:小旗连连看。

师:小朋友,哪些小旗是好朋友?请把相对应的字宝宝连起来。

游戏二:升小旗。

师:念对旗杆旁边的字宝宝,小旗就能升起来。

游戏三:小旗翻翻乐。

师:我们一起来看看小旗后面有什么字宝宝,大声念出来。

游戏四:小旗找朋友。

师:小朋友,请你用小旗上的字宝宝组词,会得到金星哦。

9 数小猪

数小猪

猪妈妈，带小猪，
排好队伍数一数，
一二三，四五六，
几只小猪在这里？
跟着妈妈学数数。

认一认

	2	3	4	5	?
猪	二	三	四	五	几

念一念

猪圈、三只、几个

说一说

猪圈里有许多可爱的小猪。
三只小猫在玩捉迷藏。
这里有几个小朋友？

活动设计

教学目标

1. 正确认读“猪、二、三、四、五、几”6个生字，读准音，认清形。
2. 能够正确、熟练地朗读儿歌，了解儿歌的意思。

教学准备

字卡、课件

教学过程

一、读一读(8分钟)

师：小朋友，你们会数数吗？让我们一起学一学儿歌《数小猪》。

1. 初读儿歌。

(1)范读。

——教师指读两遍。

(2)领读。

——教师读一句，幼儿跟着读一句。

(3)随读。

——教师大声读，幼儿小声读。

2. 去字留图读。

师：闭上眼睛变魔术，1、2、3，红字宝宝不见啦。

——教师指，幼儿齐读。

3. 去图去字读。

师:闭上眼睛变魔术,1、2、3,图片宝宝不见啦。

——教师指,小组接力读。

4. 去图留字读。

师:闭上眼睛变魔术,1、2、3,红字宝宝出来啦。

——教师指,幼儿拍腿齐读。

5. 教师提问。

师:儿歌里,猪妈妈在做什么事情呢?

师:儿歌里有几只小猪?

6. 背诵儿歌。

(1)好朋友手拉手。

——同组幼儿轮流背。

(2)男生女生配。

——男生女生接龙背。

(3)小火车嘟嘟嘟。

——幼儿分组“开火车”背。

二、认一认(6分钟)

1. 看图认字。

(1)回忆认字。

——教师出示整首儿歌,请幼儿把儿歌中的红字宝宝找出来并念一念,念对了,教师便出示对应字卡。

(2)复读机认字。

——教师拿出字卡点三下,幼儿大声念三遍字宝宝。

2. 去图认字。

(1)反应认字。

——教师快速拿出字卡,幼儿抢答。

(2)排队认字。

——教师把字卡一字排开,请幼儿一个跟着一个快速念出字卡。

三、玩一玩(6分钟)

游戏一:翻翻乐。

师:小朋友,你们看,这里有许多门,字宝宝都藏在门后,让我们推开门,找到字宝宝。

游戏二:打地鼠。

师:可爱的地鼠宝宝来和我们做游戏,我们要大声念出它举着的字宝宝。

游戏三:勤劳的小蜜蜂。

师:小蜜蜂想采花蜜,但是只有我们把花朵上的字宝宝都念出来,它才能采到花蜜,我们一起来帮助小蜜蜂。

游戏四:小猪捡豆豆。

师:小猪邀请你们帮助它一起捡豆豆,豆豆上有好多字宝宝,只有我们大声念出字宝宝,我们才能把豆豆捡起来。我们一起来帮忙吧。

10 逛集市

逛集市

阿姨手拿小果篮，
开开心心逛集市，
买点啥？
梨子李子和栗子，
桃子柿子和杏子，
还有石榴一箩筐。

认一认

阿姨　梨　栗　桃　柿　石

念一念

姨妈、柿饼、石头

说一说

今天姨妈来我家做客。
甜甜的柿饼真好吃。
山上有很多石头。

活动设计

教学目标

1. 正确认读“阿、姨、梨、栗、桃、柿、石”7个生字，读准音，认清形。

2. 能够正确、熟练地朗读儿歌，了解儿歌的意思。

教学准备

字卡、课件

教学过程

一、读一读(8分钟)

师：小朋友，你们知道什么是逛集市吗？让我们一起学一学儿歌《逛集市》。

1. 初读儿歌。

(1)范读。

——教师指读两遍。

(2)领读。

——教师读一句，幼儿跟着读一句。

(3)随读。

——教师大声读，幼儿跟着轻声读。

2. 去字留图读。

师：红字宝宝要和我们玩捉迷藏的游戏，1、2、3，红字宝宝不见了。

——教师指，幼儿齐读。

3. 去图去字读。

师:看,图片宝宝也想和我们玩捉迷藏了,1、2、3,图片宝宝也不见了。

——教师指,幼儿分组读。

4. 去图留字读。

师:看来小朋友们都很厉害,字宝宝都被你们找到了。看! 红字宝宝出来啦!

——教师指,幼儿拍手齐读。

5. 教师提问。

师:阿姨提着果篮去干什么?

师:阿姨买了哪些果子?

6. 背诵儿歌。

(1)跷跷板。

——教师做跷跷板,哪边的手翘起来就由哪边的幼儿背诵。

(2)我是小组长。

——请一位幼儿做领背,小组跟着一起背诵。

(3)大小声。

——幼儿根据教师的手势背诵,教师的手举高表示大声背,教师的手放低表示小声背。

二、认一认(6分钟)

1. 看图认字。

(1)回忆认字。

——出示字卡“阿、姨、梨、栗、桃、柿、石”,幼儿依次念出字卡。

(2)变声认字。

——教师把字卡放右边,幼儿用小猫的声音念。教师把字卡放左边,幼儿用大灰狼的声音念。

2. 去图认字。

(1)抢答认字。

——教师快速拿出字卡,幼儿抢答。

(2)捉迷藏认字。

——教师把字卡一字排开,幼儿闭上眼睛,教师拿走其中一张字卡,把它藏在背后,幼儿说出“躲”起来的字卡。

三、玩一玩(6分钟)

游戏一:打地鼠。

师:小朋友,我们来玩打地鼠游戏吧。如果你在字宝宝出现时快速念出它,你就能成功打到地鼠。

游戏二:摘苹果。

师:小朋友,每个苹果上都有字宝宝,念对了你就能摘到苹果哦。

游戏三:开火车。

师:接下来我们一起去坐火车。只要把火车上的字宝宝都念出来,我们就可以出发啦。

游戏四:摘梨子。

师:每个梨子上都有一个字宝宝,念对了你就能帮助小猴子把梨收回家了。

11 小猫钓鱼

小猫钓鱼

一二三四五，
五只小猫在钓鱼，
六七八九十，
十条小鱼上钩啦。

认一认

6	7	8	9	10
六	七	八	九	十

念一念

六位、七个、十月

说一说

每个小组有六位小朋友。

森林里有七个小矮人。

十月的秋天是最美的。

活动设计

教学目标

1. 正确认读“六、七、八、九、十”5个生字，读准音，认清形。
2. 能够正确、熟练地朗读儿歌，了解儿歌的意思。

教学准备

字卡、课件

教学过程

一、读一读（8分钟）

师：小朋友，你们会数数吗？今天的儿歌《小猫钓鱼》里面就有数字哦！

1. 初读儿歌。

（1）范读。

——教师指读两遍。

（2）领读。

——教师读一句，幼儿跟着读一句。

（3）随读。

——教师大声读，幼儿跟着轻声读。

2. 去字留图读。

师：睁大眼睛，仔细瞧，红字宝宝不见啦。

——教师指，幼儿齐读。

3. 去图去字读。

师：睁大眼睛，仔细瞧，图片宝宝不见啦。

——教师指，男生读一遍，女生读一遍。

4. 去图留字读。

师:睁大眼睛,仔细瞧,红字宝宝出来啦。

——教师指,幼儿开火车读。

5. 教师提问。

师:读了这首儿歌,你认识里面的数字了吗?

师:儿歌里提到了哪些数字?

师:生活中,你在哪里见到过这些数字?

6. 背诵儿歌。

(1)拍照背诵。

——幼儿读一句,再闭眼回忆背一句。

(2)大小声背。

——幼儿根据教师的手势背诵,教师的手举高表示大声背,教师的手放低表示小声背。

(3)接龙背。

——教师指到哪组幼儿,哪组幼儿就背诵第一句,接下来被指到的小组依次背诵第二句、第三句等。

二、认一认(6分钟)

1. 看图认字。

(1)拍手传字。

——教师拍手,幼儿按顺序把自己手中的字卡往后传,当拍手声停止时,字卡在谁的手里,谁就念。

(2)蒙眼认字。

——幼儿用双手蒙住眼睛,教师取出字卡。教师请幼儿睁开眼睛,幼儿再念出相应字卡。

2. 去图认字。

(1)抢答认字。

——教师快速拿出字卡,幼儿抢答。

(2)捉迷藏认字。

——教师把字卡一字排开,幼儿闭上眼睛,教师拿走其中一张字卡,把它藏在背后,幼儿说出“躲”起来的字卡。

三、玩一玩(6分钟)

游戏一:手拉手。

师:数字宝宝找不到自己的朋友了,你们愿意帮助它吗?正确念出字宝宝,就能顺利连线。

游戏二:送礼物。

师:今天是我们小猫的生日,小动物们都给小猫准备了礼物,我们一起来看看大家准备了哪些礼物吧。只要你能正确念出字宝宝,礼物就会出现。

游戏三:插蜡烛。

师:小猫过生日,蜡烛上有字宝宝,只要你能正确念出上面的字,蜡烛就会插到生日蛋糕上。

游戏四:说一说。

师:现在,我们要用数字来讲一句好听的话,讲得好的小朋友能得到一个大大的拇指奖励。

12 一起来数数

一起来数数

小朋友们快快来，我们一起来数数。
红红伸出小食指，告诉大家这是一。
明明伸出一只手，大声说出这是五。
丁丁思考想一想，两只手呀它是几？

认一认

伸出

食指

说

思考

念一念

出口、粮食、说话

说一说

这里有一个安全出口。
一群蚂蚁正在搬运粮食。
我们要学会轻轻地说话。

活动设计

教学目标

1. 正确认读“伸、出、食、指、说、思、考”7个生字，读准音，认清形。

2. 能够正确、熟练地朗读儿歌，了解儿歌的意思。

教学准备

字卡、课件

教学过程

一、读一读(8分钟)

师：小朋友，我们的小手可以用来数数，让我们一起听一听儿歌《一起来数数》。

1. 初读儿歌。

(1)范读。

——教师指读两遍。

(2)领读。

——教师读一句，幼儿跟着读一句。

(3)随读。

——教师大声读，幼儿轻声读。

2. 去字留图读。

师：红字宝宝看见这么多小朋友都害羞地躲起来了。

——教师指，幼儿齐读。

3. 去图去字读。

师:看,图片宝宝也躲起来了,它们是想跟我们玩捉迷藏了吧。

——教师指,幼儿男女生轮流读。

4. 去图留字读。

师:看来小朋友很厉害,1、2、3,红字宝宝出来啦。

——教师指,幼儿边拍手边齐读。

5. 教师提问。

师:红红和明明在干什么呀?

师:你们会用手指数数吗?

6. 背诵儿歌。

(1)我是小组长。

——请一位幼儿做领背,小组跟着一起背诵。

(2)小组接龙。

——教师指到哪组幼儿,哪组幼儿就背诵第一句,接下来被指到的小组依次背诵第二句、第三句等。

(3)男生女生背。

——男生女生一句一句交替背。

二、认一认(6分钟)

1. 看图认字。

(1)回忆认字。

——出示字卡“伸、出、食、指、说、思、考”,幼儿依次念字卡。

(2)摸字卡认字。

——教师把字卡拿到幼儿面前,幼儿边摸字卡边念。

2. 去图认字。

(1)抢答认字。

——教师快速拿出字卡,幼儿抢答。

(2)捉迷藏认字。

——教师把字卡一字排开,幼儿闭上眼睛,教师拿走其中一张字卡,把它藏在背后,幼儿说出“躲”起来的字卡。

三、玩一玩(6分钟)

游戏一:蝴蝶找花。

师:蝴蝶需要一些花蜜,我们一起来采花蜜吧。只要你能念出花朵上的字,你就能采到花蜜。

游戏二:迷路的小鸭子。

师:小鸭子迷路了,我们一起来送它回家。只要你能按顺序念对字,小鸭子就能顺利回到家。

游戏三:阻止大灰狼。

师:有一只大灰狼想要偷偷跑进小兔家大吃一顿。我们一起来帮小兔做个围栏阻止大灰狼。只要我们一起念出围栏上的字,围栏就能被搭好。

游戏四:小树长大了。

师:今天,老师带来了几棵字宝宝树,它们的长大需要小朋友的帮助。请你们组词,组对了小树就会长大了。

13 咏鹅

咏鹅

鹅，鹅，鹅，
曲项向天歌。
白毛浮绿水，
红掌拨清波。

认一认

鹅

毛

清

念一念

企鹅、羽毛、清晨

说一说

企鹅生活在南半球。

孔雀的羽毛真漂亮啊！

清晨小鸟在窗边叽叽喳喳地叫着。

活动设计

教学目标

1. 正确认读“鹅、毛、清”3个生字，读准音，认清形。

2. 能够正确、熟练地朗读古诗，了解古诗的意思。

教学准备

字卡、课件

教学过程

一、读一读（8分钟）

师：小朋友，你们喜欢鹅吗？今天我们来学一首古诗《咏鹅》。

1. 初读古诗。

（1）范读。

——教师指读两遍。

（2）领读。

——教师读一句，幼儿跟着读一句。

（3）随读。

——教师大声读，幼儿跟着小声读。

2. 去字留图读。

师：红字宝宝想和我们玩躲猫猫的游戏。1、2、3，红字宝宝不见啦。

——教师指，幼儿齐读。

3. 去图去字读。

师:难度升级了,这次图片与字宝宝都藏起来了,你们还能读吗?

——教师指,幼儿分组读。

4. 去图留字读。

师:看来小朋友们都很厉害,字宝宝全部都被你们找到了。1、2、3,红字宝宝出来啦。

——教师指,幼儿边拍手边齐读。

5. 教师提问。

师:你们知道这首古诗是谁写的吗?

师:古诗里讲到了什么?它是什么样子的?

师:你喜欢它吗?为什么?

6. 背诵古诗。

(1)抽数背。

——教师随机抽一个学号,对应的幼儿背。

(2)组长背。

——请一位幼儿做组长领背,小组跟着一起背诵。

(3)大小声。

——幼儿根据教师的手势背诵,教师的手举高表示大声背,教师的手放低表示小声背。

二、认一认(6分钟)

1. 看图认字。

(1)回忆认字。

——教师出示字卡,幼儿认读"鹅、毛、清"。

(2)拍字卡认字。

——教师把字卡拿到幼儿面前,幼儿边拍字卡边念。

2. 去图认字。

(1)抢答认字。

——教师快速拿出字卡,幼儿抢答。

(2)捉迷藏认字。

——教师把字卡一字排开,幼儿闭上眼睛,教师拿走其中一张字卡,把它藏在背后,幼儿说出“躲”起来的字卡。

三、玩一玩(6分钟)

游戏一:白鹅戏水。

师:白鹅喜欢在池塘里面玩,它们还邀请了字宝宝一起来玩。我们一起来念字宝宝吧,念对了,字宝宝就可以进入池塘里啦。

游戏二:白鹅下蛋。

师:白鹅们要生蛋宝宝啦!我们把字宝宝念出来,蛋宝宝就生出来啦。

游戏三:白鹅觅食。

师:鹅妈妈们刚刚生完蛋宝宝有些饿了,需要吃点青草来补充体力。我们一起来喂鹅妈妈吃青草吧,正确念出青草上的字,白鹅就能吃到青草啦。

游戏四:朋友配对。

师:为了庆祝蛋宝宝出生,白鹅们要举办大聚会,我们一起念出词组,帮助它们找舞伴吧。

14 江南

江南

江南可采莲，莲叶何田田。
鱼戏莲叶间。鱼戏莲叶东，
鱼戏莲叶西，鱼戏莲叶南，
鱼戏莲叶北。

认一认

莲

东南西北

念一念

东方、南瓜、西服

说一说

太阳从东方升起来了。
田地里有一个大南瓜。
爸爸有一套纯黑色的西服。

活动设计

教学目标

1. 正确认读“莲、东、南、西、北”5个生字，读准音，认清形。

2. 能够正确、熟练地朗读、背诵古诗。

教学准备

字卡、课件

教学过程

一、读一读（8分钟）

师：我们江南是个好地方，今天我们一起来学一首古诗《江南》。

1. 初读古诗。

（1）范读。

——教师指读两遍。

（2）领读。

——教师读一句，幼儿跟着读一句。

（3）随读。

——男生大声读，女生跟着小声读。

2. 去字留图读。

师：闭上眼睛变魔术，1、2、3，红字宝宝不见啦。

——教师指，幼儿齐读。

3. 去图去字读。

师：闭上眼睛变魔术，1、2、3，图片宝宝不见啦。

——教师指，同组幼儿相互读。

4. 去图留字读。

师：闭上眼睛变魔术，1、2、3，红字宝宝出来啦。

——教师指，幼儿边拍腿边齐读。

5. 教师提问。

师：古诗中，小鱼在哪里游来游去？

师：你喜欢江南的莲花吗？为什么？

6. 背诵古诗。

(1)我们真是好搭档。

——同组幼儿相互背。

(2)男女生背。

——男生女生接龙背。

(3)点兵点将背。

——教师点兵点将，点到谁，谁就背。

二、认一认(6分钟)

1. 看图认字。

(1)回忆认字。

——教师出示字卡，幼儿认读“莲、东、南、西、北”。

(2)头碰头认字。

——幼儿的头碰到哪个字卡，便念出相应字卡。

2. 去图认字。

(1)抢答认字。

——教师快速拿出字卡，幼儿抢答。

(2)躲藏认字。

——教师把字卡一字排开,幼儿闭上眼睛,教师拿走其中一张字卡,把它藏在背后,幼儿说出“躲”起来的字卡。

三、玩一玩(6分钟)

游戏一:青蛙跳荷叶。

师:荷叶上有字宝宝,青蛙跳到哪个字宝宝上,我们就要说出哪个字宝宝。

游戏二:小鱼游走了。

师:小鱼的身上有字宝宝,只要你能正确念出小鱼身上的字宝宝,小鱼就会游走。

游戏三:圆盘转转转。

师:圆盘上有不同的字宝宝,当圆盘停下时,你就要说出对应的字宝宝。

游戏四:大小声。

师:看到大嘴巴图片,我们就要大声念字宝宝。看到小嘴巴图片,我们就要小声念字宝宝。

15 梅花

梅花

墙角数枝梅，
凌寒独自开。
遥知不是雪，
为有暗香来。

认一认

梅

开

念一念

杨梅、打开

说一说

杨梅吃起来酸酸甜甜的。

我兴奋地打开了礼物盒。

活动设计

教学目标

1. 正确认读“梅、开”2个生字,读准音,认清形。
2. 能够正确、熟练地朗读、背诵古诗。

教学准备

字卡、课件

教学过程

一、读一读(8分钟)

师:小朋友,你们认识梅花吗?让我们一起学习古诗《梅花》。

1. 初读古诗。

(1)范读。

——教师指读两遍。

(2)领读。

——教师读一句,幼儿跟着读一句。

(3)随读。

——教师大声读,幼儿跟随小声读。

2. 去字留图读。

师:闭上眼睛变魔术,1、2、3,红字宝宝不见啦。

——教师指,幼儿齐读。

3. 去图去字读。

师:闭上眼睛变魔术,1、2、3,图片宝宝不见啦。

——教师指,男生读一句,女生读一句。

4. 去图留字读。

师:闭上眼睛变魔术,1、2、3,红字宝宝出来啦。

——教师指,幼儿边拍肩边齐读。

5. 教师提问。

师:你知道冬天会开什么花吗?它们是什么样子的?

师:你最喜欢什么花?为什么?

6. 背诵古诗。

(1)男女生PK背。

——男生背一遍,女生背一遍,比一比谁背得好。

(2)小组轮流背。

——幼儿一组一组轮流背。

(3)小老师领头背。

——一名幼儿站起来背,其他幼儿拍手打节奏背。

二、认一认(6分钟)

1. 看图认字。

(1)回忆认字。

——教师出示字卡,幼儿认读“梅、开”。

(2)打招呼认字。

——教师把字卡拿到幼儿面前,幼儿边拍字卡边念。

2. 去图认字。

(1)抢答认字。

——教师快速拿出字卡,幼儿抢答。

(2)躲藏认字。

——教师把字卡一字排开,幼儿闭上眼睛,教师拿走其中一张字卡,把它藏在背后,幼儿说出“躲”起来的字卡。

三、玩一玩(6分钟)

游戏一:种树苗。

师:小朋友,这些小树苗要种在哪里呢?请你来找一下,只要图片与字配对,你就能种好树苗。

游戏二:浇树苗。

师:小树苗要长高,只要你能正确念出字宝宝,你就可以给树苗浇水啦!

游戏三:开梅花。

师:树上的花开了,花上有什么字宝宝?你能念出来吗?

游戏四:结梅子。

师:梅树上开始结梅子,如果你能说出更多好听的词语,你就可以拥有更多的梅子。

16 画

画

远看山有色，

近听水无声。

春去花还在，

人来鸟不惊。

认一认

画

远

近

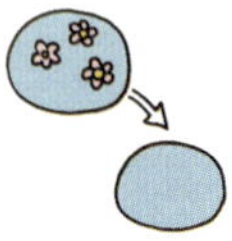

无

还

惊

念一念

画家、远方、惊喜

说一说

长大了，我想成为一名画家。

微风将蒲公英吹向了远方。

我惊喜地发现梅花开了。

活动设计

教学目标

1. 正确认读“画、远、近、无、还、惊”6个生字，读准音，认清形。
2. 能够正确、熟练地朗读古诗，了解古诗的意思。

教学准备

字卡、课件

教学过程

一、读一读(8分钟)

师：你喜欢画画吗？今天我们一起来学习古诗《画》。

1. 初读古诗。

(1)范读。

——教师指读两遍。

(2)领读。

——教师大声读，幼儿轻轻跟读。

(3)随读。

——教师大声读，幼儿小声读。

2. 去字留图读。

师：闭上眼睛变魔术，1、2、3，红字宝宝不见啦。

——教师指，幼儿齐读。

3. 去图去字读。

师:闭上眼睛变魔术,1、2、3,图片宝宝不见啦。

——教师指,小组和小组之间对读。

4. 去图留字读。

师:闭上眼睛变魔术,1、2、3,红字宝宝出来啦。

——教师指,幼儿边拍腿边齐读。

5. 教师提问。

师:画中形容了哪些景色?

师:你还看过哪些风景?

6. 背诵古诗。

(1)好朋友手拉手。

——同组幼儿轮流背。

(2)男生女生对对碰。

——男生女生接龙背。

(3)我来开头你来接。

——男生念前半句,女生念后半句。

二、认一认(6分钟)

1. 看图认字。

(1)图片认字。

——教师出示字卡,幼儿认读“画、远、近、无、还、惊”。

(2)速度认字。

——教师快速地拿出字卡,幼儿快速、大声地念出字卡。

2. 去图认字。

(1)找朋友认字。

——教师把字卡排好，幼儿闭上眼睛，教师拿走其中一个字，请幼儿找出字卡朋友。

(2)打招呼认字。

——教师把字卡拿到幼儿面前，幼儿拍字卡，并大声读出字卡。

三、玩一玩(6分钟)

游戏一：找朋友。

师：你们认识这些字宝宝吗？和它对应的图片宝宝被藏起来了，只要你们能念对字宝宝，你们就可以把它的好朋友找出来了。

游戏二：摘香蕉。

师：小猴子饿啦。香蕉树上有好多香蕉，每只香蕉上都有一个字宝宝。如果你读对了字宝宝，你就可以摘下树上的香蕉。我们快点来帮助小猴子吧！

游戏三：我是神枪手。

师：企鹅先生要去射击场练射击，你们可以帮助它吗？念出字宝宝，企鹅先生就可以打中啦！

游戏四：小袋鼠找妈妈。

师：袋鼠宝宝迷路了，我们一起来帮助它找妈妈吧！念出图片上的字宝宝，袋鼠宝宝就能和妈妈相见啦！

17 山行

山行

远上寒山石径斜，
白云生处有人家。
停车坐爱枫林晚，
霜叶红于二月花。

认一认

行（走）　　停　　车

念一念

行为、停留、火车

说一说

我们要养成良好的行为习惯。
蜻蜓停留在碧绿的荷叶上。
我喜欢坐火车出去旅游。

活动设计

教学目标

1. 正确认读“行、停、车”3个生字，读准音，认清形。

2. 能够正确、熟练地朗读、背诵古诗。

教学准备

字卡、课件

教学过程

一、读一读(8分钟)

师：小朋友，你们爬过山吗？今天我们要学一首古诗《山行》。

1. 初读古诗。

(1)范读。

——教师指读两遍。

(2)领读。

——教师读一句，幼儿跟着读一句。

(3)随读。

——教师大声读，幼儿轻声读。

2. 去字留图读。

师：红字宝宝要和我们玩捉迷藏的游戏。1、2、3，红字宝宝不见啦。

——教师指，幼儿齐读。

3. 去图去字读。

师:看,图片宝宝也想和我们玩捉迷藏了。1、2、3,图片宝宝也不见了。

——教师指,幼儿接龙读。

4. 去图留字读。

师:看来小朋友们都很厉害,这些字宝宝全部都被找到了。

——教师指,幼儿拍手齐读。

5. 教师提问。

师:这首古诗叫什么名字?

师:你最喜欢古诗的哪一句?

6. 背诵古诗。

(1)跷跷板。

——教师做跷跷板,哪边的手翘起来了就由哪边的幼儿背诵。

(2)我是小组长。

——请一位幼儿做领背,小组跟着一起背诵。

(3)大小声。

——幼儿根据教师的手势背诵,教师手举高表示大声背,教师手放低表示小声背。

二、认一认(6分钟)

1. 看图认字。

(1)回忆认字。

——教师出示字卡,幼儿认读“行、停、车”。

(2)拍字卡认字。

——教师把字卡拿到幼儿面前,幼儿边拍字卡边念。

2. 去图认字。

(1)抢答认字。

——教师快速拿出字卡,幼儿抢答。

(2)捉迷藏认字。

——教师把字卡一字排开,幼儿闭上眼睛,教师拿走其中一张字卡,把它藏在背后,幼儿说出“躲”起来的字卡。

三、玩一玩(6分钟)

游戏一:停车场。

师:只要你能正确认读字宝宝,你就可以把车停到车位。

游戏二:找车牌。

师:正确读出汉字,找到对应图片的车牌,把字宝宝贴在对应的汽车上。

游戏三:过马路。

师:小朋友,要过马路了,只要你能念出字宝宝,你就能让绿灯亮起来,顺利通行啦!我们一起过马路吧!

游戏四:交通标志任你翻。

师:小朋友,调皮的字宝宝藏在了这些交通标志的背后,请你翻开这些交通标志,把它们找出来念一念。

18 散步

散步

小小松鼠去散步，
得意洋洋路上走，
来到湖边瞧一瞧，
多了一个好朋友，
走近一看两眼傻，
快来帮我辨真假。

认一认

（散）步

松（鼠）

得意洋洋

路

真假

念一念

跑步、蓬松、马路

说一说

爸爸经常在操场上跑步。
松鼠有一条蓬松的大尾巴。
马路上有很多车辆。

活动设计

教学目标

1. 正确认读“步、松、得、意、洋、路、真、假”8个生字，读准音，认清形。

2. 能够正确、熟练地朗读儿歌，了解儿歌的意思。

教学准备

字卡、课件

教学过程

一、读一读(8分钟)

师：小朋友，你们看过水中的倒影吗？我们一起来学一首有趣的儿歌《散步》。

1. 初读儿歌。

(1)范读。

——教师指读两遍。

(2)领读。

——教师两句两句读，幼儿跟着两句两句读。

(3)随读。

——教师大声读，幼儿轻声读。

2. 去字留图读。

师：闭上眼睛变魔术，1、2、3，红字宝宝不见啦。

——教师指，幼儿齐读。

3. 去图去字读。

师:闭上眼睛变魔术,1、2、3,图片宝宝不见啦。

——教师指,男女合作读,男生读一句,女生读一句。

4. 去图留字读。

师:闭上眼睛变魔术,1、2、3,红字宝宝出来啦。

——教师指,幼儿边拍肩边齐读。

5. 教师提问。

师:小松鼠是怎样去散步的?

师:你知道松鼠为什么要分辨真假?

6. 背诵儿歌。

(1)男女生PK背。

——男生女生轮流背儿歌,比比谁背得好。

(2)小组轮流背。

——幼儿一组一组轮流背。

(3)小老师领头背。

——一名幼儿站起来背一段,其他幼儿拍手打节奏背。

二、认一认(6分钟)

1. 看图认字。

(1)回忆认字。

——教师出示字卡,幼儿认读“步、松、得、意、洋、路、真、假”。

(2)拍字卡认字。

——教师把字卡拿到幼儿面前,幼儿边拍字卡边念。

2. 去图认字。

(1)抢答认字。

——教师快速拿出字卡,幼儿抢答。

(2)捉迷藏认字。

——教师把字卡一字排开,幼儿闭上眼睛,教师拿走其中一张字卡,把它藏在背后,幼儿说出“躲”起来的字卡。

三、玩一玩(6分钟)

游戏一:摘苹果。

师:小动物们要请小朋友帮忙一起摘苹果,只有念出苹果上面的字宝宝,你才能把苹果摘下来。

游戏二:开火车。

师:你们看,开来了一列火车,谁能把车厢上的字宝宝念出来?

游戏三:看小鱼。

师:你们喜欢鱼吗?这些小鱼身上有什么?你们能正确念出来吗?

游戏四:小兔学打字。

师:小兔子学打字啦!快来看,小兔子都打出了什么字?

19 小兔学本领

小兔学本领

白兔黑兔小灰兔，
认真念书多动脑，
老师提问谁知道，
举手回答习惯好。

认一认

念

问

知道

念一念

想念、问题、知识

说一说

爸爸出差了，我很想念他。

妈妈总是耐心地回答我的问题。

我喜欢学习各种知识。

活动设计

教学目标

1. 正确认读“念、问、知、道”4个生字，读准音，认清形。

2. 能够正确、熟练地朗读儿歌，了解儿歌的意思。

教学准备

字卡、课件

教学过程

一、读一读(8分钟)

师：小朋友，学习本领需要养成好习惯。让我们一起学习儿歌《小兔学本领》。

1. 初读儿歌。

(1)范读。

——教师指读两遍。

(2)领读。

——教师读一句，幼儿跟着读一句。

(3)随读。

——幼儿大声读，教师小声读。

2. 去字留图读。

师：红字宝宝说要考考我们厉不厉害，看，它已经躲起来了。

——教师指，幼儿齐读。

3. 去图去字读。

师:图片宝宝看我们小朋友这么厉害,它也躲起来了,想要考考你们。我们一起来读一读。

——教师指,幼儿分组读。

4. 去图留字读。

师:看来小朋友们都很厉害,红字宝宝全部都被我们找到了。

——教师指,幼儿拍腿齐读。

5. 教师提问。

师:这首儿歌提到了哪些颜色的兔子?

师:小兔子是怎样学本领的呢?

6. 背诵儿歌。

(1)大小声。

——幼儿根据教师的手势背诵,教师的手举高表示大声背,教师的手放低表示小声背。

(2)我是小组长。

——请一位幼儿做领背,小组跟着一起背诵。

(3)接龙背。

——教师随意背出一句,然后请一位幼儿背出下一句。

二、认一认(6分钟)

1. 看图认字。

(1)回忆认字。

——教师出示字卡,幼儿认读"念、问、知、道"。

(2)吹泡泡认字。

——教师和幼儿一起念字宝宝,并用手势做泡泡形状。师幼一起越念越大声,手势泡泡也越变越大,最后"啪"的一声爆炸。

2. 去图认字。

(1)小棒认字。

——教师一边说"小棒小棒指到谁",一边用小棒指出一个字,幼儿抢答。

(2)开火车认字。

——教师将字卡拿到幼儿面前,幼儿依次起立认读。

三、玩一玩(6分钟)

游戏一:连连看。

师:小朋友,你们喜欢玩连连看的游戏吗?只要你们能找到相对应的图片和字宝宝并大声念出来,你们就连接成功啦!

游戏二:小老鼠爬楼梯。

师:小老鼠在练习爬楼梯的本领,我们一起来念字宝宝,帮助小老鼠往上爬,只要我们按顺序从下往上念,小老鼠就能往上爬。

游戏三:钓鱼。

师:小猫钓了很多鱼,我们一起来帮助它把鱼装进字宝宝水桶里吧!念水桶上的字,念对了,鱼就会装进水桶。

游戏四:贪吃蛇。

师:贪吃蛇扭呀扭呀,它肚子饿了,看见了一个字宝宝。字宝宝对贪吃蛇说:"只要你能够帮我组个词,你就可以吃到美味的食物。"

20 叠叠乐

叠叠乐

一闪一闪亮晶晶，汉字宝宝做游戏。
三个木字叠一起，森林旁边流小溪；
三个人字叠一起，众人溪边抓小鱼；
三个口字叠一起，品尝烤鱼味道鲜。

认一认

闪

森林

人

口

品（尝）

念一念

闪电、树林、食品

说一说

夏日的天空经常会出现闪电。
一群小鸟在树林上空飞翔。
超市里有各种各样的食品。

活动设计

教学目标

1. 正确认读“闪、森、林、人、口、品”6个生字，读准音，认清形。

2. 能够正确、熟练地朗读儿歌，了解儿歌的意思。

教学准备

字卡、课件

教学过程

一、读一读(8分钟)

师：小朋友，我们的汉字宝宝非常有趣，3个一样的汉字叠在一起可能会变成另一个新的汉字。我们一起来学习儿歌《叠叠乐》。

1. 初读儿歌。

(1)范读。

——教师指读两遍。

(2)领读。

——教师读一句，幼儿跟着读一句。

(3)随读。

——教师大声读，幼儿轻声读。

2. 去字留图读。

师：红字宝宝要跟我们玩捉迷藏的游戏了。1、2、3，红字宝宝不见了。

——教师指，幼儿齐读。

3. 去图去字读。

师:看,图片宝宝也想和我们玩捉迷藏了。1、2、3,图片宝宝不见了。

——教师指,小组轮流读。

4. 去图留字读。

师:看来小朋友们都很厉害,字宝宝全部都被你们找到了。

——教师指,幼儿边拍手边齐读。

5. 教师提问。

师:原来我们的字宝宝这么神奇。你知道儿歌中的字宝宝是怎么变出来的吗?

师:你还知道哪个字宝宝也是这么变出来的?

6. 背诵儿歌。

(1)跷跷板。

——教师做跷跷板,哪边的手翘起来就由哪边的幼儿背。

(2)男女生合背。

——男生女生轮流背。男生背上一句,女生背下一句。

(3)大小声。

——幼儿根据教师的手势背诵,教师的手举高表示大声背,教师的手放低表示小声背。

二、认一认(6分钟)

1. 看图认字。

(1)回忆认字。

——教师出示字卡,幼儿认读“闪、森、林、人、口、品”。

(2)拍字卡认字。

——教师把字卡拿到幼儿面前,幼儿边拍字卡边念。

2. 去图认字。

(1)抢答认字。

——教师快速拿出字卡,幼儿抢答。

(2)捉迷藏认字。

——教师把字卡一字排开,幼儿闭上眼睛,教师拿走其中一张字卡,把它藏在背后,幼儿说出“躲”起来的字卡。

三、玩一玩(6分钟)

游戏一:神射手。

师:小朋友,你们需要把箭射出来的字宝宝念出来,念对了,箭才能射中靶心。

游戏二:打网球。

师:小朋友,你们看,小动物们用字宝宝做了网球。我们一起来打网球吧!念出字宝宝就能打中网球。

游戏三:火眼金睛。

师:你们是火眼金睛吗?看谁的眼睛最厉害。比一比谁念的字最多。

游戏四:鸽子送信。

师:小鸽子送来了很多信,我们一起去看看吧。你能念出信上的字宝宝吗?

21 小雨滴

小雨滴

人工降雨轰隆隆，
小小雨滴往下落，
缓缓流入池塘旁，
慢慢进入江河里，
通通汇入大海洋。

认一认

工

流

旁

江

海

念一念

工人、身旁、海水

说一说

工人在努力地工作。

小明从我的身旁匆匆走过。

海水的味道是咸的。

活动设计

教学目标

1. 正确认读“工、流、旁、江、海”5个生字，读准音，认清形。

2. 能够正确、熟练地朗读、背诵儿歌。

教学准备

字卡、课件

教学过程

一、读一读(8分钟)

师：你们知道天上掉下来的小雨滴最后都去哪里了吗？让儿歌《小雨滴》来告诉我们吧。

1. 初读儿歌。

(1)范读。

——教师指读两遍。

(2)领读。

——教师读一句，幼儿跟着读一句。

(3)随读。

——教师大声读，幼儿跟着小声读。

2. 去字留图读。

师：闭上眼睛变魔术，1、2、3，什么字宝宝不见啦？

——教师指，幼儿齐读。

3. 去图去字读。

师：闭上眼睛变魔术，1、2、3，图片宝宝不见啦。

——教师指，同组幼儿相互读。

4. 去图留字读。

师：闭上眼睛变魔术，1、2、3，不见的字宝宝出来啦。

——教师指，幼儿边跺脚边齐读。

5. 教师提问。

师：小雨滴去了哪些地方？

师：什么时候需要人工降雨？

6. 背诵儿歌。

(1)男女生相互背。

——男生给女生背一遍，女生给男生背一遍。

(2)小组接力背。

——一组幼儿背前面一句，另一组幼儿背后面一句。

(3)火车火车开起来。

——一组幼儿开火车背，其他幼儿拍手打节奏背。

二、认一认(6分钟)

1. 看图认字。

(1)回忆认字。

——教师出示字卡，幼儿认读“工、流、旁、江、海”。

(2)头碰头认字。

——幼儿的头碰字宝宝卡片，并大声念出该字。

2. 去图认字。

(1)抢答认字。

——教师快速拿出字卡，幼儿抢答。

(2)躲藏认字。

——教师把字卡一字排开,幼儿闭上眼睛,教师拿走其中一张字卡,把它藏在背后,幼儿说出“躲”起来的字卡。

三、玩一玩(6分钟)

游戏一:搭救字宝宝。

师:字宝宝一不小心掉进了小河里,每当我们念出一个字宝宝,对应的字宝宝就会从河里出来,小朋友快把它们救上来吧。

游戏二:躲猫猫。

师:字宝宝和小朋友躲猫猫,它们都藏在了树林里,你们能把它们找出来吗?

游戏三:摘苹果。

师:看,这么多又红又大的苹果,只要你能念对字宝宝,你就可以摘到苹果。

游戏四:铺小路帮小兔子找家。

师:小兔子迷路了,我们一起来帮助它回家吧。大声说出图片上的字宝宝,小兔子回家的路就会出现。

22 冬天我不怕

冬天我不怕

天空飘来小雪花，

纷纷扬扬跳起舞。

冬天冬天我不怕，

我是勇敢好娃娃。

认一认

冬

（天）空

雪

是

念一念

冬季、空中、雪人

说一说

寒冷的冬季来到了。

燕子在空中飞来飞去。

我们在院子里堆了个雪人。

活动设计

教学目标

1. 正确认读“冬、空、雪、是”4个生字，读准音，认清形。

2. 能够正确、熟练地朗读儿歌、背诵儿歌。

教学准备

字卡、课件

教学过程

一、读一读(8分钟)

师：冬天到了，小朋友怕冷吗？我们一起学习儿歌《冬天我不怕》。

1. 初读儿歌。

(1)范读。

——教师指读两遍。

(2)领读。

——教师读一句，幼儿跟着读一句。

(3)随读。

——教师小声读，幼儿大声读。

2. 去字留图读。

师：闭上眼睛变魔术，1、2、3，红字宝宝不见啦。

——教师指，幼儿齐读。

3. 去图去字读。

师:闭上眼睛变魔术,1、2、3,图片宝宝不见啦。

——教师指,幼儿小组“开火车”读。

4. 去图留字读。

师:闭上眼睛变魔术,1、2、3,红字宝宝出来啦。

——教师指,幼儿边拍手边齐读。

5. 教师提问。

师:你喜欢雪吗? 雪花是什么形状的?

师:你堆过雪人吗? 是怎么堆的?

6. 背诵儿歌。

(1)小组连连看。

——幼儿一组一组轮流背。

(2)男女搭档背。

——男生背一句,女生背一句,大家合作背诵。

(3)击鼓传花背。

——教师拍铃鼓,幼儿传花,铃鼓停下,谁拿到花就由谁背儿歌。

二、认一认(6分钟)

1. 看图认字。

(1)回忆认字。

——教师出示字卡,幼儿认读“冬、空、雪、是”。

(2)爆炸认字。

——幼儿跟随教师念字,声音越念越大声,最后用手势做出爆炸状。

2. 去图认字。

(1)拍照认字。

——教师拿出一张字卡,说“大相机,拍出谁?”,幼儿回答“拍出……”。

(2)抽牌认字。

——教师抽出一张字卡,幼儿快速念出字卡。

三、玩一玩(6分钟)

游戏一:找雪花。

师:这些小雪花的朋友在哪里?只要你能认出雪花上的字宝宝,你就能找到它们的朋友。

游戏二:下雪花。

师:下雪了,好多雪花呀,你们认识雪花上的字宝宝吗?

游戏三:吹雪花。

师:大风来了,吹来了哪些雪花?请你来念一念。

游戏四:堆雪人。

师:小朋友,请你用字宝宝说出好听的词语或是好听的话,这样我们的雪人才会越堆越高。

23 猜数字

猜数字

上面圆，下面圆，
两个圆圈放一起，
它们变成数字几？

认一认

数

圆

念一念

数学、汤圆

说一说

姐姐的数学成绩非常好。

元宵节，人们有吃汤圆的习俗。

活动设计

教学目标

1. 正确认读"数、圆"2个生字,读准音,认清形。

2. 能够正确、熟练地朗读儿歌,了解儿歌的意思。

教学准备

字卡、课件

教学过程

一、读一读(8分钟)

师:今天老师带来一个数字谜语,你们能猜出是哪个数字吗?一起来学习儿歌《猜数字》。

1. 初读儿歌。

(1)范读。

——教师指读两遍。

(2)领读。

——教师读一句,幼儿跟着读一句。

(3)随读。

——教师大声读,幼儿轻声读。

2. 去字留图读。

师:红字宝宝看见这么多小朋友可开心了,它和我们玩起了捉迷藏的游戏。

——教师指,幼儿齐读。

3. 去图去字读。

师：看，图片宝宝也想和我们玩捉迷藏了。

——教师指，幼儿拍肩齐读。

4. 去图留字读。

师：看来小朋友们很厉害，红字宝宝全部都被你们找到了。

——教师指，幼儿开火车读。

5. 教师提问。

师：读了这首儿歌，你知道它是数字几了吗？

师：请你出个谜语让大家猜一猜它是数字几吧。

6. 背诵儿歌。

(1)跷跷板。

——教师做跷跷板，哪边的手翘起来就由哪边的幼儿背。

(2)我是小组长。

——请一位幼儿做领背，小组跟着一起背诵。

(3)大小声。

——幼儿根据教师的手势背诵，教师的手举高表示大声背，教师的手放低表示小声背。

二、认一认(6分钟)

1. 看图认字。

(1)回忆认字。

——教师出示字卡，幼儿认读“数、圆”。

(2)拍字卡认字。

——教师把字卡拿到幼儿面前，幼儿边拍字卡边念。

2. 去图认字。

(1)抢答认字。

——教师快速拿出字卡,幼儿抢答。

(2)捉迷藏认字。

——教师把字卡一字排开,幼儿闭上眼睛,教师拿走其中一张字卡,把它藏在背后,幼儿说出“躲”起来的字卡。

三、玩一玩(6分钟)

游戏一:小袋鼠找妈妈。

师:袋鼠宝宝迷路了,你可以帮助它找到袋鼠妈妈吗? 我们一起来念字宝宝,解除魔法,这样袋鼠宝宝就能和袋鼠妈妈相见啦。

游戏二:你能射中吗。

师:你玩过射击游戏吗? 念出字宝宝。你就可以射中中心位置。

游戏三:我是神枪手。

师:企鹅先生要去射击场练射击了,我们一起来帮助它吧。念出字宝宝,企鹅先生就可以打中靶心。

游戏四:打地鼠。

师:可爱的地鼠宝宝来跟我们做游戏啦,只有大声念出它举着的字宝宝,你才能打中它。小朋友,加油!

24 玩线球

玩线球

黑猫白猫玩线球，
滚到东来滚到西，
毛线越松球越跑，
追来追去很开心。

认一认

线（球）

猫

滚

越 很

念一念

直线、熊猫、滚动

说一说

我会用直线画一座大房子。

熊猫最喜欢吃竹子。

叶子上滚动着小水珠。

活动设计

教学目标

1. 正确认读“线、猫、滚、越、很”5个生字，读准音，认清形。

2. 能够正确、熟练地朗读儿歌，了解儿歌的意思。

教学准备

字卡、课件

教学过程

一、读一读(8分钟)

师：小猫最喜欢玩的就是毛线球，我们来听一听它们是怎么玩的，一起学习儿歌《玩线球》。

1. 初读儿歌。

(1)范读。

——教师指读两遍。

(2)领读。

——教师读一句，幼儿跟着读一句。

(3)随读。

——教师大声读，幼儿轻声读。

2. 去字留图读。

师：红字宝宝看见这么多小朋友可开心了，它和我们玩起了捉迷藏的游戏。

——教师指，幼儿齐读。

3. 去图去字读。

师:看,图片宝宝也想和我们玩捉迷藏了。

——教师指,小组轮流读。

4. 去图留字读。

师:看来小朋友们都很厉害,红字宝宝全部都被你们找到了。

——教师指,幼儿边拍手边齐读。

5. 教师提问。

师:儿歌里谁在玩线球? 线球滚到哪里去了呢?

师:你会绕毛线吗? 怎么绕?

6. 背诵儿歌。

(1)跷跷板。

——教师做跷跷板,哪边的手翘起来就由哪边的幼儿背。

(2)我是小组长。

——请一位幼儿做领背,小组跟着一起背诵。

(3)大小声。

——幼儿根据教师的手势背诵,教师的手举高表示大声背,教师的手放低表示小声背。

二、认一认(6分钟)

1. 看图认字。

(1)回忆认字。

——教师出示字卡,幼儿认读“线、猫、滚、越、很”。

(2)拍字卡认字。

——教师把字卡拿到幼儿面前,幼儿边拍字卡边念。

2. 去图认字。

(1)抢答认字。

——教师快速拿出字卡,幼儿抢答。

(2)捉迷藏认字。

——教师把字卡一字排开,幼儿闭上眼睛,教师拿走其中一张字卡,把它藏在背后,幼儿说出“躲”起来的字卡。

三、玩一玩(6分钟)

游戏一:打地鼠。

师:小朋友,我们一起来玩一个好玩的打地鼠游戏吧。谁能念出地鼠举出的字,谁就能成功打到地鼠。

游戏二:摘梨子。

师:每个梨子上都有一个字宝宝,只要你能念对字宝宝,你就能帮助小猴子把梨子收回家了。

游戏三:坐火车。

师:接下来,我们一起去坐火车吧。只要把火车上的字念出来,我们就可以出发啦。

游戏四:摘苹果。

师:小朋友,每个苹果上都有字宝宝,只要你念对了,你就能收获一个苹果哦。

25 滑冰

滑冰

戴上一条长围巾，
兴高采烈去滑冰。
左一滑，右一蹬，
翩翩起舞转个圈，
我是冰上小明星。

认一认

冰

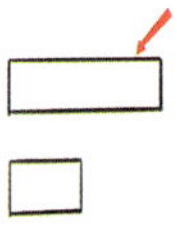

长

围巾

念一念

冰块、长短、围棋

说一说

夏天的饮料里有很多冰块。
我用长短不一的积木搭建了城堡。
哥哥是一名围棋高手。

活动设计

教学目标

1. 正确认读“冰、长、围、巾”4个生字，读准音，认清形。

2. 能够正确、熟练地朗读儿歌，了解儿歌的意思。

教学准备

字卡、课件

教学过程

一、读一读(8分钟)

师：小朋友，你们滑过冰吗？我们一起来学习一首儿歌《滑冰》。

1. 初读儿歌。

(1)范读。

——教师指读两遍。

(2)领读。

——教师读一句，幼儿跟着读一句。

(3)随读。

——教师大声读，幼儿轻声读。

2. 去字留图读。

师：睁大眼睛，仔细瞧，红字宝宝不见啦。

——教师指，幼儿齐读。

3. 去图去字读。

师：睁大眼睛，仔细瞧，图片宝宝也不见啦。

——教师指，小组轮流读。

4. 去图留字读。

师：睁大眼睛，仔细瞧，红字宝宝出来啦。

——教师指，幼儿边踏步边齐读。

5. 教师提问。

师：儿歌里，小朋友是怎么滑冰的？

师：你会滑冰吗？你是怎么学会的？

6. 背诵儿歌。

(1)齐拍桌背。

——幼儿轻拍桌子有节奏地背。

(2)我是小老师。

——教师请一名幼儿当小老师领背，其余幼儿跟着背。

二、认一认(6分钟)

1. 看图认字。

(1)回忆认字。

——教师出示字卡，幼儿认读“冰、长、围、巾”。

(2)踩卡认字。

——幼儿分组轮流玩，教师随机抽一个字卡放地上，认识该字的幼儿立即站在字卡上并大声念出字。

2. 去图认字。

(1)传卡认字。

——教师将字卡传给第一个幼儿，幼儿念出后传给下一个幼儿。

(2)捉迷藏认字。

——教师把字卡一字排开，幼儿闭上眼睛，教师拿走其中一张字卡，把它藏在背后，幼儿说出“躲”起来的字卡。

三、玩一玩(6分钟)

游戏一：下雪啦。

师：小朋友，你们喜欢雪花吗？现在要下雪啦，念出字宝宝，雪花就会落下来哦。

游戏二：找朋友。

师：调皮的字宝宝藏起来了，我们一起来找一找它们的朋友吧，一起大声念出字宝宝。

游戏三：滚雪球。

师：下雪啦，我们来滚雪球吧。一起大声念出雪球上面的汉字，雪球就会滚动。

游戏四：堆雪人。

师：雪球越滚越大，我们一起来堆雪人吧。一起来念字宝宝，雪人就会被堆好啦。

26 猫头鹰

猫头鹰

猫头鹰，真勤劳，
晚上值班不睡觉。
认真干活不偷懒，
我们应该学习它。

认一认

(猫头)鹰

睡觉

该

念一念

老鹰、午睡、不该

说一说

老鹰有锋利的爪子。
午睡要有正确的睡姿。
马路上不该乱扔垃圾。

活动设计

教学目标

1. 正确认读“鹰、睡、觉、该”4个生字，读准音，认清形。

2. 能够正确、熟练地朗读儿歌，了解儿歌的意思。

教学准备

字卡、课件

教学过程

一、读一读(8分钟)

师：小朋友，你们了解猫头鹰吗？让我们一起听一听儿歌《猫头鹰》。

1. 初读儿歌。

(1)范读。

——教师指读两遍。

(2)领读。

——教师读一句，幼儿跟着读一句。

(3)随读。

——教师大声读，幼儿轻声读。

2. 去字留图读。

师：红字宝宝看见这么多小朋友，都害羞地躲起来了。

——教师指，幼儿齐读。

3. 去图去字读。

师:图片宝宝看见这么多小朋友也害羞地躲起来了。

——教师指,幼儿分小组读。

4. 去图留字读。

师:看来小朋友们都很厉害,红字宝宝全部都被你们找到了。

——教师指,幼儿边拍手边齐读。

5. 教师提问。

师:猫头鹰在什么时候干活?

师:猫头鹰有什么本领呀?

6. 背诵儿歌。

(1)跷跷板。

——教师做跷跷板,哪边的手翘起来就由哪边的幼儿背。

(2)我们真是好搭档。

——同组幼儿相互背。

(3)我是小组长。

——请一位幼儿做领背,小组跟着一起背诵。

二、认一认(6分钟)

1. 看图认字。

(1)回忆认字。

——教师出示字卡,幼儿认读“鹰、睡、觉、该”。

(2)坐电梯认字。

——教师字卡举得高,幼儿念得声音大。教师字卡放得低,幼儿念得声音小。

2. 去图认字。

(1)抢答认字。

——教师快速拿出字卡,幼儿抢答。

(2)捉迷藏认字。

——教师把字卡一字排开,幼儿闭上眼睛,教师拿走其中一张字卡,把它藏在背后,幼儿说出“躲”起来的字卡。

三、玩一玩(6分钟)

游戏一:种花。

师:小花离开了花盆就没有了营养,可是它们不知道自己该回到哪个花盆。请你念出字宝宝,帮帮它们吧。

游戏二:钓鱼。

师:小猫钓了很多鱼,我们一起来帮助它把鱼装进字宝宝水桶里吧。只要你能念对字宝宝,小鱼就会被装进水桶里。

游戏三:阻止大灰狼。

师:有一只大灰狼想要偷偷跑进小兔家大吃一顿。只要你能念对字宝宝,你就可以搭建好围栏,阻止大灰狼。

游戏四:贪吃蛇。

师:贪吃蛇扭呀扭呀,它肚子饿了,看见了一个字宝宝。字宝宝对贪吃蛇说:“只要你能够帮我组个词,你就可以吃到美味的食物。”

4—5岁（上）

二

评价表

评价说明

评价工作是注重幼儿认读学习的过程性评价。教师需要每月了解幼儿的认读掌握情况，分析幼儿的学习情况，改进幼儿的学习策略，及时跟踪教学效果。评价工具主要包含月评价内容、每月评价表、幼儿每月评价情况分析表。

月评价内容

按月列出评价内容，识字数量见下表。

	3—4岁（上）	3—4岁（下）	4—5岁（上）	4—5岁（下）	5—6岁（上）	5—6岁（下）
第一个月	18	15	29	37	45	54
第二个月	14	18	29	32	55	46
第三个月	16	15	31	31	55	50
第四个月	21	19	30	34	53	53
小计	69	67	119	134	208	203
合计	800					

每月评价表

按月进行循环评价，以当月新授的字词为主，再累计已学字词，标注出幼儿掌握不好的字词，回顾前几个月的学习情况，从而更好地帮助幼儿完成认读学习的过程。

幼儿每月评价情况分析表

每月针对幼儿的评价情况，进行个性化分析，根据认读字量计算认字率，以此了解每个幼儿当月的掌握情况。针对幼儿易错字及遗忘字进行原因分析，制定个性化策略，开展优化提升工作，进一步提升家园合作水平。

月评价内容

9月字表(29个)

秋 树 蝴 蝶 洞 快 穿 名 送 每 了 落 入 把 时 刀 船 弯 尖 看 见 蜜 蜂 蚯 蚓 鱼 爱 祖 国

10月字表(29个)

的 旗 金 高 猪 二 三 四 五 几 阿 姨 梨 栗 桃 柿 石 六 七 八 九 十 伸 出 食 指 说 思 考

11月字表(31个)

鹅 毛 清 莲 东 南 西 北 梅 开 画 远 近 无 还 惊 行 停 车 步 松 得 意 洋 路 真 假 念 问 知 道

12月字表(30个)

闪 森 林 人 口 品 工 流 旁 江 海 冬 空 雪 是 数 圆 线 猫 滚 越 很 冰 长 围 巾 鹰 睡 觉 该

每月评价字表

月份/内容	9	10	11	12
秋				
树				
蝴				
蝶				
洞				
快				
穿				
名				
送				
每				
了				
落				
入				
把				
时				
刀				
船				
弯				
尖				
看				
见				
蜜				
蜂				

月份/内容	9	10	11	12
蚯				
蚓				
鱼				
爱				
祖				
国				

月份/内容	10	11	12
的			
旗			
金			
高			
猪			
二			
三			
四			
五			
几			
阿			
姨			
梨			
栗			
桃			
柿			
石			
六			
七			
八			
九			
十			
伸			

月份/内容	10	11	12
出			
食			
指			
说			
思			
考			

月份 内容	11	12
鹅		
毛		
清		
莲		
东		
南		
西		
北		
梅		
开		
画		
远		
近		
无		
还		
惊		
行		
停		
车		
步		
松		
得		
意		
洋		

月份 内容	11	12
路		
真		
假		
念		
问		
知		
道		

月份 内容	12
闪	
森	
林	
人	
口	
品	
工	
流	
旁	
江	
海	
冬	
空	
雪	
是	
数	
圆	
线	
猫	
滚	
越	
很	
冰	
长	

月份 内容	12
围	
巾	
鹰	
睡	
觉	
该	

幼儿每月评价情况分析表

<table>
<tr><td colspan="2">姓名：</td></tr>
<tr><td rowspan="2">9月</td><td>数据分析：</td></tr>
<tr><td>原因策略：</td></tr>
<tr><td rowspan="2">10月</td><td>数据分析：</td></tr>
<tr><td>原因策略：</td></tr>
<tr><td rowspan="2">11月</td><td>数据分析：</td></tr>
<tr><td>原因策略：</td></tr>
<tr><td rowspan="2">12月</td><td>数据分析：</td></tr>
<tr><td>原因策略：</td></tr>
</table>

4—5岁（上）

三

附录

字表

1 秋 树 蝴 蝶
2 洞 快 穿
3 名 送 每
4 了 落 入 把
5 时 刀
6 船 弯 尖 看 见
7 蜜 蜂 蚯 蚓 鱼 爱 祖 国
8 的 旗 金 高
9 猪 二 三 四 五 几
10 阿 姨 梨 栗 桃 柿 石
11 六 七 八 九 十
12 伸 出 食 指 说 思 考
13 鹅 毛 清
14 莲 东 南 西 北
15 梅 开
16 画 远 近 无 还 惊
17 行 停 车
18 步 松 得 意 洋 路 真 假
19 念 问 知 道
20 闪 森 林 人 口 品

21 工 流 旁 江 海

22 冬 空 雪 是

23 数 圆

24 线 猫 滚 越 很

25 冰 长 围 巾

26 鹰 睡 觉 该

词 表

1 秋千 树木 蝴蝶结
2 山洞 快乐 穿过
3 名单 运送 每天
4 落叶 入口 扫把
5 时候 剪刀
6 轮船 转弯 尖锐
7 金鱼 爱心 国旗
8 彩旗 金色 高低
9 猪圈 三只 几个
10 姨妈 柿饼 石头
11 六位 七个 十月
12 出口 粮食 说话
13 企鹅 羽毛 清晨
14 东方 南瓜 西服
15 杨梅 打开
16 画家 远方 惊喜
17 行为 停留 火车
18 跑步 蓬松 马路
19 想念 问题 知识
20 闪电 树林 食品

21 工人 身旁 海水
22 冬季 空中 雪人
23 数学 汤圆
24 直线 熊猫 滚动
25 冰块 长短 围棋
26 老鹰 午睡 不该

句表

1　公园里可以荡秋千。

我们要爱护花草树木。

姐姐有一个蝴蝶结发夹。

2　山洞里黑漆漆的。

祝大家中秋节快乐,花好月圆。

火车飞速地穿过了山洞。

3　小明在这次的获奖名单上。

货车能够运送货物。

我每天早早地来到幼儿园。

4　落叶好像一只只美丽的黄蝴蝶。

请你从入口标记处进来。

阿姨拿起扫把搞卫生。

5　天黑的时候月亮出来了。

用剪刀时要注意安全。

6　轮船行驶在大海上。

在转弯处不要超车。

鲨鱼的牙齿非常尖锐。

7　鱼缸里养了很多金鱼。

幼儿园举行了爱心捐赠活动。

我们会在操场上升国旗。

8 彩旗在空中迎风飘扬。
秋天的田野像一片金色的海洋。
这里有许多高低不同的山。

9 猪圈里有许多可爱的小猪。
三只小猫在玩捉迷藏。
这里有几个小朋友?

10 今天姨妈来我家做客。
甜甜的柿饼真好吃。
山上有很多石头。

11 每个小组有六位小朋友。
森林里有七个小矮人。
十月的秋天是最美的。

12 这里有一个安全出口。
一群蚂蚁正在搬运粮食。
我们要学会轻轻地说话。

13 企鹅生活在南半球。
孔雀的羽毛真漂亮啊!
清晨小鸟在窗边叽叽喳喳地叫着。

14 太阳从东方升起来了。
田地里有一个大南瓜。
爸爸有一套纯黑色的西服。

15 杨梅吃起来酸酸甜甜的。
我兴奋地打开了礼物盒。

16 长大了,我想成为一名画家。
微风将蒲公英吹向了远方。
我惊喜地发现梅花开了。

17 我们要养成良好的行为习惯。
蜻蜓停留在碧绿的荷叶上。
我喜欢坐火车出去旅游。

18 爸爸经常在操场上跑步。
松鼠有一条蓬松的大尾巴。
马路上有很多车辆。

19 爸爸出差了,我很想念他。
妈妈总是耐心地回答我的问题。
我喜欢学习各种知识。

20 夏日的天空经常会出现闪电。
一群小鸟在树林上空飞翔。
超市里有各种各样的食品。

21 工人在努力地工作。
小明从我的身旁匆匆走过。
海水的味道是咸的。

22 寒冷的冬季来到了。
燕子在空中飞来飞去。
我们在院子里堆了个雪人。

23 姐姐的数学成绩非常好。
元宵节,人们有吃汤圆的习俗。

24 我会用直线画一座大房子。
熊猫最喜欢吃竹子。
叶子上滚动着小水珠。

25 夏天的饮料里有很多冰块。
我用长短不一的积木搭建了城堡。
哥哥是一名围棋高手。

26 老鹰有锋利的爪子。

午睡要有正确的睡姿。

马路上不该乱扔垃圾。

4—5岁（下）

一 认读活动

1 爱妈妈

爱妈妈

妈妈下班回到家，
辛苦一天喝杯茶。
捶捶背，揉揉肩，
我要亲亲好妈妈。

认一认

(下)班

回到

辛苦

喝

杯

念一念

班级、喝水、茶杯

说一说

我的班级里有很多玩具。
多喝水身体才能更健康。
我有一只漂亮的茶杯。

活动设计

教学目标

1. 正确认读“班、回、到、辛、苦、喝、杯”7个生字，读准音，认清形。

2. 能够正确、熟练地朗读、背诵儿歌。

教学准备

字卡、课件

教学过程

一、读一读(8分钟)

师：小朋友，你爱你的妈妈吗？今天我们来学一首儿歌《爱妈妈》。

1. 初读儿歌。

(1)范读。

——教师指读两遍。

(2)领读。

——教师读一句，幼儿跟着读一句。

(3)随读。

——教师大声读，幼儿轻声读。

2. 去字留图读。

师：闭上眼睛变魔术，1、2、3，红字宝宝不见啦。

——教师指，幼儿齐读。

3. 去图去字读。

师:闭上眼睛变魔术,1、2、3,图片宝宝不见啦。

——教师指,男女生交替读。

4. 去图留字读。

师:闭上眼睛变魔术,1、2、3,红字宝宝出来啦。

——教师指,幼儿拍手齐读。

5. 教师提问。

师:儿歌里的小朋友为妈妈做了哪些事情?

师:妈妈平时是怎么照顾你的?

6. 背诵儿歌。

(1)点兵点将背。

——小组点兵点将背,教师点到哪一组,哪一组就背。

(2)男女搭档背。

——男生背一句,女生背一句,大家合作背诵。

(3)好朋友点点背。

——幼儿之间指名轮流背。

二、认一认(6分钟)

1. 看图认字。

(1)回忆认字。

——教师出示字卡,幼儿认读“班、回、到、辛、苦、喝、杯”。

(2)拍字卡认字。

——教师把字卡拿到幼儿面前,幼儿边拍字卡边念。

2. 去图认字。

(1)抢答认字。

——教师快速拿出字卡,幼儿抢答。

(2)叫醒认字。

——教师把字卡一字排开，拿出一张字卡，幼儿念出汉字，叫醒它。

三、玩一玩(6分钟)

游戏一：眼疾嘴快。

师：我们来比一比哪个小朋友可以又快又准确地读出屏幕上出现的字宝宝。

游戏二：亲亲妈妈。

师：只要你念出字宝宝，你就可以给妈妈一个吻，看谁送的吻最多。

游戏三：给妈妈倒水。

师：小朋友，妈妈很辛苦，念出字宝宝，就可以帮妈妈倒水啦。

游戏四：妈妈请坐下。

师：小朋友，这个椅子太小了，妈妈坐着不舒服，如果你念对字宝宝并组词，你就能把椅子变大哦。

2 请你帮点忙

请你帮点忙

一件衣服长，一件衣服短。
我们不会穿，谁来帮帮忙？
我来帮帮你，你来帮帮我。
互帮又互助，大家笑哈哈。

认一认

帮忙

（文）件

衣

短

念一念

帮助、风衣、短跑

说一说

好朋友应该互相帮助。
妈妈有一件蓝色的风衣。
小明是个短跑冠军。

活动设计

教学目标

1. 正确认读“帮、忙、件、衣、短”5个生字，读准音，认清形。

2. 能够正确、熟练地朗读、背诵儿歌。

教学准备

字卡、课件

教学过程

一、读一读(8分钟)

师：你会自己穿衣服吗？今天我们要学一首关于穿衣服的儿歌《请你帮点忙》。

1. 初读儿歌。

(1)范读。

——教师指读两遍。

(2)领读。

——教师读一句，幼儿跟着读一句。

(3)小猫读。

——教师和幼儿模仿小猫温柔的声音读儿歌。

2. 去字留图读。

师：红字宝宝看见这么多小朋友，可开心了，和我们玩起了捉迷藏的游戏。

——教师指，幼儿齐读。

3. 去图去字读。

师:看,图片宝宝也想和我们玩捉迷藏了。

——教师指,幼儿小组轮流读。

4. 去图留字读。

师:看来小朋友们都很厉害,字宝宝全部被你们找到了。接下来就让我们一起边拍手边读。

——教师指,幼儿拍手齐读。

5. 教师提问。

师:读了这首儿歌,你觉得如果你在幼儿园里穿衣服时遇到困难,可以怎么做?

师:你有什么快速穿衣服的好办法吗?

6. 背诵儿歌。

(1)小组PK背。

——教师选出两组背诵,比比哪组背得好。

(2)火车火车开起来。

——幼儿"开火车",一人一句接着背。

(3)我来开头你来接。

——男生背前半句,女生背后半句。

二、认一认(6分钟)

1. 看图认字。

(1)配图认字。

——教师出示字卡,幼儿认读"帮、忙、件、衣、短"。

(2)吹气球认字。

——教师把气球吹大,幼儿大声念;教师把气球吹小,幼儿小声念。

2. 去图认字。

(1)躲藏认字。

——教师把字卡一字排开,幼儿闭上眼睛,教师拿走其中一个字,幼儿猜哪个字不见了。

(2)速度认字。

——小组比赛认读字宝宝,比比谁读得快。

三、玩一玩(6分钟)

游戏一:找朋友。

师:小朋友,你们认识这些字宝宝吗?和它对应的图片宝宝藏起来了,谁来念一念,帮它们把好朋友找出来吧。

游戏二:摘桃子。

师:小朋友你们看,高大的桃树上结满了粉红色的桃子。每个桃子上都有一个字宝宝。只要你把字宝宝读对了,你就可以摘下树上的桃子,这个桃子就是你的啦。

游戏三:吹泡泡。

师:小朋友,我们来吹泡泡啦。谁能把上面的字念出来,谁的泡泡就会变大。

游戏四:蛋糕转转杯。

师:你们喜欢吃蛋糕吗?只要你们能给字宝宝组词,这个蛋糕就会转起来。

3 小蜗牛

小蜗牛

小蜗牛，慢悠悠，
背着屋子出门去，
一边走，一边看，
刮风下雨我不怕，
小触角，伸出来，
我是快乐小蜗牛。

认一认

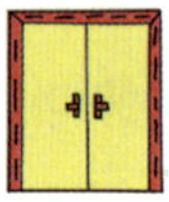

（蜗）牛　　屋　　门

念一念

牛奶、木屋、门口

说一说

我的早饭是牛奶和面包。
小熊住在一座木屋里。
家门口有一棵高高的松树。

活动设计

教学目标

1. 正确认读“牛、屋、门”3个生字，读准音，认清形。

2. 能够正确、熟练地朗读、背诵儿歌。

教学准备

字卡、课件

教学过程

一、读一读（8分钟）

师：今天，我们班来了个动物朋友小蜗牛，我们一起来听一听儿歌《小蜗牛》。

1. 初读儿歌。

（1）范读。

——教师指读两遍。

（2）领读。

——教师读一句，幼儿跟着读一句。

（3）随读。

——教师小声读，幼儿大声读。

2. 去字留图读。

师：闭上眼睛变魔术，1、2、3，红字宝宝不见啦。

——教师指，幼儿齐读。

3. 去图去字读。

师:闭上眼睛变魔术,1、2、3,图片宝宝不见啦。

——教师指,其余幼儿齐读。

4. 去图留字读。

师:闭上眼睛变魔术,1、2、3,红字宝宝出来啦。

——教师指,幼儿拍肩齐读。

5. 教师提问。

师:小蜗牛是什么样子的?它走起路来是什么样子的?

师:你喜欢小蜗牛吗?为什么?

6. 背诵儿歌。

(1)师幼对对背。

——教师和幼儿接龙背。

(2)我是小组长。

——请一位幼儿做领背,小组跟着一起背。

(3)我来开头你来接。

——男生背前半句,女生背后半句。

二、认一认(6分钟)

1. 看图认字。

(1)回忆认字。

——教师出示字卡,幼儿认读“牛、屋、门”。

(2)快速认字。

——教师快速拿出一张字卡,请幼儿大声念出。

2. 去图认字。

(1)寻找认字。

——教师将字卡给几位幼儿,大家一起说“……在哪里?”,手拿相应字卡的幼儿站起来说“……在这里”。

(2)躲藏认字。

——教师把字卡一字排开,幼儿闭上眼睛,教师拿走其中一个字,幼儿猜哪个字不见了。

三、玩一玩(6分钟)

游戏一:小蜗牛找朋友。

师:字宝宝和图片宝宝是一对好朋友,快来帮小蜗牛找一下好朋友吧!

游戏二:小蜗牛开门。

师:咚咚咚,快来帮小蜗牛看看是哪个字宝宝在敲门。

游戏三:小蜗牛翻翻乐。

师:小蜗牛翻卡片,让我们和小蜗牛一起读一读卡片上的字宝宝吧!

游戏四:蜗牛的家。

师:你能用这个字宝宝说出好听的词语或是好听的句子吗?只要你能说出来,蜗牛的小屋就会越变越大。

4 小鸭子学游泳

小鸭子学游泳

小鸭子，嘎嘎叫，叫什么？
想游泳，太害怕，不敢下，
小鱼小虾来鼓励。
小鸭子，嘎嘎叫，叫什么？
一二三，跳入水，溅水花，
勇敢向前不害怕。

认一认

游泳

什么

想

害怕

（勇）敢

虾

念一念

理想、害羞、龙虾

说一说

我们要为理想而奋斗。
我害羞地躲在了妈妈的身后。
钓龙虾真是件有趣的事。

活动设计

教学目标

1. 正确认读“游、泳、什、么、想、害、怕、敢、虾”9个生字，读准音，认清形。

2. 能够正确、熟练地朗读、背诵儿歌。

教学准备

字卡、课件

教学过程

一、读一读(8分钟)

师：小朋友，你会游泳吗？今天我们一起来学习儿歌《小鸭子学游泳》。

1. 初读儿歌。

(1)范读。

——教师指读两遍。

(2)领读。

——教师读一句，幼儿跟着读一句。

(3)男女生读。

——男生读一读，女生读一读。

2. 去字留图读。

师：字宝宝去休息啦。你们还能想起这张图片说的是什么吗？

——教师指，幼儿齐读。

3. 去图去字读。

师:字宝宝和图片宝宝都去休息啦。你们还能想起这里怎么读吗?

——教师指,男女生接龙读,一人一句。

4. 去图留字读。

师:字宝宝回来啦,我们一起来读一读。

——教师指,幼儿拍手齐读。

5. 教师提问。

师:读了这首儿歌,你们知道小鸭子嘎嘎叫的原因是什么吗?

师:小鸭子学会游泳的秘诀是什么?

6. 背诵儿歌。

(1)我们真是好搭档。

——同组幼儿相互背。

(2)男生女生向前冲。

——男生背一遍,女生背一遍。

(3)点兵点将背。

——小组点兵点将背,教师点到哪一组,哪一组就背。

二、认一认(6分钟)

1. 看图认字。

(1)配图认字。

——教师出示字卡,幼儿认读“游、泳、什、么、想、害、怕、敢、虾”。

(2)吹气球认字。

——教师把气球吹大,幼儿大声念;教师把气球吹小,幼儿小声念。

2. 去图认字。

(1)抢答认字。

——教师快速拿出字卡,幼儿抢答。

(2)躲猫猫认字。

——教师把字卡全部藏起来,请幼儿找出来并念一念。

三、玩一玩(6分钟)

游戏一:小鸭子找朋友。

师:小朋友,你们认识这些字宝宝吗?和它对应的图片宝宝藏起来了,谁来念一念,帮它们把好朋友找出来吧!

游戏二:小鸭子钓鱼。

师:小鸭子要去钓鱼啦,我们一起来看看小鸭子钓到了什么鱼。大声念出来吧。

游戏三:迷路的小鸭子。

师:小鸭子迷路了,请小朋友念出字宝宝帮助小鸭子向前走,这样小鸭子就能跟着字宝宝找到家了。

游戏四:小鸭子学打字。

师:小鸭子学打字啦,快来看看小鸭子打出了什么字。请你们大声念出来并组词。

5 动物运动会

动物运动会

森林举行运动会，小动物们来报名。
怎样展示出风采？大显身手亮本领。
蝴蝶翅膀扑扑飞，猴子尾巴荡秋千，
兔子腿儿蹦蹦跳，大象鼻子运水忙。

认一认

（运动）会

怎样

翅膀

尾

念一念

学会、一样、结尾

说一说

我在幼儿园学会了跳绳。

双胞胎长得一模一样。

故事的结尾出乎人们的意料。

活动设计

教学目标

1. 正确认读“会、怎、样、翅、膀、尾”6个生字，读准音，认清形。
2. 能够正确、熟练地朗读、背诵儿歌。

教学准备

字卡、课件

教学过程

一、读一读(8分钟)

师：小朋友，你们知道小动物都有哪些本领吗？今天老师带来一首好听的儿歌《动物运动会》。

1. 初读儿歌。

(1)范读。

——教师指读两遍。

(2)领读。

——教师读一句，幼儿跟着读一句。

(3)随读。

——教师小声读，幼儿大声读。

2. 去字留图读。

师：闭上眼睛变魔术，1、2、3，红字宝宝不见啦。

——教师指，幼儿齐读。

3. 去图去字读。

师:闭上眼睛变魔术,1、2、3,图片宝宝不见啦。

——教师指,男女生接龙读。

4. 去图留字读。

师:闭上眼睛变魔术,1、2、3,红字宝宝出来啦。

——小教师领读,其余幼儿齐读。

5. 教师提问。

师:你们喜欢什么小动物?为什么?

师:你们还知道哪些小动物的本领?谁来说一说?

6. 背诵儿歌。

(1)男生女生碰碰车。

——男生背一句,女生背一句。

(2)小组PK背。

——小组之间轮流背,比一比哪一组背得好。

(3)小手拍拍背。

——幼儿有节奏地拍手背儿歌。

二、认一认(6分钟)

1. 看图认字。

(1)回忆认字。

——教师出示字卡,幼儿认读“会、怎、样、翅、膀、尾”。

(2)速度认字。

——教师快速拿出字卡,幼儿快速大声念出字卡。

2. 去图认字。

(1)躲藏认字。

——教师把字卡一字排开,幼儿闭上眼睛,教师拿走其中一张字卡,幼儿说出哪个字不见了。

(2)开火车认字。

——教师将字卡拿到小朋友面前,请幼儿依次起立认读。

三、玩一玩(6分钟)

游戏一:小鸟找窝。

师:看看小鸟的家在哪里。只要你们找到字宝宝对应的图片,小鸟就能找到家。

游戏二:小鸟吃虫。

师:你能念出小虫身上的字宝宝吗?念出来,小鸟就能吃掉虫子。

游戏三:小兔子拔萝卜。

师:把萝卜上的字宝宝念出来,大萝卜就能被拔出来啦!你能帮帮小兔子吗?

游戏四:毛毛虫变变变。

师:你能用这个字宝宝说出好听的词语或是好听的句子吗?只要你能说出来,毛毛虫就能越长越大!

6 耳朵大比拼

耳朵大比拼

谁的耳朵灵?大家都来比一比。
小马耳朵短,短短耳朵听得远;
大象耳朵大,大大耳朵像蒲扇;
小猫耳朵尖,尖尖耳朵控平衡;
宝宝耳朵好,妈妈说话记得牢。

认一认

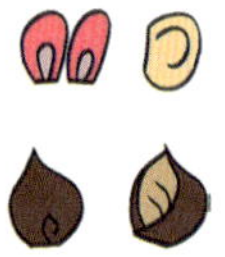
比(耳朵)

谁

马

听

念一念

比赛、骑马、听见

说一说

姐姐在跑步比赛中获得了冠军。
今天我和爸爸一起去骑马了。
我听见下雨沙沙的声音。

活动设计

教学目标

1. 正确认读“比、谁、马、听”4个生字，读准音，认清形。

2. 能够正确、熟练地朗读、背诵儿歌。

教学准备

字卡、课件

教学过程

一、读一读(8分钟)

师：耳朵是我们五官中很重要的部位，今天我们一起来学习儿歌《耳朵大比拼》。

1. 初读儿歌。

(1)范读。

——教师指读两遍。

(2)领读。

——教师读一句，幼儿跟着读一句。

(3)随读。

——男生大声读，女生轻声读。

2. 去字留图读。

师：闭上眼睛变魔术，1、2、3，红字宝宝不见啦。

——教师指，幼儿齐读。

3. 去图去字读。

师:闭上眼睛变魔术,1、2、3,图片宝宝不见啦。

——教师指,幼儿分组接龙读。

4. 去图留字读。

师:闭上眼睛变魔术,1、2、3,红字宝宝出来啦。

——教师指,幼儿拍手齐读。

5. 教师提问。

师:读了这首儿歌,你最喜欢谁的耳朵呢?

师:你还知道哪些动物的耳朵有本领?

6. 背诵儿歌。

(1)师幼碰碰车。

——师幼问答背,教师问前一句,幼儿回答后一句。

(2)男生女生向前冲。

——男生背一遍,女生背一遍。

(3)我们都是好朋友。

——幼儿与好朋友相互问答背。

二、认一认(6分钟)

1. 看图认字。

(1)回忆认字。

——教师出示字卡,幼儿认读“比、谁、马、听”。

(2)爆炸认字。

——幼儿跟随教师念,越念越大声,最后做出爆炸状。

2. 去图认字。

(1)回家认字。

——教师把字卡一字排开,幼儿闭上眼睛,教师拿走一张字卡,幼儿说出

“……回家了”。

(2)开火车认字。

——教师将字卡拿到小朋友面前,请幼儿依次起立认读。

三、玩一玩(6分钟)

游戏一:小喇叭。

师:小朋友你们看,小喇叭里有什么字宝宝?一起读出来。

游戏二:大耳朵图图。

师:大耳朵图图带来了一些他的礼物,我们一起把上面的字宝宝念出来吧。

游戏三:图图找家。

师:图图迷路了,请小朋友帮助他用字宝宝铺路,这样图图就能跟着字宝宝找到家了。

游戏四:图图去动物园。

师:图图来到动物园,动物们需要大家把字宝宝念出来并组成词语,这样,我们就能看到它们了。

7 春晓

春晓

春眠不觉晓，
处处闻啼鸟。
夜来风雨声，
花落知多少？

认一认

(远)处

来

声

念一念

到处、回来、声音

说一说

花园里到处开满了鲜花。

妈妈下班回来了。

姐姐唱歌的声音十分动听。

活动设计

教学目标

1. 正确认读“处、来、声”3个生字，读准音，认清形。

2. 能够正确、熟练地朗读、背诵古诗。

教学准备

字卡、课件

教学过程

一、读一读(8分钟)

师：现在是什么季节？今天老师带来了一首古诗《春晓》。

1. 初读古诗。

(1)范读。

——教师指读两遍。

(2)领读。

——教师读一句，幼儿跟着读一句。

(3)自由读。

——幼儿自己试着读一读。

2. 去字留图读。

师：闭上眼睛变魔术，1、2、3，红字宝宝不见啦。

——教师指，一个幼儿念一句，教师点名下一个幼儿再念下一句，以此类推。

3. 去图去字读。

师:闭上眼睛变魔术,1、2、3,图片宝宝不见啦。

——教师指,教师和幼儿轮流读。

4. 去图留字读。

师:闭上眼睛变魔术,1、2、3,红字宝宝出来啦。

——教师指,幼儿拍腿齐读。

5. 教师提问。

师:一年有哪四季?你最喜欢哪个季节?为什么?

师:现在是什么季节?春天,你看到了什么美丽的景色?

6. 背诵古诗。

(1)小组接力背。

——小组成员一个一个接力背。

(2)男女生合作背。

——男生开头女生背,女生开头男生背。

(3)我来开头你来接。

——教师背前半句,幼儿背后半句。

二、认一认(6分钟)

1. 看图认字。

(1)回忆认字。

——教师出示字卡,幼儿认读"处、来、声"。

(2)跷跷板认字。

——教师把字卡放在左手和右手上,请幼儿快速认读,哪只手上的字卡先被举高,幼儿就先读哪张字卡上的字。

2. 去图认字。

(1)迷迷转认字。

——教师手拿字卡,幼儿闭上眼睛转三圈后进行快速抢答。

(2)点兵点将认字。

——教师点兵点将,点到哪个字宝宝,幼儿就把哪个字宝宝大声念出来。

三、玩一玩(6分钟)

游戏一:小鸟找朋友。

师:小鸟的朋友在哪里?你能找到字宝宝对应的图片吗?把它大声念出来。

游戏二:下春雨。

师:下春雨了,让我们念出雨滴上的字宝宝吧!

游戏三:发春芽。

师:草坪上的小种子要发芽啦!如果你能念出字宝宝,给小种子浇点水,小种子就能长得更快。

游戏四:开小花。

师:你能用这个字宝宝说出好听的词语或句子吗?如果你能说出来,我们就能看到好看的花朵开放。

8 早发白帝城

早发白帝城

朝辞白帝彩云间，
千里江陵一日还。
两岸猿声啼不住，
轻舟已过万重山。

认一认

彩云

千

万

念一念

彩虹、白云、千万

说一说

天空出现了一道彩虹。

蓝蓝的天空飘着朵朵白云。

过马路千万要注意安全。

活动设计

教学目标

1. 正确认读“彩、云、千、万”4个生字,读准音,认清形。

2. 能够正确、熟练地朗读、背诵古诗。

教学准备

字卡、课件

教学过程

一、读一读(8分钟)

师:你们听过《早发白帝城》这首古诗吗?

1. 初读古诗。

(1)范读。

——教师指读两遍。

(2)领读。

——教师读一句,幼儿跟着读一句。

(3)小组领读。

——一组当小老师领读,其余幼儿跟读。

2. 去字留图读。

师:魔法棒变变变,谁不见了?红字宝宝不见啦。

——教师指,幼儿齐读。

3. 去图去字读。

师:魔法棒变变变,谁不见了?图片宝宝不见啦。

——教师指,幼儿“开火车”读。

4. 去图留字读。

师:魔法棒变变变,谁出来了?红字宝宝出来啦。

——教师指,幼儿拍手齐读。

5. 教师提问。

师:你坐过船吗?坐船的感受怎么样?

师:在船上你看到了什么样的风景?

6. 背诵古诗。

(1)石头剪刀布。

——两名幼儿玩“石头剪刀布”,谁输谁先背。

(2)男生女生向前冲。

——男生背一遍,女生背一遍。

(3)师生碰碰车。

——师幼接龙背,教师背前半句,幼儿背后半句。

二、认一认(6分钟)

1. 看图认字。

(1)回忆认字。

——教师出示字卡,幼儿认读“彩、云、千、万”。

(2)爆炸认字。

——幼儿跟随教师念,越念越大声,最后做出爆炸状。

2. 去图认字。

(1)回家认字。

——教师把字卡一字排开,幼儿闭上眼睛,教师拿走一张字卡,幼儿说出

"……回家了"。

(2)爬高楼认字。

——教师让字卡爬高楼,幼儿念,字卡"爬"得低,幼儿小声念,字卡"爬"得高,幼儿大声念。

三、玩一玩(6分钟)

游戏一:小船。

师:小朋友你们看,海里有哪些小船?你能把上面的字念出来吗?

游戏二:海鸟飞飞。

师:瞧,有海鸟朋友来欢迎我们啦!你能说出它们是谁吗?

游戏三:彩云飘飘。

师:我们坐船看看天上有什么。只要你念对字宝宝,彩云就会飘过来。

游戏四:翻山越岭。

师:我们来到了哪里?哇!远处有好多山,山上都有哪些字宝宝?

9 明日歌

明日歌

明日复明日，

明日何其多。

我生待明日，

万事成蹉跎。

认一认

明日

念一念

文明、冬日

说一说

在公共场合，我们要注意文明礼貌。

冬日里的阳光很温暖。

活动设计

教学目标

1. 正确认读“明、日”2个生字，读准音，认清形。

2. 能够正确、熟练地朗读、背诵古诗。

教学准备

字卡、课件

教学过程

一、读一读（8分钟）

师：你们知道明日是什么意思吗？一起来听一听《明日歌》。

1. 初读古诗。

（1）范读。

——教师指读两遍。

（2）领读。

——教师读一句，幼儿跟着读一句。

（3）随读。

——教师小声读，幼儿大声读。

2. 去字留图读。

师：闭上眼睛变魔术，1、2、3，红字宝宝不见啦。

——教师指，幼儿齐读。

3. 去图去字读。

师：闭上眼睛变魔术，1、2、3，图片宝宝不见啦。

——教师指，男生女生接龙读。

4. 去图留字读。

师：闭上眼睛变魔术，1、2、3，红字宝宝出来啦。

——教师指，幼儿分组接龙读。

5. 教师提问。

师：这首古诗告诉我们一个什么道理？

师：时间是很宝贵的，平时你是怎么珍惜时间的？

6. 背诵古诗。

(1)对拍对背。

——两名幼儿面对面，边拍手边背古诗。

(2)指名背。

——请一名幼儿当小老师来领背。

(3)师幼碰碰车。

——师幼接龙背，教师背前半句，幼儿背后半句。

二、认一认(6分钟)

1. 看图认字。

(1)回忆认字。

——教师出示字卡，幼儿认读“明、日”。

(2)拍一拍认字。

——教师拿出字卡，幼儿及时抢拍认读。

2. 去图认字。

(1)抽签认字。

——教师将字卡都放在一起，请幼儿自由抽取认读。

(2)头顶认字。

——教师把字卡拿到幼儿面前,幼儿边用头顶字卡边念。

三、玩一玩(6分钟)

游戏一:小猴子捞月亮。

师:小猴子捞月亮,只要你念对字宝宝,月亮就能被捞上来。

游戏二:射日。

师:只要你正确念出字宝宝,你就可以把天上的太阳“射”下来。

游戏三:时钟翻翻翻。

师:时钟下面有哪些字宝宝呢?大家一起来看一看吧!

游戏四:翻日历。

师:你能用翻到的字宝宝说出好听的词语或好听的句子吗?

10 小伞兵

小伞兵

蒲公英，蒲公英，
就像一个小伞兵，
风起，我也起，
风落，我也落，
飞过草地，飞进梦里！

认一认

兵

（蒲公）英

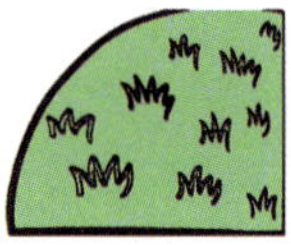

草地

梦

念一念

士兵、草丛、梦想

说一说

士兵要服从上级的命令。
一只小蝴蝶在草丛中飞舞。
我有一个美丽的梦想。

活动设计

教学目标

1. 正确认读“兵、英、草、地、梦”5个生字，读准音，认清形。

2. 能够正确、熟练地朗读、背诵儿歌。

教学准备

字卡、课件

教学过程

一、读一读(8分钟)

师：小朋友，你们见过蒲公英吗？今天，老师带来了一首好听的儿歌《小伞兵》。

1. 初读儿歌。

(1)范读。

——教师指读两遍。

(2)领读。

——教师请小老师领读，幼儿跟着读。

(3)随读。

——教师大声读，幼儿小声读。

2. 去字留图读。

师：魔法棒变变变，谁不见了？红字宝宝不见啦。

——教师指，幼儿齐读。

3. 去图去字读。

师:魔法棒变变变,谁不见了?图片宝宝不见啦。

——教师指,幼儿“开火车”读。

4. 去图留字读。

师:魔法棒变变变,谁出来了?红字宝宝出来啦。

——教师指,幼儿拍手齐读。

5. 教师提问。

师:蒲公英长什么样子?

师:蒲公英的种子会去哪些地方“旅行”?

6. 背诵儿歌。

(1)男生女生向前冲。

——男生背一遍,女生背一遍。

(2)我们的好搭档。

——幼儿分组接龙背。

(3)石头剪刀布。

——两名幼儿玩“石头剪刀布”,谁输谁先背。

二、认一认(6分钟)

1. 看图认字。

(1)回忆认字。

——教师出示字卡,幼儿认读“兵、英、草、地、梦”。

(2)爆炸认字。

——幼儿跟随教师念,越念越大声,最后做出爆炸状。

2. 去图认字。

(1)回家认字。

——教师把字卡一字排开,幼儿闭上眼睛,教师拿走一张字卡,幼儿说出

“……回家了”。

(2)爬高楼认字。

——教师让字卡爬高楼,幼儿念。字卡“爬”得低,幼儿小声念;字卡“爬”得高,幼儿大声念。

三、玩一玩(6分钟)

游戏一:美丽的蒲公英。

师:这么多美丽的蒲公英,我们一起看一看、读一读吧。帮助蒲公英找到它的图片朋友。

游戏二:蒲公英去旅行。

师:蒲公英要去旅行啦,只要你念对字宝宝,蒲公英就能出发。

游戏三:小小伞兵。

师:瞧,我们的蒲公英变成伞兵过来啦!只要你念对字宝宝,小伞兵就能降落。

游戏四:蒲公英吹一吹。

师:我们只有变成风婆婆,把蒲公英上的字组成词,才能把蒲公英吹走。

11 雨滴的话

雨滴的话

滴答滴答，雨滴在说话。
听，咕咚咕咚，
西瓜在长大。
听，嘎吱嘎吱，
麦苗在长高。
啊！孩子们在欢呼，
我种的西瓜会很甜。
啊！农民们在高歌，
我种的麦苗会丰收。

认一认

滴答

瓜

麦苗

孩(子)

种

念一念

哈密瓜 男孩 种地

说一说

新疆的哈密瓜真甜!

男孩们在操场上踢足球。

农民伯伯在忙着种地。

活动设计

教学目标

1. 正确认读“滴、答、瓜、麦、苗、孩、种”7个生字,读准音,认清形。
2. 能够正确、熟练地朗读、背诵儿歌。

教学准备

字卡、课件

教学过程

一、读一读(8分钟)

师:你们喜欢下雨吗?让我们一起欣赏儿歌《小雨滴》。

1. 初读儿歌。

(1)范读。

——教师指读两遍。

(2)领读。

——教师读一句,幼儿跟着读一句。

(3)随读。

—老师小声读,幼儿大声读。

2. 去字留图读。

师:闭上眼睛变魔术,1、2、3,红字宝宝不见啦。

——教师指,幼儿齐读。

3. 去图去字读。

师:闭上眼睛变魔术,1、2、3,图片宝宝不见啦。

——教师指,幼儿"开火车"读。

4. 去图留字读。

师:闭上眼睛变魔术,1、2、3,红字宝宝出来啦。

——教师指,幼儿拍肩齐读。

5. 教师提问。

师:儿歌里,下雨的时候,什么在长大?什么在长高?

师:孩子们和农民们为什么那么开心?

6. 背诵儿歌。

(1)男生女生向前冲。

——男生背一遍,女生背一遍。

(2)我们都是好朋友。

——幼儿与好朋友相互背。

(3)小老师领背。

——小老师指名若干幼儿跟着一起背。

二、认一认(6分钟)

1. 看图认字。

(1)回忆认字。

——教师出示字卡,幼儿认读“滴、答、瓜、麦、苗、孩、种”。

(2)传卡认字。

——教师把字卡拿到一位幼儿身边,该名幼儿念完马上传给下一位幼儿念。

2. 去图认字。

(1)大小声认字。

——教师把字卡举高,幼儿大声念;教师把字卡放低,幼儿小声念。

(2)躲猫猫认字。

——教师把字卡全部藏起来,请幼儿找出来并念一念。

三、玩一玩(6分钟)

游戏一:浇小芽。

师:你知道这个水壶要浇哪个小芽芽吗?快把它读出来。

游戏二:种小花。

师:念出字宝宝,这些小花就能种在花盆里。

游戏三:摘果果。

师:念出字宝宝,你就可以摘下果果。

游戏四:下雨啦。

师:你能用这个字宝宝说出好听的词语或好听的句子吗?这样雨水就能滋润我们的大地了。

12 符号小世界

符号小世界

符号世界真奇妙，
逗号句号小问号，
还有长长省略号。
停顿可以用逗号，
事情结束是句号，
遇到问题选问号。
当我写诗编故事，
符号统统请进来，
给它座位别弄错。

认一认

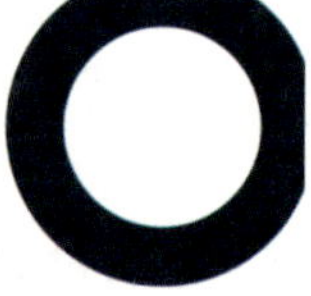
句号

可(以)

(便)当

写

诗

给

念一念

可爱 写字 诗人

说一说

小白兔蹦蹦跳跳真可爱。

写字时要坐姿端正。

李白是我国古代伟大的诗人。

活动设计

教学目标

1. 正确认读“句、号、可、当、写、诗、给”7个生字，读准音，认清形。
2. 能够正确、熟练地朗读、背诵儿歌。

教学准备

字卡、课件

教学过程

一、读一读（8分钟）

师：你认识标点符号吗？让我们一起走进儿歌《符号小世界》吧。

1. 初读儿歌。

(1)范读。

——教师指读两遍。

(2)领读。

——教师读一句,幼儿跟着读一句。

(3)随读。

——教师大声读,幼儿小声读。

2. 去字留图读。

师:红字宝宝看见这么多小朋友,可开心了,它和我们玩起了捉迷藏的游戏。

——教师指,幼儿齐读。

3. 去图去字读。

师:看,图片宝宝也想和我们玩捉迷藏。

——教师指,男生女生接龙读。

4. 去图留字读。

师:看来小朋友们都很厉害,这些字宝宝全部都被你们找到了。

——教师指,幼儿拍手齐读。

5. 教师提问。

师:你们知道哪些标点符号?

师:标点符号怎么用呢?

6. 背诵儿歌。

(1)点兵点将背。

——小组点兵点将背,教师点到哪一组,哪一组就背。

(2)石头剪刀布。

——两名幼儿玩“石头剪刀布”,谁输谁先背。

(3)我来开头你来接。

——男生背前半句,女生背后半句。

二、认一认(6分钟)

1. 看图认字。

(1)配图认字。

——教师出示字卡,幼儿认读“句、号、可、当、写、诗、给”。

(2)吹气球认字。

——教师把气球吹大,幼儿大声念;教师把气球吹小,幼儿小声念。

2. 去图认字。

(1)抢答认字。

——教师快速拿出字卡,幼儿抢答。

(2)躲藏认字。

——教师把字卡排开,幼儿闭上眼睛,教师拿走其中一个字,幼儿猜哪个字不见了。

三、玩一玩(6分钟)

游戏一:小蝌蚪找妈妈。

师:小蝌蚪游过来啦,它们找的妈妈对吗?快来读一读。

游戏二:青蛙跳荷叶。

师:青蛙想去河对面,它必须跳过一大片荷叶,我们一起帮帮它,大声读出荷叶上的字宝宝。

游戏三:找相同。

师:小金鱼身上的图片宝宝想去找对应的字宝宝,你们能帮忙吗?

游戏四:捉迷藏。

师:小青蛙和同伴玩捉迷藏,只有你们正确说出对应的字宝宝,藏起来的青蛙才能跳出来。

13 夏娃娃

夏娃娃

夏娃娃，变戏法，
东边雨，西边晴。
雨后天空挂彩虹，
颗颗露水像珍珠。

认一认

夏

变戏(法)

(露)水

念一念

夏令营、游戏、水果

说一说

我参加了幼儿园组织的夏令营活动。
游乐场里的游戏真有趣。
我最喜欢的水果是香蕉。

活动设计

教学目标

1. 正确认读“夏、变、戏、水”4个生字,读准音,认清形。

2. 能够正确、熟练地朗读、背诵儿歌。

教学准备

字卡、课件

教学过程

一、读一读(8分钟)

师:你们知道彩虹是怎么出现的吗?让我们一起学习儿歌《夏娃娃》。

1. 初读儿歌。

(1)范读。

——教师指读两遍。

(2)领读。

——教师读一句,幼儿跟着读一句。

(3)随读。

——教师小声读,幼儿大声读。

2. 去字留图读。

师:闭上眼睛变魔术,1、2、3,红字宝宝不见啦。

——教师指,幼儿分小组轮流读。

3. 去图去字读。

师:闭上眼睛变魔术,1、2、3,图片宝宝不见啦。

——教师指,幼儿齐读。

4. 去图留字读。

师:闭上眼睛变魔术,1、2、3,红字宝宝出来啦。

——教师指,幼儿拍肩齐读。

5. 教师提问。

师:你喜欢夏天吗? 为什么?

师:你喜欢彩虹吗? 彩虹有哪些颜色?

6. 背诵儿歌。

(1)多米诺骨牌背。

——全班幼儿起立,以小组为单位,一组背一句,背完一句后坐下。

(2)点兵点将背。

——小组点兵点将背,教师点到哪一组,哪一组就背。

(3)小老师领背。

——小老师指名若干幼儿跟着一起背。

二、认一认(6分钟)

1. 看图认字。

(1)回忆认字。

——教师出示字卡,幼儿认读"夏、变、戏、水"。

(2)爬台阶认字。

——教师让字卡往上"爬台阶",幼儿大声念。教师让字卡往下"爬台阶",幼儿小声念。

2. 去图认字。

(1)抽牌认字。

——教师把字卡全部放在手里,请幼儿抽牌认字。

(2)传递认字。

——教师拍手,幼儿传递字卡。当教师停止拍手时,拿到字卡的幼儿须快速起立念出字卡上的字。

三、玩一玩(6分钟)

游戏一:云朵和雨滴找朋友。

师:你能帮小云朵找到它的雨滴朋友吗?快把上面的字宝宝念出来。

游戏二:小雨露。

师:只要你念出字宝宝,小雨露就能滑下来。

游戏三:白霜消失。

师:只要你念出花朵上的字宝宝,凝结的白霜就会消失。

游戏四:下大雪。

师:你能用这个字宝宝说出好听的词组或好听的句子吗?大雪落下来,大地就像盖上了棉被。

14 小水管

小水管

小水管，泪直流，
哭哭啼啼不开口。
小朋友，来帮忙，
拧紧龙头笑哈哈。

认一认

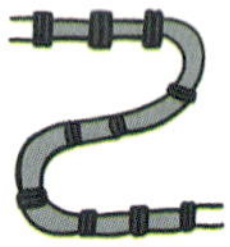

(水)管

泪

哭

念一念

管道、眼泪、哭声

说一说

我家厨房的管道堵塞了。

看完电影，我忍不住流下了眼泪。

窗外传来一阵哭声。

活动设计

教学目标

1. 正确认读“管、泪、哭”3个生字，读准音，认清形。

2. 能够正确、熟练地朗读、背诵儿歌。

教学准备

字卡、课件

教学过程

一、读一读(8分钟)

师：小朋友，要节约用水，今天我们来学一首儿歌《小水管》。

1. 初读儿歌。

(1)范读。

——教师指读两遍。

(2)领读。

——教师读一句，幼儿跟着读一句。

(3)随读。

——教师小声读，幼儿大声读。

2. 去字留图读。

师：红字宝宝看见这么多小朋友，可开心了，它和我们玩起了捉迷藏的游戏。

——教师指，幼儿齐读。

3. 去图去字读。

师:看,图片宝宝也想和我们玩捉迷藏。

——教师指,男生女生接龙读。

4. 去图留字读。

师:看来小朋友们都很厉害,这些字宝宝全部都被你们找到了。

——教师指,幼儿拍手齐读。

5. 教师提问。

师:小水管为什么哭?

师:平时我们应该怎样节约用水?

6. 背诵儿歌。

(1)对拍对背

——两名幼儿面对面,边拍手边背儿歌。

(2)男生女生向前冲。

——男生背一遍,女生背一遍。

(3)跷跷板。

——教师做跷跷板,哪边的手翘起来就由哪边的幼儿背。

二、认一认(6分钟)

1. 看图认字。

(1)配图认字。

——教师出示字卡,幼儿认读"管、泪、哭"。

(2)吹气球认字。

——教师把气球吹大,幼儿大声念;教师把气球吹小,幼儿小声念。

2. 去图认字。

(1)"打地鼠"认字

——教师把字卡一字排开,手拍打在哪张字卡上,幼儿就念出哪张字卡上的字。

(2)开火车认字。

——教师拿字卡,幼儿一个接一个轮流念。

三、玩一玩(6分钟)

游戏一:接水管。

师:水管上有图片宝宝,只要你能找到和图片宝宝对应的字宝宝,水管就可以连接在一起。

游戏二:小水滴。

师:只要你念出小水滴上的字宝宝,小水滴就可以掉下来。

游戏三:水管迷宫。

师:小水管要走迷宫,只要你边走边念出字宝宝,小水管就可以走出迷宫。

游戏四:浇花。

师:只要你能给水壶上的字宝宝组词,水壶里的水就可以流出来浇花。

15 蚕姑娘

蚕姑娘

蚕姑娘，白又胖，
脱掉旧衣变新装。
吐出细丝长又长，
结成茧儿圆又圆。

认一认

蚕

姑娘

脱

旧

念一念

蚕豆、逃脱、破旧

说一说

蚕豆是一种美味的食物。

小兔子成功地逃脱了老虎的追捕。

山里有一间破旧的茅草屋。

活动设计

教学目标

1. 正确认读“蚕、姑、娘、脱、旧”5个生字，读准音，认清形。

2. 能够正确、熟练地朗读、背诵儿歌。

教学准备

字卡、课件

教学过程

一、读一读(8分钟)

师：你们见过蚕宝宝吗？今天，我们一起来学一首关于蚕宝宝的儿歌《蚕姑娘》。

1. 初读儿歌。

(1)范读。

——教师指读两遍。

(2)领读。

——教师读一句，幼儿跟着读一句。

(3)小组领读。

——一组当小老师领读，其余幼儿跟读。

2. 去字留图读。

师：红字宝宝看见这么多小朋友，可开心了，它和我们玩起了捉迷藏的游戏。

——教师指，幼儿齐读。

3. 去图去字读。

师:看,图片宝宝也想和我们玩捉迷藏。

——教师指,教师和幼儿轮流读。

4. 去图留字读。

师:看来小朋友们都很厉害,这些字宝宝全部都被你们找到了。

——教师指,幼儿拍腿齐读。

5. 教师提问。

师:儿歌里,蚕姑娘脱掉一件衣服后会怎样呢?

师:蚕姑娘喜欢吃什么食物?

6. 背诵儿歌。

(1)我们真是好搭档。

——同组幼儿相互背。

(2)大小声。

——幼儿根据教师的手势背诵,教师的手举高表示大声背,教师的手放低表示小声背。

(3)男生女生向前冲。

——男生背一遍,女生背一遍。

二、认一认(6分钟)

1. 看图认字。

(1)配图认字。

——教师出示字卡,幼儿认读"蚕、姑、娘、脱、旧"。

(2)摘字卡认字。

——教师把字卡贴在黑板上,幼儿根据口令边摘字卡边念。

2. 去图认字。

(1)躲藏认字。

——教师把字卡一字排开,幼儿闭上眼睛,教师拿走其中一个字,幼儿猜哪个字不见了。

(2)接力认字。

——教师拿字卡,幼儿一个接一个轮流念。

三、玩一玩(6分钟)

游戏一:蚕宝宝吃叶子。

师:蚕宝宝要吃叶子才能长大。小朋友,让我们念出字宝宝,喂蚕宝宝吃叶子吧。

游戏二:蚕宝宝捉迷藏。

师:蚕宝宝藏在蚕蛹里,只要你能念出字宝宝,蚕宝宝就可以从蚕蛹里出来。

游戏三:蚕宝宝大变身。

师:只要你能念对字宝宝,蚕宝宝就可以变身为蚕姑娘。

游戏四:蚕宝宝。"上山"

师:蚕宝宝在山下,只要你能念出字宝宝并组词,蚕宝宝就可以爬上山。

16 蝌蚪

蝌蚪

小小蝌蚪黑乎乎，
圆圆脑袋水里游。
多了腿，少了尾，
终于变成小青蛙。

认一认

黑

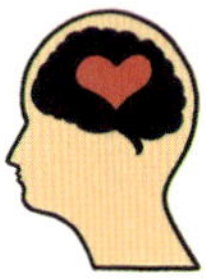

脑

多

少

终

念一念

黑色、电脑、许多

说一说

妈妈最喜欢穿黑色的连衣裙。

爸爸买了一台新电脑。

池塘里有许多鱼虾。

活动设计

教学目标

1. 正确认读“黑、脑、多、少、终”5个生字，读准音，认清形。

2. 能够正确、熟练地朗读、背诵儿歌。

教学准备

字卡、课件

教学过程

一、读一读（8分钟）

师：你知道小蝌蚪长大后变成了什么吗？让我们一起学习儿歌《蝌蚪》。

1. 初读儿歌。

（1）范读。

——教师指读两遍。

（2）领读。

——教师读一句，幼儿跟着读一句。

（3）随读。

——教师大声读，幼儿小声读。

2. 去字留图读。

师：闭上眼睛变魔术，1、2、3，红字宝宝不见啦。

——教师指，幼儿齐读。

3. 去图去字读。

师:闭上眼睛变魔术,1、2、3,图片宝宝不见啦。

——教师指,男女生接龙读。

4. 去图留字读。

师:闭上眼睛变魔术,1、2、3,红字宝宝出来啦。

——教师指,幼儿拍肩齐读。

5. 教师提问。

师:小蝌蚪是谁的宝宝?

师:小蝌蚪是怎么变成青蛙的呀?

6. 背诵儿歌。

(1)小组接龙背。

——小组按顺序接龙背。

(2)点兵点将背。

——教师点幼儿的名字,幼儿背。

(3)齐跺脚背。

——幼儿有节奏地跺脚背。

二、认一认(6分钟)

1. 看图认字。

(1)回忆认字。

——教师出示字卡,幼儿认读“黑、脑、多、少、终”。

(2)快速抢答认字。

——教师快速拿出字卡,幼儿及时抢答。

2. 去图认字。

(1)抽牌认字。

——教师把字卡全部放在手里,请幼儿抽牌认字。

（2）传递认字。

——教师拍手，幼儿传递字卡，教师停止拍手，拿到字卡的幼儿快速起立念出字卡上的字。

三、玩一玩（6分钟）

游戏一：小蝌蚪找妈妈。

师：你能帮小蝌蚪找到妈妈吗？如果你能根据小蝌蚪身上的图片找到对应的字宝宝，小蝌蚪就能找到妈妈。

游戏二：小蝌蚪找食物。

师：只要你念出字宝宝，小蝌蚪就能吃到食物。

游戏三：小蝌蚪变青蛙。

师：只要你念出字宝宝，小蝌蚪就能长大，变成青蛙。

游戏四：青蛙生宝宝。

师：你能用这个字宝宝说出好听的词语或好听的句子吗？只要你能说出来，青蛙就能生出好多小蝌蚪。

17 照镜子

照镜子

哈哈镜，最好玩，
小朋友们真喜欢。
边走边唱照一照，
你变漂亮我变怪。

认一认

哈哈镜

最(好)

边走边(唱)

照

漂(亮)

怪

念一念

眼镜、照顾、奇怪

说一说

李老师戴着一副眼镜。

鸟妈妈悉心地照顾着小鸟。

昨天发生了一件奇怪的事情。

活动设计

教学目标

1. 正确认读"哈、镜、最、边、走、照、漂、怪"8个生字，读准音，认清形。

2. 能够正确、熟练地朗读、背诵儿歌。

教学准备

字卡、课件

教学过程

一、读一读(8分钟)

师：小朋友，你喜欢照镜子吗？今天老师带来了一首有趣的儿歌《照镜子》。

1. 初读儿歌。

(1)范读。

——教师指读两遍。

(2)领读。

——教师读一句，幼儿跟着读一句。

(3)随读。

——教师大声读，幼儿小声读。

2. 去字留图读。

师：闭上眼睛变魔术，1、2、3，红字宝宝不见啦。

——教师指，幼儿齐读。

3. 去图去字读。

师:闭上眼睛变魔术,1、2、3,图片宝宝不见啦。

——教师指,小组轮流读。

4. 去图留字读。

师:闭上眼睛变魔术,1、2、3,红字宝宝出来啦。

——教师指,幼儿拍手齐读。

5. 教师提问。

师:儿歌中的镜子是什么镜?

师:哈哈镜里照出的人是什么样子的?

6. 背诵儿歌。

(1)小组 PK 背。

——小组轮流背,比比哪组背得好。

(2)男女生合作背。

——男生开头女生背,女生开头男生背。

(3)我是小组长。

——请一位幼儿做领背,小组跟着一起背诵。

二、认一认(6分钟)

1. 看图认字。

(1)配图认字。

——教师出示字卡,幼儿认读“哈、镜、最、边、走、照、漂、怪”。

(2)拍字卡认字。

——教师把字卡拿到幼儿面前,幼儿边拍字卡边念。

2. 去图认字。

(1)抢答认字。

——教师快速拿出字卡,幼儿抢答。

(2)叫醒认字。

——教师把字卡一字排开,拿出一张字卡,幼儿念出汉字,“叫醒”它。

三、玩一玩(6分钟)

游戏一:照镜子。

师:小朋友,请观察镜子上的图片,找到相应的字宝宝,进行配对游戏吧。

游戏二:变变变。

师:只要你能念出哈哈镜上的字宝宝,字宝宝就会转圈变一变。

游戏三:放大镜。

师:只要你能念出放大镜上的字宝宝,字宝宝就会变大。

游戏四:亮一亮。

师:手电筒照到哪个字宝宝,你就大声念出哪个字宝宝并组词。

18 胖爸爸

胖爸爸

我有一个胖爸爸，
肚子圆圆身体壮。
抬高举重他最行，
超人爸爸就是他。

认一认

胖

肚

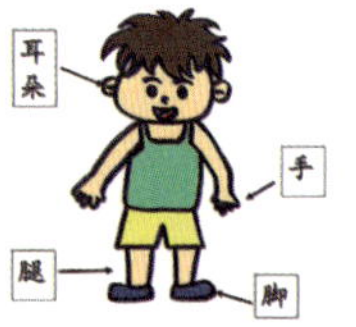

身体

念一念

胖乎乎、肚皮、身高

说一说

宝宝胖乎乎的样子真可爱。
小猪有个圆滚滚的大肚皮。
我的身高是一米二。

活动设计

教学目标

1. 正确认读“胖、肚、身、体”4个生字，读准音，认清形。

2. 能够正确、熟练地朗读、背诵儿歌。

教学准备

字卡、课件

教学过程

一、读一读(8分钟)

师：你的爸爸长什么样？今天，我们一起来学习儿歌《胖爸爸》。

1. 初读儿歌。

(1)范读。

——教师指读两遍。

(2)领读。

——教师读一句，幼儿跟着读一句。

(3)随读。

——教师大声读，幼儿小声读。

2. 去字留图读。

师：闭上眼睛变魔术，1、2、3，红字宝宝不见啦。

——教师指，幼儿齐读。

3. 去图去字读。

师:闭上眼睛变魔术,1、2、3,图片宝宝不见啦。

——教师指,男生女生轮流读。

4. 去图留字读。

师:闭上眼睛变魔术,1、2、3,红字宝宝出来啦。

——教师指,幼儿拍手齐读。

5. 教师提问。

师:胖爸爸有什么本领?

师:你喜欢这位胖爸爸吗?

6. 背诵儿歌。

(1)跷跷板。

——教师做跷跷板,哪边的手翘起来就由哪边的幼儿背。

(2)我是小组长。

——请一位幼儿做领背,小组跟着一起背诵。

(3)大小声。

——幼儿边背边看教师的手,根据教师的手势背诵,教师手举高表示大声背,教师手放低表示小声背。

二、认一认(6分钟)

1. 看图认字。

(1)回忆认字。

——教师出示字卡,幼儿认读“胖、肚、身、体”。

(2)拍字卡认字。

——教师把字卡拿到幼儿面前,幼儿边拍字卡边念。

2. 去图认字。

(1)躲藏认字。

——教师把字卡一字排开,幼儿闭上眼睛,教师拿走其中一张字卡,幼儿猜哪个字不见了。

(2)开火车认字。

——教师拿字卡,幼儿一个接一个轮流念。

三、玩一玩(6分钟)

游戏一:找朋友。

师:请你找到和图片相匹配的字宝宝,进行连线,并大声念出字宝宝。

游戏二:地球向前跑。

师:地球在跑步,如果你念出字宝宝,地球就可以往前跑一段路。

游戏三:地球变变变。

师:如果你念出字宝宝,地球就会变大。

游戏四:好朋友。,手拉手

师:请你们把地球身上的字宝宝和太阳身上的字宝宝组成词语,让它们成为好朋友。

19 航天梦

航天梦

小朋友们志气高，
长大做个宇航员。
坐着飞船上蓝天，
绕着太空转一圈。
星辰大海在眼前，
摘下星星许个愿。

认一认

（宇）航员

坐

转

念一念

航行、乘坐、旋转

说一说

一艘轮船航行在蔚蓝的大海上。

我爸爸每天乘坐地铁上班。

公园里有好玩的旋转木马。

活动设计

教学目标

1. 正确认读“航、员、坐、转”4个生字，读准音，认清形。

2. 能够正确、熟练地朗读、背诵儿歌。

教学准备

字卡、课件

教学过程

一、读一读（8分钟）

师：小朋友，你有梦想吗？今天，老师带来了一首儿歌《航天梦》。

1. 初读儿歌。

（1）范读。

——教师指读两遍。

（2）领读。

——教师读一句，幼儿跟着读一句。

(3)随读。

——教师小声读,幼儿大声读。

2. 去字留图读。

师:闭上眼睛变魔术,1、2、3,红字宝宝不见啦。

——教师指,幼儿齐读。

3. 去图去字读。

师:闭上眼睛变魔术,1、2、3,图片宝宝不见啦。

——教师指,男生女生接龙读。

4. 去图留字读。

师:闭上眼睛变魔术,1、2、3,红字宝宝出来啦。

——教师指,幼儿拍腿齐读。

5. 教师提问。

师:你知道宇航员是干什么的吗?

师:你长大了想要做什么?为什么?

6. 背诵儿歌。

(1)跷跷板背。

——教师做跷跷板,哪边的手翘起来就由哪边的幼儿背。

(2)大小声。

——幼儿边背边看教师的手势,根据教师的手势背诵,教师手举高表示大声背,教师手放低表示小声背。

(3)石头剪刀布。

——两名幼儿玩“石头剪刀布”,谁输谁先背。

二、认一认(6分钟)

1. 看图认字。

(1)回忆认字。

——教师出示字卡,幼儿认读“航、员、坐、转”。

(2)打招呼认字。

——教师把字卡拿到幼儿面前,幼儿边拍字卡边念。

2. 去图认字。

(1)捉迷藏认字。

——教师把字卡一字排开,幼儿闭上眼睛,教师拿走其中一张字卡,幼儿说出哪个字不见了。

(2)“开火车”认字

——教师将字卡拿到幼儿面前,请幼儿依次起立认读。

三、玩一玩(6分钟)

游戏一:蜜蜂采蜜。

师:每一朵花上都有一个字宝宝,如果你能念对字宝宝,蜜蜂就能采蜜。

游戏二:你能射中吗。

师:射击游戏开始啦! 念出圆盘中的字就能成功射击,获得掌声。

游戏三:小猫钓鱼。

师:小猫和我们一起来钓鱼,只要你能把鱼上面的字宝宝念出来,这条鱼就能被钓上来。

游戏四:生字小擂台。

师:小朋友,请你们来比一比。谁能把生字最快、最准确地念出来,谁就是今天的擂主哦!

20 数 一 数

数一数

小朋友们动动脑，
大家一起数一数，
一头象、两匹马，
三条鱼来四只鸭，
五本书、六朵花，
量词千万别用错。

认一认

 用

两（匹马）（三）条（鱼）（四）只（鸭）（五）本（书）

念一念

条纹、本领、作用

说一说

斑马身上有黑白条纹。

从小学好本领,长大建设国家。

松鼠的尾巴有很多作用。

活动设计

教学目标

1. 正确认读“两、条、只、本、用”5个生字,读准音,认清形。
2. 能够正确、熟练地朗读、背诵儿歌。

教学准备

字卡、课件

教学过程

一、读一读(8分钟)

师:你会数数吗?我们一起来听一首有趣的儿歌《数一数》。

1. 初读儿歌。

(1)范读。

——教师指读两遍。

(2)领读。

——教师读一句,幼儿跟着读一句。

(3)随读。

——教师大声读,幼儿小声读。

2. 去字留图读。

师:字宝宝去休息啦,你们还记得这张图片说的是什么吗?

——教师指,幼儿齐读。

3. 去图去字读。

师:字宝宝、图片宝宝都去休息啦,你们还记得这个怎么读吗?

——教师指,小组轮流读。

4. 去图留字读。

师:字宝宝回来啦,我们一起来读一读。

——教师指,幼儿拍肩齐读。

5. 教师提问。

师:你能找出儿歌中的量词吗?

师:你还知道哪些量词?

6. 背诵儿歌。

(1)我们都是好朋友。

——幼儿两两合作,相互背。

(2)男生女生向前冲。

——男生背一遍,女生背一遍。

(3)石头剪刀布。

——两名幼儿玩“石头剪刀布”,谁输谁先背。

二、认一认(6分钟)

1. 看图认字。

(1)配图认字。

——教师出示字卡,认读“两、条、只、本、用”。

(2)跷跷板认字。

——教师把字卡放在左手和右手上,哪只手上的字卡被举高,幼儿就读出哪张字卡上的字。

2. 去图认字。

(1)抢答认字。

——教师快速拿出字卡,幼儿抢答。

(2)点兵点将认字。

——教师点兵点将,点到哪个字宝宝,幼儿就大声念出哪个字宝宝。

三、玩一玩(6分钟)

游戏一:找朋友。

师:请你根据图片宝宝找到相应的字宝宝,并把它大声地读出来。

游戏二:马儿吃草。

师:如果你能念出草上的字,马儿就能吃到草。

游戏三:小鸭子找家。

师:小鸭子迷路了,请你帮助它用字宝宝铺路,这样,小鸭子就能跟着字宝宝找到家了。

游戏四:小鱼游。

师:读一读小鱼身上的字宝宝并组词,这样,小鱼就能游起来了。

21 小小手

小小手

我有一双小小手，
一只左来一只右。
画画写字又拍球，
一起做事不怕愁。
我的左手和右手，
相亲相爱不分离。

认一认

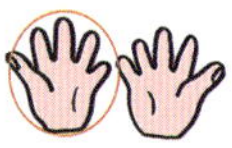
左

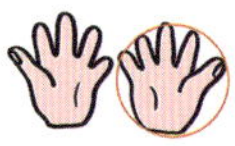
右

又

做事

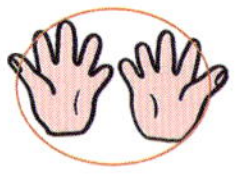
和

离（开）

念一念

左边、事情、距离

说一说

点点坐在我的左边。

这件事情非常简单。

月球到地球的距离很远。

活动设计

教学目标

1. 正确认读“左、右、又、做、事、和、离”7个生字，读准音，认清形。

2. 能够正确、熟练地朗读、背诵儿歌。

教学准备

字卡、课件

教学过程

一、读一读(8分钟)

师：小朋友，你们的小手会做什么？今天，我们来学一首儿歌《小小手》。

1. 初读儿歌。

(1)范读。

——教师指读两遍。

(2)领读。

——教师读一句，幼儿跟着读一句。

(3)随读。

——教师小声读,幼儿大声读。

2. 去字留图读。

师:小眼睛,闭起来,1、2、3,睁开看看谁不见啦。

——教师指,幼儿齐读。

3. 去图去字读。

师:小眼睛,闭起来,1、2、3,睁开看看谁不见啦。

——教师指,男女生轮流读。

4. 去图留字读。

师:闭上眼睛变魔术,1、2、3,红字宝宝出来啦。

——教师指,幼儿拍腿齐读。

5. 教师提问。

师:儿歌介绍了我们身体的哪个部位呢?

师:你的左手和右手会做什么事情呢?

6. 背诵儿歌。

(1)小组接龙背。

——幼儿分组接龙背,一组背一句。

(2)火车火车开起来。

——幼儿“开火车”背,每人背一句。

(3)我来开头你来接。

——男生背前半句,女生背后半句。

二、认一认(6分钟)

1. 看图说字。

(1)亲图说字。

——看着图片给个飞吻,说出是哪个字。

(2)抢看说字。

——教师左右手拿图放在身后,快速地轮流出示图片,让幼儿看图片抢着说出是哪个字。

2. 去图认字。

(1)爆炸认字。

——幼儿跟随教师念,越念越大声,最后双手做出爆炸状。

(2)“开火车”认字

——教师拿字卡,幼儿一个接一个轮流念。

三、玩一玩(6分钟)

游戏一:找朋友。

师:小朋友们,请你们念出手掌上的字宝宝,帮图片宝宝找出好朋友。

游戏二:鼓掌。

师:小朋友,如果你能念对字宝宝,你就能赢得鼓掌。

游戏三:魔术变变变。

师:小朋友,如果你能念对字宝宝,手指头就会变魔术。

游戏四:大手牵小手。

师:小朋友,只要你能念出字宝宝并成功组词,大手就会和小手牵在一起。

22 刷牙歌

刷牙歌

小小牙刷手中拿，
上下里外别忘刷。
一直坚持好习惯，
牙齿才能更健康。

认一认

牙　　别　　直　　（天）才　　能（量）

念一念

牙膏、笔直、能干

说一说

我的牙膏是草莓味的。

汽车在笔直宽敞的高速上奔驰。

妈妈夸我真能干。

活动设计

教学目标

1. 正确认读“牙、别、直、才、能”5个生字，读准音，认清形。

2. 能够正确、熟练地朗读、背诵儿歌。

教学准备

字卡、课件

教学过程

一、读一读(8分钟)

师：你会刷牙吗？让我们一起学一学新儿歌《刷牙歌》。

1. 初读儿歌。

(1)范读。

——教师指读两遍。

(2)领读。

——教师读一句，幼儿跟着读一句。

(3)随读。

——教师小声读，幼儿大声读。

2. 去字留图读。

师：闭上眼睛变魔术，1、2、3，红字宝宝不见啦。

——教师指，幼儿齐读。

3. 去图去字读。

师：闭上眼睛变魔术，1、2、3，图片宝宝不见啦。

——教师指，幼儿分组读。

4. 去图留字读。

师：闭上眼睛变魔术，1、2、3，红字宝宝出来啦。

——教师指，幼儿拍手齐读。

5. 教师提问。

师：你们都爱刷牙吗？平时有没有养成好的刷牙习惯呢？

师：儿歌里刷牙的口诀是什么？

6. 背诵儿歌。

(1)点兵点将背。

——小组点兵点将，教师点到哪组，哪组就背。

(2)小火车嘟嘟嘟。

——幼儿一个接一个“开火车”背。

(3)我们的好搭档。

——幼儿分组接龙背。

二、认一认(6分钟)

1. 看图认字。

(1)回忆认字。

——教师出示字卡，幼儿认读“牙、别、直、才、能”。

(2)复读机认字。

——教师拿出字卡点三下，幼儿大声念字宝宝三遍。

2. 去图认字。

(1)大小声认字。

——教师把字卡举高，幼儿大声念；教师把字卡放低，幼儿小声念。

(2)开火车认字。

——教师拿字卡,幼儿一个接一个轮流念。

三、玩一玩(6分钟)

游戏一:牙齿碰舌头。

师:找到字宝宝和图片宝宝,并且大声读出来,这样,舌头和牙齿就可以碰一碰了。

游戏二:刷牙齿。

师:只要我们念出字宝宝,我们的牙齿就能被刷干净了。

游戏三:补蛀牙。

师:牙齿上蛀了很多洞,怎么办?只要我们读出蛀牙上的字宝宝,牙齿就能补好啦!

游戏四:大嘴巴。

师:如果你能念出嘴巴里的字宝宝并组词,嘴巴就能变魔术。

23 猫捉老鼠

猫捉老鼠

老鼠尾巴摇一摇，
跑上跑下去偷油。
听见小猫喵喵叫，
吓得它就赶紧跑。

认一认

摇

它

就

念一念

摇晃、它们、就是

说一说

小树苗摇晃着向我们招手。

它们都生活在森林里。

幼儿园就是快乐的摇篮。

活动设计

教学目标

1. 正确认读"摇、它、就"3个生字,读准音,认清形。

2. 能够正确、熟练地朗读、背诵儿歌。

教学准备

字卡、课件

教学过程

一、读一读(8分钟)

师:你们看过《猫和老鼠》的动画片吗?今天我们要学一首新儿歌《猫捉老鼠》。

1. 初读儿歌。

(1)范读。

——教师指读两遍。

(2)领读。

——教师读一句,幼儿跟着读一句。

(3)随读。

——教师小声读,幼儿大声读。

2. 去字留图读。

师:字宝宝去休息啦,你们还记得这张图片写的是什么吗?

——教师指,幼儿齐读。

3. 去图去字读。

师:字宝宝、图片宝宝都去休息啦,你们还记得这个怎么读吗?

——教师指,男生女生轮流读。

4. 去图留字读。

师:字宝宝回来啦,我们一起来读一读。

——教师指,幼儿拍肩齐读。

5. 教师提问。

师:小老鼠在干什么?

师:小猫要干什么?

6. 背诵儿歌。

(1)同伴接龙背诵。

——我说上一句,你接下一句。

(2)男生女生向前冲。

——男生背一遍,女生背一遍。

(3)接龙背。

——男生开头女生背,女生开头男生背。

二、认一认(6分钟)

1. 看图认字。

(1)传字卡认字。

——教师把字卡传给小组,幼儿一个一个边传边读。

(2)跷跷板认字。

——教师把字卡放在左手和右手上,哪只手上的字卡被举高,幼儿就读出哪只手上的字。

2. 去图认字。

(1)迷迷转认字。

——教师手拿字卡,幼儿闭上眼睛转三圈后进行快速抢答。

(2)点兵点将认字。

——教师点兵点将,点到哪个字宝宝,幼儿就大声念出哪个字宝宝。

三、玩一玩(6分钟)

游戏一:风儿找朋友。

师:请你根据图片宝宝找到对应的字宝宝,这样,你就能和风儿做朋友了。

游戏二:大风吹吹。

师:小朋友,如果你能念出树叶上的字宝宝,大风就可以吹走树叶。

游戏三:龙卷风。

师:小朋友,如果你能念出字宝宝,龙卷风就能卷起来。

游戏四:我和风儿做游戏。

师:小朋友,只要你能根据花上的字宝宝成功组词,风儿就可以把花吹动。

24 小小熊

小小熊

叮铃铃，叮铃铃，小小熊，快快来。
今天天气真正好，一起出门放风筝。
风儿吹，鸟儿叫，小熊小熊在哪里？
东找找，西瞧瞧，原来已经睡着啦！

认一认

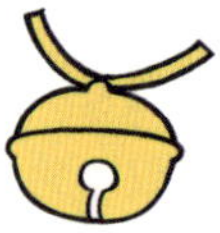
铃

起（床）

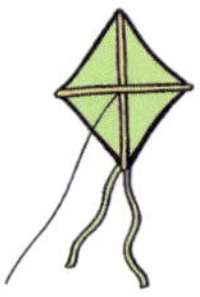
（风）筝

哪里

已经

（睡）着

念一念

风铃、升起、经常

说一说

风铃随着风儿轻轻摆动。
太阳从东方缓缓升起。
我经常和小伙伴在花园里捉蝴蝶。

活动设计

教学目标

1. 正确认读“铃、起、筝、哪、里、已、经、着”8个生字，读准音，认清形。

2. 能够正确、熟练地朗读、背诵儿歌。

教学准备

字卡、课件

教学过程

一、读一读(8分钟)

师：小朋友，你们喜欢小熊吗？今天，我们来学一首有趣的儿歌《小小熊》。

1. 初读儿歌。

(1)范读。

——教师指读两遍。

(2)领读。

——教师读一句，幼儿跟着读一句。

(3)随读。

——教师小声读，幼儿大声读。

2. 去字留图读。

师：闭上眼睛变魔术，1、2、3，红字宝宝不见啦。

——教师指，幼儿齐读。

3. 去图去字读。

师:闭上眼睛变魔术,1、2、3,图片宝宝不见啦。

——教师指,幼儿拍肩齐读。

4. 去图留字读。

师:闭上眼睛变魔术,1、2、3,红字宝宝出来啦。

——教师指,幼儿拍手齐读。

5. 教师提问。

师:你们放过风筝吗?是怎么放风筝的?

师:原来小熊在干什么呀?

6. 背诵儿歌。

(1)男生女生向前冲。

——男生背一遍,女生背一遍。

(2)火车火车开起来。

——幼儿“开火车”背,一人背一句。

(3)我来开头你来接。

——教师背前半句,幼儿背后半句。

二、认一认(6分钟)

1. 看图认字。

(1)回忆认字。

——教师出示字卡,幼儿认读“铃、起、筝、哪、里、已、经、着”。

(2)抢读认字。

——教师把字卡藏在背后,当教师拿出一张字卡时,幼儿进行抢答。

2. 去图认字。

(1)叫醒认字。

——教师把字卡一字排开,拿出一张字卡,幼儿念出汉字,“叫醒”它。

(3)火车认字。

——教师拿字卡,幼儿一个接一个轮流念。

三、玩一玩(6分钟)

游戏一:彩旗飘飘。

师:好多漂亮的彩旗啊！请小朋友选择自己喜欢的彩旗,并大声读出彩旗上的字词。

游戏二:风筝飞起来。

师:如果你能把风筝上的图片和字宝宝连上线并大声读出来,风筝就能飞起来。

游戏三:树叶飘飘。

师:大风吹过一棵大树,只要你能念出字宝宝,树上就会飘落一片树叶。

游戏四:风车转呀转。

师:大风车中间有一个字,请你大声念出来并组词,这样,风车就能转起来。

25 春夏秋冬

春夏秋冬

春天是温暖的，风儿轻轻吹；
夏天是炎热的，太阳像团火；
秋天是凉爽的，稻谷努力长；
冬天是寒冷的，雪花飘啊飘。

认一认

温暖

轻

热

团

火

凉

力

寒冷

啊

念一念

热闹、团结、活力

说一说

早晨的集市非常热闹。

团结就是力量。

小朋友个个充满朝气和活力。

活动设计

教学目标

1. 正确认读“温、暖、轻、热、团、火、凉、力、寒、冷、啊”11个生字，读准音，认清形。

2. 能够正确、熟练地朗读、背诵儿歌。

教学准备

字卡、课件

教学过程

一、读一读(8分钟)

师：你知道一年有几个季节吗？今天，我们要来学一首关于季节的儿歌《春夏秋冬》。

1. 初读儿歌。

(1)范读。

——教师指读两遍。

(2)领读。

——教师读一句,幼儿跟着读一句。

(3)随读。

——教师大声读,幼儿小声读。

2. 去字留图读。

师:红字宝宝看见这么多小朋友,可开心了,它和我们玩起了捉迷藏的游戏。

——教师指,幼儿齐读。

3. 去图去字读。

师:看,图片宝宝也想和我们玩捉迷藏。

——教师指,男生女生接龙读。

4. 去图留字读。

师:看来小朋友们都很厉害,这些字宝宝全部都被你们找到了。

——教师指,幼儿拍手齐读。

5. 教师提问。

师:儿歌里讲了哪四个季节?

师:四季的温度有什么不一样?

6. 背诵儿歌。

(1)小组 PK 背。

——小组轮流读,比比哪组背得好。

(2)小老师领背。

——小老师指名若干幼儿跟着一起背。

(3)我来开头你来接。

——男生背前半句,女生背后半句。

二、认一认(6分钟)

1. 看图认字。

(1)配图认字。

——教师出示字卡,幼儿认读“温、暖、轻、热、团、火、凉、力、寒、冷、啊”。

(2)看手势认字。

——教师手指数字三,幼儿就念三遍;教师手指数字四,幼儿就念四遍。

2. 去图认字。

(1)打地鼠认字。

——教师把字卡一字排开,手拍打在哪张字卡上,幼儿就念出哪张字卡上的字。

(2)拍字卡认字。

——教师把字卡拿到幼儿面前,幼儿边拍字卡边念。

三、玩一玩(6分钟)

游戏一:风娃娃捉迷藏。

师:小朋友,请你找一找风娃娃在哪里,只要你念出字宝宝,风娃娃就会出现。

游戏二:风吹树叶落满地。

师:只要你能念出树叶上的字宝宝,树叶就会被风吹得转圈圈。

游戏三:龙卷风。

师:如果你能念出字宝宝,龙卷风就可以卷起来。

游戏四:风筝飞得高。

师:大声念出字宝宝并组词,这样,风筝就可以往上飞。

4—5岁（下）

二 评价表

评价说明

评价工作是注重幼儿认读学习的过程性评价。教师需要每月了解幼儿的认读掌握情况，分析幼儿的学习情况，改进幼儿的学习策略，及时跟踪教学效果。评价工具主要包含月评价内容、每月评价表、幼儿每月评价情况分析表。

月评价内容

按月列出评价内容，识字数量见下表。

	3—4岁（上）	3—4岁（下）	4—5岁（上）	4—5岁（下）	5—6岁（上）	5—6岁（下）
第一个月	18	15	29	37	45	54
第二个月	14	18	29	32	55	46
第三个月	16	15	31	31	55	50
第四个月	21	19	30	34	53	53
小计	69	67	119	134	208	203
合计	800					

每月评价表

按月进行循环评价，以当月新授的字词为主，再累计已学字词，标注出幼儿掌握不好的字词，回顾前几个月的学习情况，从而更好地帮助幼儿完成认读学习的过程。

幼儿每月评价情况分析表

每月针对幼儿的评价情况，进行个性化分析，根据认读字量计算认字率，以此了解每个幼儿当月的掌握情况。针对幼儿易错字及遗忘字进行原因分析，制定个性化策略，开展优化提升工作，进一步提升家园合作水平。

月评价内容

3月字表（37个）

班 回 到 辛 苦 喝 杯 帮 忙 件 衣 短 牛 屋 门 游 泳 什 么 想 害 怕 敢 虾 会 怎 样 翅 膀 尾 比 谁 马 听 处 来 声

4月字表（32个）

彩 云 千 万 明 日 兵 英 草 地 梦 滴 答 瓜 麦 苗 孩 种 句 号 可 当 写 诗 给 夏 变 戏 水 管 泪 哭

5月字表（31个）

蚕 姑 娘 脱 旧 黑 脑 多 少 终 哈 镜 最 边 走 照 漂 怪 胖 肚 身 体 航 员 坐 转 两 条 只 本 用

6月字表（34个）

左 右 又 做 事 和 离 牙 别 直 才 能 摇 它 就 铃 起 筝 哪 里 已 经 着 温 暖 轻 热 团 火 凉 力 寒 冷 啊

每月评价字表

月份 内容	3	4	5	6
班				
回				
到				
辛				
苦				
喝				
杯				
帮				
忙				
件				
衣				
短				
牛				
屋				
门				
游				
泳				
什				
么				
想				
害				
怕				
敢				

月份 内容	3	4	5	6
虾				
会				
怎				
样				
翅				
膀				
尾				
比				
谁				
马				
听				
处				
来				
声				

月份 内容	4	5	6
彩			
云			
千			
万			
明			
日			
兵			
英			
草			
地			
梦			
滴			
答			
瓜			
麦			
苗			
孩			
种			
句			
号			
可			
当			
写			

月份 内容	4	5	6
诗			
给			
夏			
变			
戏			
水			
管			
泪			
哭			

月份 内容	5	6
蚕		
姑		
娘		
脱		
旧		
黑		
脑		
多		
少		
终		
哈		
镜		
最		
边		
走		
照		
漂		
怪		
胖		
肚		
身		

月份 内容	5	6
体		
航		
员		
坐		
转		
两		
条		
只		
本		
用		

月份 内容	6
左	
右	
又	
做	
事	
和	
离	
牙	
别	
直	
才	
能	
摇	
它	
就	
铃	
起	
筝	
哪	
里	
已	

月份 内容	6
经	
着	
温	
暖	
轻	
热	
团	
火	
凉	
力	
寒	
冷	
啊	

幼儿每月评价情况分析表

姓名：	
3月	数据分析：
	原因策略：
4月	数据分析：
	原因策略：
5月	数据分析：
	原因策略：
6月	数据分析：
	原因策略：

4—5岁（下）

三

附录

字 表

1 班 回 到 辛 苦 喝 杯

2 帮 忙 件 衣 短

3 牛 屋 门

4 游 泳 什 么 想 害 怕 敢 虾

5 会 怎 样 翅 膀 尾

6 比 谁 马 听

7 处 来 声

8 彩 云 千 万

9 明 日

10 兵 英 草 地 梦

11 滴 答 瓜 麦 苗 孩 种

12 句 号 可 当 写 诗 给

13 夏 变 戏 水

14 管 泪 哭

15 蚕 姑 娘 脱 旧

16 黑 脑 多 少 终

17 哈 镜 最 边 走 照 漂 怪

18 胖 肚 身 体

19 航 员 坐 转

20 两 条 只 本 用

21 左 右 又 做 事 和 离

22 牙 别 直 才 能

23 摇 它 就

24 铃 起 筝 哪 里 已 经 着

25 温 暖 轻 热 团 火 凉 力 寒 冷 啊

词表

1 班级 喝水 茶杯
2 帮助 风衣 短跑
3 牛奶 木屋 门口
4 理想 害羞 龙虾
5 学会 一样 结尾
6 比赛 骑马 听见
7 到处 回来 声音
8 彩虹 白云 千万
9 文明 冬日
10 士兵 草丛 梦想
11 哈密瓜 男孩 种地
12 可爱 写字 诗人
13 夏令营 游戏 水果
14 管道 眼泪 哭声
15 蚕豆 逃脱 破旧
16 黑色 电脑 许多
17 眼镜 照顾 奇怪
18 胖乎乎 肚皮 身高
19 航行 乘坐 旋转
20 条纹 本领 作用

21 左边 事情 距离

22 牙膏 笔直 能干

23 摇晃 它们 就是

24 风铃 升起 经常

25 热闹 团结 活力

句表

1　我的班级里有很多玩具。

多喝水身体才能更健康。

我有一只漂亮的茶杯。

2　好朋友应该互相帮助。

妈妈有一件蓝色的风衣。

小明是个短跑冠军。

3　我的早饭是牛奶和面包。

小熊住在一座木屋里。

家门口有一棵高高的松树。

4　我们要为理想而奋斗。

我害羞地躲在了妈妈的身后。

钓龙虾真是件有趣的事。

5　我在幼儿园学会了跳绳。

双胞胎长得一模一样。

故事的结尾出乎人们的意料。

6　姐姐在跑步比赛中获得了冠军。

今天我和爸爸一起去骑马了。

我听见下雨沙沙的声音。

7　花园里到处开满了鲜花。

妈妈下班回来了。

姐姐唱歌的声音十分动听。

8 天空出现了一道彩虹。
蓝蓝的天空飘着朵朵白云。
过马路千万要注意安全。
9 在公共场合,我们要注意文明礼貌。
冬日里的阳光很温暖。
10 士兵要服从上级的命令。
一只小蝴蝶在草丛中飞舞。
我有一个美丽的梦想。
11 新疆的哈密瓜真甜!
男孩们在操场上踢足球。
农民伯伯在忙着种地。
12 小白兔蹦蹦跳跳真可爱。
写字时要坐姿端正。
李白是我国古代伟大的诗人。
13 我参加了幼儿园组织的夏令营活动。
游乐场里的游戏真有趣。
我最喜欢的水果是香蕉。
14 我家厨房的管道堵塞了。
看完电影,我忍不住流下了眼泪。
窗外传来一阵哭声。
15 蚕豆是一种美味的食物。
小兔子成功地逃脱了老虎的追捕。
山里有一间破旧的茅草屋。
16 妈妈最喜欢穿黑色的连衣裙。
爸爸买了一台新电脑。
池塘里有许多鱼虾。

17 李老师戴着一副眼镜。

鸟妈妈悉心地照顾着小鸟。

昨天发生了一件奇怪的事情。

18 宝宝胖乎乎的样子真可爱。

小猪有个圆滚滚的大肚皮。

我的身高是一米二。

19 一艘轮船航行在蔚蓝的大海上。

我爸爸每天乘坐地铁上班。

公园里有好玩的旋转木马。

20 斑马身上有黑白条纹。

从小学好本领，长大建设国家。

松鼠的尾巴有很多作用。

21 点点坐在我的左边。

这件事情非常简单。

月球到地球的距离很远。

22 我的牙膏是草莓味的。

汽车在笔直宽敞的高速上奔驰。

妈妈夸我真能干。

23 小树苗摇晃着向我们招手。

它们都生活在森林里。

幼儿园就是快乐的摇篮。

24 风铃随着风儿轻轻摆动。

太阳从东方缓缓升起。

我经常和小伙伴在花园里捉蝴蝶。

25 早晨的集市非常热闹。

团结就是力量。

小朋友个个充满朝气和活力。

后 记

苏州市实验小学教育集团各民办校(园)在徐天中校长的带领下，自2011年起，以“语言发展”为研究点开展“儿童语言发展小幼衔接的实验研究”。该课题研究的申报单位为苏州明珠学校。课题组由苏州明珠学校、苏州明珠幼儿园等四家单位组成，苏州明珠幼儿园主要承担完成了课题中3—6岁年龄段的实验研究。

徐天中校长是教育部首届骨干校长高级研修班成员，全国29位校长带头人之一，中国教育学会全国实验学校教育科学研究专业委员会副理事长，中国教育学会小学教育专业委员会副会长，全国骨干校长工作研究会副理事长，苏州市专家咨询团成员，教育部小学校长培训中心(北京师范大学校长培训学院)兼职教授，苏州大学兼职教授、硕士生导师，苏州市实验小学校教育集团原总校长。

徐天中校长创造性地提出了“生活认读”“环境认读”“游戏认读”“三步认读”四种模块的学习方式。四模块的学习，遵循了儿童的生理和心理发展规律，符合汉字、汉语文化的学习特征，将符号辨识和内容体验有机统一。四模块的学习，建立了小幼衔接语言教学共同体，儿童在活生生的多元动态环境中实现高效地识字、快速地阅读、流利地表达，从而充分开发儿童语言、思维等潜能，促进儿童全面可持续发展，为终身学习打下坚实的基础。

本丛书由徐天中校长担任编委会总主编，他对本丛书的指导思想、框架结构、内容审定、文字撰写等方面做出了具体指导和详细安排。赵洪、丰新娜、丁文群、王莉、王静、过坚、朱月龙、屈雅琴、钱春玲、钱晶莹参与了本丛书各书册的编写与审校工作。谈莉莉、葛建平、宋怡、周莉、周璇、戴莉萍、沈琴、周玉婷、陆丽亚、范兰珍、顾敏娴、吴国英、程浏、杨斐、张雯婷、沈建芳、翁娟芳、潘宏参与了课题的教学研究工作。课题组全体成员在推进课题研究的过程中，展现了对孩子的认真观察、对教法的认真琢磨、对经验的认真提炼。本丛书中的每一篇活动设计、每一件游戏材料、每一个指导要求，都凝聚着教师们对于课题研究的独特观点。

课题研究开展期间，课题组得到了幼儿科学认读发起人，原江苏省教育委员会副主任、江苏省教育学会原会长周德藩先生，苏州大学朱月龙教授，以及北京师范大学、中国教育科学研究院、江苏省教育科学研究院等单位有关专家的指导。他们为课题研究提供了科学认读的成果借鉴、为课题推进提供了广阔的研究思路，也在丛书编写过程中提供了许多建设性的修改意见，我们在此表示衷心的感谢！

本丛书在编写过程中得到了很多专家、学者、老师的支持和帮助，在此向各位表示诚挚的谢意！

由于编者水平和时间的限制，丛书在理论的探索和实践的操作上还有提升的空间，不足之处敬请专家和读者不吝赐教！

编　者

2023年8月